高等学校广告学专业教学丛书暨高级培训教材

企业经营战略导论

主编 吴 平 副主编 陆 雄

中国建筑工业出版社

(京)新登字 035 号

图书在版编目（CIP）数据

企业经营战略导论/吴平主编．-北京：中国建筑工业出版社，1999
高等学校广告学专业教学丛书暨高级培训教材
ISBN 7-112-03689-5

Ⅰ．企… Ⅱ．吴… Ⅲ．企业管理-经济发展战略-高等学校-教材 Ⅳ．F272.3

中国版本图书馆 CIP 数据核字（98）第 35247 号

高等学校广告学专业教学丛书暨高级培训教材
企业经营战略导论
主编 吴 平 副主编 陆 雄

中国建筑工业出版社出版、发行（北京西郊百万庄）
新 华 书 店 经 销
北京市黄坎印刷厂印刷

开本：850×1168 毫米 1/32 印张：10¼ 字数：276 千字
1999 年 9 月第一版 1999 年 9 月第一次印刷
印数：1—2,000 册　定价：25.00 元
ISBN7-112-03689-5
J·23 (8968)

版权所有　翻印必究
如有印装质量问题，可寄本社退换
（邮政编码 100037）

企业家应如何运筹才能把企业航船不断驶向成功的彼岸？企业经营战略问题是企业家必须时刻考虑的首要问题。本书向读者介绍了作为一个企业领导者在制订企业经营战略时，除了要进行内外部环境分析，掌握一个企业总体战略以外，还应制订出相应的职能战略。如竞争战略、市场营销战略、科技发展战略、人才战略、质量战略、品牌战略、企业文化战略等，并紧紧抓好经营战略的管理工作，从而实现企业的战略目标。

　　本书可作为高等学校广告学专业及相关专业培训班的教学用书，也是企业决策者和管理人员学习研究经营战略的参考书。

高等学校广告学专业
教学丛书暨高级培训教材编委会

主　任：吴东明　崔善江

副主任：张大镇　陈锡周

编　委：(以姓氏笔划为序)

　　　　丁长有　王　从　王　健　王肖生　尤建新
　　　　包淳一　乔宽元　吴　平　吴东明　吴国欣
　　　　张大镇　张茂林　陈锡周　林章豪　金家驹
　　　　唐仁承　崔善江　董景寰

总　　序

　　广告是商品经济发展的产物，同时广告的发展又促进了商品经济的发展。在现代社会中，广告业的发展水平已成为衡量一个国家或地区经济发展水平的重要标志之一。

　　随着我国改革开放的深入和社会主义市场经济体制的逐步建立，广告正发挥着日益重要的作用。作为现代信息产业的重要组成部分，广告不断实现着生产与生产、生产与流通、生产与消费，以及流通与消费之间的联系，成为促进商品生产和商品流通进一步发展的不可或缺的重要因素之一，推动着现代社会再生产的顺利进行。这种作用随着社会化大生产的发展及商品经济的发展将会变得越来越明显。

　　正因为如此，改革开放以来我国广告业有了十分迅猛的发展。截止1995年底，全国广告经营单位已有4.8万家，从业人员47万人，全年广告营业额273亿元。

　　但是，应该看到，我国广告学研究和广告专业人才的培养工作还远远跟不上广告业迅猛发展的实际需要。一则，作为人才密集、知识密集、技术密集型产业的广告业对专门人才有着大量需求，而目前的实际情况是，广告教育投入还比较薄弱，广告人才极为缺乏。再者，广告学作为一门边缘性、综合性的独立学科，国内的研究只能说是刚刚兴起。还有，为了适应整个广告业向产业化、科学化、规范化的方向发展，无论是广告从业人员的政治素质和业务水平，还是各种广告作品的思想性与艺术性，都亟待提高。

　　有鉴于此，在中国建筑工业出版社的支持下，我们组织编写了这套适合于广告学专业需用的系列教材，全套共十四本。《广告学概论》阐述广告学的研究对象、理论体系、研究方法等基本原理，及其在广告活动各个环节中的运用原则。《广告创意》在总结国内外大量成功的创意典范基础上，对广告创意作了系统、深入的理论探讨。《广告策划》结合中外广告策划案例分析，从文化、美学的层面上，重点论述广告策划的内容、程序、方法与技巧，揭示了广告策划的一般规律。《广告设计》、《橱窗设计》、《广告制作》不仅论述了广告设计、橱窗设计的一般程序，广告插图、广告色彩的表现形式和处理方法以及主要媒体的广告设计原则，而且还对不同种类的广告制作的材料、工具、方法、步骤等逐一进行阐述。《广告文案》在分析鉴赏中外广告大师杰作的同时，对广告文案的特征、功能、风格及其文化背景等问题展开研究。《广告传播学》全面系统地论述了广告传播原理、功能、传播过程、传播媒介、传播效果及传播媒体战略和国际广告传播。《广告心理学》阐述了广告心理学的基本理论及其在广告计划、广告作品、媒介计划等广告活动中的具体运用。《广告艺术》阐述了广告作为从现代艺术中分离出来的一种独特形式而具有的自身特点、表现形式和发展规律。《广告管理》结合我国国情，就广告管理的结构、内容、方法及广告法规、广告审查制度和责任、广告业的行政处罚和诉讼等问题展开论述。这套系列教材中还包括《企业经营战略导论》、《企业形象导论》及《广告与公关》，分别对企业的总体战略及相应的职能战略、企业形象的要素和企业形象的传播与沟通，以及广告与公关的区别与联系等诸多问题作了系统的、详细的探讨。

统观这套系列教材，有三个明显的特点：其一，具有相当的理论深度。许多理论融中外广告大师的学说于一体，又不乏自己的独有见解，澄清了许多虽被广告界广泛运用却含义模糊的概念。其二，操作性与理论性兼备，相得益彰。系列教材集中外广告大师杰作之大成，又凝结着著作者的广告实践经验和智慧。其三，具有系统性。全套教材从广告学基本理论、到广告活动的各个环节，以及广告学与相关学科的关系，作了一一论述。它的内容不仅覆盖了广告涉及的各个方面，而且有着较强的内在逻辑联系，构成了一个完整的体系。

在系列教材编写过程中，由于广告专业这个门类正在随着实践的发展而不断深化，加上作者水平所限，编写的系列教材中不当之处在所难免，恳望同行专家、学者和广大读者批评指正。

高等学校广告学专业
教学丛书暨高级培训教材编委会

前　言

在我国市场经济体制逐步建立的进程中，中华大地崛起了一大批明星企业，它们犹如天空闪烁的群星，各自熠熠生辉。它们或以名企业、名企业家，或以名产品赢得了广大消费者的艳羡或青睐。经济体制改革，实现两个根本性转变，政企分开后，每一个企业独立经营，已成为真正意义上的企业了。随之，提出了一个不可回避的重大问题：面对纷纭复杂的内外部环境，企业家应如何运筹才能把企业航船不断驶向成功的彼岸？或者说如何在今天取得成功伟绩的基础上创造出明天更大的辉煌？由此，企业经营战略问题便成为企业家时刻萦怀的首要问题。他们必须自己选择前进方向，明确奋斗目标，并制订一系列相关策略，才能抓住各种经营机会，防范形形色色的危机和风险，保证全面搞好企业经营。

诚然，在今天的企业界，有不少企业领导者熟谙于经营战略，但也有相当的企业领导者尚需进一步强化战略意识，尚需弥补关于企业经营战略知识的不足。这是由于：或因某些企业领导者是由各类技术型专家被提拔到企业领导岗位上来的，他们善于从技术角度思考、处理问题，还不熟练于从全局进行战略性思维。应该看到，驾驭一个企业所应具备的能力和素质远不同于驾驭某一科技问题的能力和素质。科技竞技的成功者不等于企业竞争的成功者。他们应迅速从专业知识型转变为战略型的企业领导者。另一种情况是由于一些企业领导者可能已获得了某些成功，于是自以为经营战略不过如此，"不讲战略不一样成功了吗？"以一时的成功掩盖了战略意识淡薄可能带来的缺陷和危害。所以这些企业经营尚缺乏长期性、全局性、根本性谋划，不注意在市场经济的大风大浪中积蓄战略资源，强化企业适应环境的能力。对此，我们认为，作为一个真正的面向21世纪的企业家，应该看到，某一时间的成功，不等于是经营战略上的高明之举。高瞻远瞩的企业家总是着眼于长远、着眼于在不断蜕变中获得企业持续性的更大的成功业绩。为此，我们撰写了这本《企业经营战略导论》，其目的在于为企业决策者和管理人员学习研究经营战略提供一本合适的教材。

还有一点，我们经常思考的是一个企业领导者在制订企业经营战略时，究竟要考虑哪些问题？对这个问题，本书的目录是我们交上的一份答卷；除了要进行内外部环境分析，掌握一个企业总体战略以外，还应制订出相应的职能战略。如竞争战略、市场营销战略、科技发展战略、人才战略、质量战略、品牌战略、企业文化战略等，并紧紧抓好经营战略的管理工作，它们构成了企业完整的战略体系。这就是企业经营战略要考虑并实际可操作的主要问题。

面向21世纪的中国，正在向市场经济体制迅速转变。我们热切期盼一大批战略型企业家的涌现！

限于著作者的水平，本书不妥甚至错误之处，敬请读者不吝赐教！

目 录

第一章 绪论 ·· 1
 第一节 经营战略概述 ································· 1
 第二节 企业经营战略的形成与发展 ············· 14
 第三节 研究企业经营战略的意义 ················· 17

第二章 战略环境分析 ···································· 23
 第一节 企业战略环境分析概述 ···················· 23
 第二节 外层宏观环境分析 ·························· 33
 第三节 中层紧密环境分析 ·························· 44
 第四节 内层核心环境分析 ·························· 55

第三章 战略能力要素分析 ······························ 59
 第一节 战略与战略能力 ····························· 59
 第二节 战略能力要素分析 ·························· 63
 第三节 企业内部条件分析 ·························· 67
 第四节 过度扩张战略 ································ 70

第四章 企业总体战略 ···································· 73
 第一节 基本战略态势 ································ 73
 第二节 发展战略 ······································· 77
 第三节 维持战略与退缩战略 ······················· 92

第五章 竞争战略 ··· 96
 第一节 竞争的一般原理 ····························· 96

第二节　竞争战略分析 …………………………………… 100
　　第三节　竞争优势与基本竞争战略 …………………… 110
　　第四节　四种企业地位与竞争战略 …………………… 122
　　第五节　产业特点与竞争战略 ………………………… 133
　　第六节　不树敌战略 …………………………………… 144

第六章　市场营销战略 ……………………………………… 149
　　第一节　市场机会与市场风险 ………………………… 149
　　第二节　市场细分化和目标市场的选择 ……………… 152
　　第三节　市场战略的制定 ……………………………… 156
　　第四节　市场营销战略的综合运用 …………………… 159

第七章　企业科技发展战略 ………………………………… 163
　　第一节　企业科技发展战略概述 ……………………… 163
　　第二节　企业科技发展战略的类型 …………………… 166
　　第三节　技术创新战略 ………………………………… 167
　　第四节　新产品开发战略 ……………………………… 178

第八章　质量战略 …………………………………………… 185
　　第一节　质量战略及其意义 …………………………… 185
　　第二节　产品质量战略 ………………………………… 188
　　第三节　质量管理战略 ………………………………… 191

第九章　品牌战略 …………………………………………… 194
　　第一节　品牌的概述 …………………………………… 194
　　第二节　商标的特性和作用 …………………………… 198
　　第三节　塑造名牌的充分必要条件 …………………… 201
　　第四节　著名商标的发展战略 ………………………… 207

第十章　人力资源开发与管理战略 ………………………… 216
　　第一节　人力资源概述 ………………………………… 216

第二节　人力资源开发战略……………………………… 218
　　第三节　人力资源管理战略……………………………… 224

第十一章　企业公共关系战略……………………………… 229
　　第一节　企业公共关系的战略意义……………………… 229
　　第二节　公关战略的环境要素分析……………………… 233
　　第三节　公关战略的目标管理…………………………… 236
　　第四节　公关战略中的公众关系策略…………………… 239
　　第五节　危机公关策略…………………………………… 251
　　第六节　从战略高度进行公关策划……………………… 260

第十二章　企业文化战略…………………………………… 265
　　第一节　企业文化与企业文化战略……………………… 265
　　第二节　企业文化战略的内容…………………………… 275
　　第三节　企业文化战略的五个阶段……………………… 281

第十三章　经营战略管理…………………………………… 288
　　第一节　经营战略管理概述……………………………… 288
　　第二节　战略制订………………………………………… 291
　　第三节　战略实施………………………………………… 303
　　第四节　战略控制与修订………………………………… 310

第一章 绪 论

第一节 经营战略概述

处于市场经济大风大浪中的企业无时无刻不在关心着环境的动荡变化。如何适应环境与取得竞争优势是始终萦绕在企业经营者心头的首要问题,也是企业唱好市场经营这台戏的两大主旋律。这个问题包含的因素繁多、涉及面广、信息量大,不能从一般经营管理角度采取解决措施。企业经营者应敦促自己以全新的思维方式,以全局、长远的眼光审察面临的问题,进行科学的运筹,方可把握主动权。这就是说,市场经济中的任何企业,不能回避经营战略问题,应关心战略问题,努力研讨并制订与环境相适应的经营战略。

一、战略与经营战略

1. 战略

战略,本来是研究战争规律和军事指挥的学问,人称"将军元帅的艺术"。后来逐渐演变为对战略全局的运筹与指导。今天,由于概念的淡化,人们对战略的理解已远远超出了战争的范畴,广泛运用于社会、经济、文化、科技和管理等一切重大领域。当人们对处于一定历史时期的某个重大问题进行全局性综合性的规划、设计与运筹,确定最终行动方案与目标时,便是对这个问题作出战略决策。可见战略的涵义已演变成对统领全局的、事关成败兴衰得失的谋略、方案或规划。

2. 企业经营战略

企业经营战略,又称企业战略。市场经济条件下的企业是一个独立的经济实体，它面临复杂的内外部环境。它们一方面能为企业的生存发展提供各种必要的条件，另一方面又为企业设置了种种难题或难以应付的苛求，迫使企业作出相应的抉择。面对现实，企业必须回答"我们的企业是什么？它应该是什么？"（彼特·F·德鲁克语）

外部环境、内部条件和战略三者之间相互作用，构成了一个特殊的战略模式。如何处理这三者之间的关系？侧重点放在哪里，因各人的战略思想不同而改变。处理这个问题时，人们一般的思路是：以经营战略作为总体性运筹谋划，作为企业各项活动的基本指导方针、实现企业与内外部环境的衔接、协调，达到一种动态平衡状态。也有

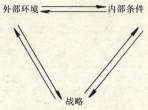

图 1-1 环境、内部条件和战略三角形

人持另一种观点。如美国的 H.I. 安索夫在《企业战略论》中提出：战略思考主要是关心企业外部胜于关心企业内部。特别是关系到企业生产的产品构成和销售市场，决定企业干什么事业以及是否要干时，更是如此。

战略思想的差异，再加上企业所处发展阶段、地理位置、企业规模、企业素质、提供的产品和服务类型、市场需求等等方面千差万别，造成每个企业的经营战略的具体内容各各不同。

关于什么是企业经营战略，虽然人们在总体上看法趋于一致，但也存在种种差别。目前对企业经营战略的定义可分为以下几种类型：

第一，把经营战略看作企业决策者的谋划行为。

企业经营战略是指在市场经济条件下，企业为谋求长期生存和发展，在外部环境和内部条件分析研究的基础上，以正确的指导思想，对企业主要目标、经营方向、重大经营方针、策略和实施步骤作出长远的、系统的和全面的谋划。

经营战略是企业面对激烈变化、严峻挑战的环境，为求得生存和不断发展而进行的总体谋划。

企业战略，是在动荡、变化的外部环境之中，特别是在激烈竞争条件下，企业为求自身长远的生存和发展，对企业经营活动所作的涉及全局性、方向性、根本性的决策和谋划。

第二，认为经营战略是企业活动的基本方针。

经营战略是立足环境、指明组织活动的基本方向，根据组织的基本情况，确定诸活动的总的基本方针。

公司战略，或称企业战略，是指公司如何利用自己的资源去开发存在的机会，减少面临的威胁，并取得所期望的成果的行动方针。

第三，从竞争角度来理解经营战略。认为竞争战略就是如何实现竞争优势，如果没有竞争对手，就没有必要制订战略。

公司战略就是以最有效的方式努力提高公司相对于他的竞争对手的实力。

第四，认为企业战略是用来指导企业行为的一系列规则。如有人说："战略是发展企业同外部环境关系的规则。"战略是"在企业内部建立企业内部关系和运转过程的规则。""战略是企业用于指导其日常经营活动的规则。"

在以上关于经营战略的种种理解中，我们更倾向于第一类表述。我们认为经营战略是企业为了适应内外部环境的变化，谋求长久的生存发展与竞争优势，对事关企业成败兴衰的根本问题所作的长期、系统、全局性的运筹、谋划。对这个定义，作几点说明：

第一，适应内外部环境，是企业制订并实施经营战略的根本目的之一。适应环境包括适应内部环境和外部环境两个方面。内部环境是指企业实施经营战略所拥有的有独立控制权的各类资源以及企业的组织机构。外部环境是指政治、经济、文化状况，市场需求、消费者状况、竞争者力量大小和竞争剧烈程度，以及科技发展水平。企业经营战略在其中成为连接内外部环境的理想纽带。

第二，定义中提到"竞争优势"，旨在说明创造竞争优势是战略运筹与实施的又一目的。适应环境与创造竞争优势两者之间具有内在联系，竞争者的数量、能力、竞争态势本是企业外部环境的一个重要方面。作为经营战略的一个核心问题，把竞争优势特别提出是有必要的。关于如何取得竞争优势、赢得竞争胜利便成为企业经营战略中的一个独立分支——竞争战略。

第三，关于"事关企业兴衰成败的根本问题"是指涉及企业经营战略的具体内容，如对外部环境与企业内部条件的分析，介入哪些经营领域的决策，战略目标、经营方针及其保证策略体系的确定，以及战略的实施步骤等方面。

二、战略层次

企业经营战略，固然是要解决企业生存发展长远、全局性的问题，可事实上战略的运筹与谋划，又不能仅仅限于解决这一层次的问题。战略谋划中同时要对涉及的一系列相关问题妥善地加以协调解决。所以，企业经营战略的制订，应该是对不同层次战略构成的一个严密的战略体系的谋划。一个成功企业卓越的经营战略，固然要有卓越的总体战略，然而绝不可忽视构成这个战略的一系列分支战略的作用。

世界上一些大的公司往往根据公司组织结构、公司的战略管理经验，分别采取与公司特点相符合的战略层次划分方法。比如日本一些企业对经营战略层次的划分没有明确的规定，按战略范围把经营战略分为对外战略，主要是产品——市场战略，进而又分为选择产品市场的战略、获得产品市场的战略以及扩大市场规模的战略；对内战略，主要是指生产、销售、财务等部门的战略。也有的公司按经营战略实施的职责，分为决策层战略和操作层战略。前者由企业决策者负责制订与实施，后者则由职能机构负责制订与实施。还有的企业把经营战略分为基本战略和实施战略两类。前者是对企业活动有广泛影响，其成功与否将会对企业的经营活动产生深远影响的战略，如企业开拓新的经营战略领域或退出某些经营战略领域便是。实施战略是为实现基本战略而制订的规划方案，如各个职能领域的战略，多属此类。

完整的经营战略体系可分为三个层次，即企业总体经营战略、业务战略和职能战略，它们分别解决不同的问题。战略体系及其相应解决的问题见表 1-1。

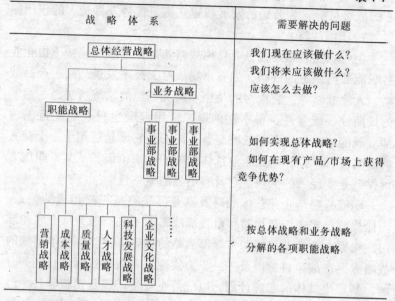

表 1-1 战略体系及其解决的相应问题

战略体系	需要解决的问题
总体经营战略	我们现在应该做什么？ 我们将来应该做什么？ 应该怎么去做？
业务战略（事业部战略）	如何实现总体战略？ 如何在现有产品/市场上获得竞争优势？
职能战略（营销战略、成本战略、质量战略、人才战略、科技发展战略、企业文化战略……）	按总体战略和业务战略分解的各项职能战略

1. 企业总体经营战略

这是任何一个企业的最高层次的战略，是经营战略体系的源头，它所关心的是面对动荡的环境、企业战略能力的大小和企业内部组织结构的调整这三个方面的情况如何作出总体的运行计划。它解决公司的战略取向、下属各事业部各项业务的最佳结构、战略资源如何获得以及如何在各事业部之间作合理分配？如何针对各事业部战略作总体的协调？

2. 事业部战略

这是大公司下属的各个事业部为求生存发展而制订的战略，又称业务战略，其适用范围在事业部内部。制订事业部战略要切实处理好保持战略的独立性与遵从总体经营战略的关系，无论朝哪个方向偏颇都是不妥的。既不能因强调事业部战略的独立性而脱离总体战略的约束、限制，又不应因强调遵从总体经营战略而失去事业部战略应有的机动性和积极进取精神。事业部战略运筹、谋划的核心问题是如何在同行业务中定位，如何开发自己的业务，并以最佳的产品组合和促销组合，实现本事业部的鼓舞人心的战略目标，为公司的发展和建立竞争优势发挥最大的作用。

3. 职能战略

企业职能战略是在企业总体战略和事业部战略统帅下由企业各职能部门制定的战略，如有市场战略、技术发展战略、产品战略、人才战略等。它面对的是企业内部各职能系统所关心、运筹的长期性、统领性、根本性问题，适用范围也只在职能范围内部。职能战略与事业部战略显著不同的是它不是适用于一个独立的战略经营单位，而是企业总体战略的一个侧面，从某一职能方面保证企业经营的实现。它具有更强的专一性。

职能战略与企业总体战略及事业部战略是相辅相成的关系。职能战略是实现企业战略和事业部战略的工具。因为每个职能部门，根据企业经营战略和事业部战略的指导下，制订出本系统的战略方案、战略目标以及进一步为实现这一战略目标进行任务分解，制定出具体的实施计划，以统筹企业生产经营销售等各个经济环节的活动，提出明确的规范和指标。这样，职能战略的制订，便成为企业总体战略和事业部战略的诠释和检验，把它们通过具体化形式落到实处。

目前，我国一些企业职能战略的制订、实施还是一个较薄弱的环节。企业虽然有一些职能计划、方案，但往往考虑的时间短、范围狭窄、缺乏战略性思考，尚不能成为实施企业总体经营战略和事业部战略的有效工具。强化职能战略的制定、实施及其管理，可谓是当务之急。

三、经营战略的内容

企业经营战略的构成要素究竟包括哪些呢？让我们以一个实例加以说明：

浙江新安化工集团股份有限公司是全国著名的大型骨干化工企业之一。根据我国化工"九五"计划及2010年发展规划的思路和产业政策，公司的经营战略表述为："在现有的产品结构和规模的基础上，加大投资规模、发展优势产品，围绕主导创利产品进行扩大再生产和原料配套。同时以科技为先导、以市场为导向、大力发展外向型经济，加强对外经济技术合作，充分发挥集团投资优势。逐步全面发展证券、房地产、机械、能源和商业服务等行业，分散投资风险，沿着大规模化、多元化、集约化方向发展，到2010年建设成为跨行业、跨地区或国家的企业联合集团"。

研究企业经营战略的内容，首先要明确战略、战略思想和战略规划（计划）的关系。这三个概念有区别，又相互联系。经营战略已如前述，不是一般的战略思想，但它是战略思想的凝炼与浓缩，是战略思想的集中表现。有什么样的战略思想，便有什么样的经营战略。正确的战略思想，保证战略制订与实施能与环境相适应，回避威胁抓住机会，推动企业顺利成长发展；而战略思想的偏颇以至错误，必然导致企业犯战略性错误，这两者之间具有高度的一致性。企业总是根据战略思想，辩证地思考企业同内外部环境的关系、发现环境中存在的经营机会和潜在的威胁，科学合理地规定企业从事的事业范围、成长方向和竞争对策，形成经营战略。而经营战略规划（计划）则是在战略思想指导下形成的经营战略的方案，是对战略具体明白、系统完整的表述。通常所说的经营战略的内容是经营战略规划（计划）所包含的几个必备的方面。

1. 战略分析

战略分析是形成各层次战略，尤其是企业经营战略的前提。它包括战略环境分析和战略能力分析两个方面。

战略环境分析要从横向和纵向两个方面进行。横向分析是指与本企业生存发展休戚相关的宏观政治、经济、文化、科技发展的状况及其对企业带来的影响，以及与本企业同时并存的本行业以至相关产业方面的情况；纵向分析是指随着时间的延续，这些外部因素将如何发展变化，从中判断哪些是对企业有重大影响的关键性因素，哪些是对企业影响不大的非关键性因素，从而分清主次缓急。通过纵横两个方向的分析，找出企业生存发展的有利机会，对潜在的威胁尽早采取应对措施，加以回避或予以抵制。

战略能力分析，是从总体上衡量判断企业适应环境变化的能力，包括捕捉、利用经营机遇的能力，回避环境威胁的能力等及时作出各种战略反应的能力。战略能力分析通常从战略资源的丰欠和质量、战略组织的适应性、企业经营者的运筹决策能力等方面入手，经过由粗到细的分析，再由细到粗的归纳，逐步显化起来。

2. 战略目标

企业在一个较长的时间内要完成什么？达到什么水准？这是战略目标的主要内容。经营战略目标的设定，将为全体员工指明了一个具体的努力方向，一个检验每个战略阶段的工作标准，也为企业制定年度、月度计划提供了可行的依据。所以，战略目标是经营战略中极为引人注目的内容，它具有明确性、超前性、激励性的特点。一个鼓舞人心的战略目标犹如光芒四射的灯塔，把企业全体员工凝聚起来，激励起来为之辛勤奋斗。

战略目标一般应力求用可以量度的目标值逐项列出。实在无法用数值表示的，也应尽量用准确的语言加以明晰的表述，努力消除模糊性，不确定性。保证在一个战略阶段结束时对战略目标完成情况能进行有效的检查、判断。

3. 战略取向

战略取向或称战略趋势，是企业经营活动的基本方向。核心是划分经营领域，选择何种经营领域，确定经营服务范围。既明确企业目前提供的产品与服务的领域，又要明确在预计的战略阶段内，企业拟进入（或退出）、拟扩展（或限制、收缩）的经营领域。在上述新安化工集团的战略方案中，战略取向是："在现有产品结构和规模的基础上，加大投资规模，发展优势产品，围绕主导创利产品进行扩大再生产和原料配套，……逐步发展金融证券、房地产、机械、能源和商业服务等行业"，这一战略取向中，既有对现有经营领域的维持与发展，又有对新的经营领域的开拓。

企业战略规划（或计划）是在上述战略取向的基础上拟订具体发展方向和设想，作为实现战略取向的更为具体的思路。

4. 战略方针

战略方针是经营战略中为保证实现战略目标中必须遵循的指导性原则。方针的作用在于指导、引导。上例新安化工集团的经营战略中,"以科技为先导,以市场为导向、大力发展外向型经济、加强对外经济技术合作、充分发挥集团投资优势"等内容,便是十分明确的战略方针。所以,有的学者把经营战略说成是"确定企业各项活动的总的基本方针",是不无道理的。

在战略规划(计划)中,战略方针不限于这种极为简炼的表述,应对此加以细化,具体地规定各项工作的管理程序和决策规则,使各大类工作都有更详细的指导方针和策略,保证企业战略思想的顺利贯彻。新安化工集团在总的战略方针指导下,分别制订了农药发展方针、精细化工产品发展方针、基础化工原料发展方针、公用工程发展方针等四个方面,对各管理层执行总的战略方针提供了更为具体的指导原则。

5. 战略阶段

企业经营战略目标,是一个较长时期才能实现的目标。实施的过程曲折多变。所以,不能等到整个战略期限全部结束后,再看战略目标有没有实现或实现的程度。在战略方案形成时,经营者就应以明确的思路,把战略实施过程分为几个阶段,并分别确定阶段目标。这既可以把看起来宏大的总目标分划成一步步可行的阶段目标,有利于鼓舞信心,又对战略的分阶段管理也提供了方便。目前正处世纪之末,一些企业常把其宏大战略目标分解为1998~2000年,2000~2005年,2005~2010年等三个战略阶段,分别规定了各个阶段的收入年增长率。年利税增长率以及每个战略阶段末应实现的营业收入和利税目标,使战略目标的实现显得稳妥可靠。

划分战略阶段的意义首先在于分解战略实施的难度,保证战略目标的实现。每个阶段的战略目标任务完成了,最终目标也就会圆满完成。其二,参照战略阶段目标评价前一阶段完成的情况,也就明确了向下一阶段过渡的基础,有针对性地采取策略措施。第三,每一战略阶段目标的实现,会为下一步继续前进注入新的动力。

四、经营战略的特点

1. 企业经营战略统领整个企业活动

经营战略统领整个企业活动在于它具有以下四个显著特性：

全局性。以企业的全局为出发点，以企业全局为谋划的对象。即根据企业生存发展的总体需要确定指导方针，着眼于企业整体运行的效率和整体经营效果。全局的谋划往往也涉及到对若干关键性局部问题的深思熟虑。如果在局部利益与企业整体利益基本一致的条件下，也会考虑兼顾局部利益。但若发生局部利益与企业总体利益发生矛盾、冲突或不协调时，则必须以大局为重，从全局根本利益出发考虑问题，决不因小失大。这是战略全局性的突出表现。

长期性。经营战略谋求的是企业长远发展。是全局观念在时间延续上的反映。战略往往要考虑 5 至 10 年以至更长时间如何生存发展。所以制订企业战略固然要从现实的内外部环境出发，但更应运用各种科学的预测手段，预见未来一段较长时间内环境发展变化的趋势，并把它列入考虑的范围之内。正是在对现实的和未来的环境如何发展变化进行缜密考察的基础上，形成的经营战略才具有较大的适应性和实施的成功率。

统领性。战略是高度概括的指导方针，是企业各方面工作的纲领。其他一切活动和工作安排都是根据战略规定的任务目标决定取舍并层层展开的。如经营战略规定了企业的成长发展目标，对现在正在从事的经营领域要否维持及如何维持，向哪些经营拓展，分哪几个基本阶段实现企业目标都作了原则性规定，对企业行为起了统领性作用。战略的统领性还在于它的权威性、严肃性。企业战略是由企业最高决策层经过充分调查研究、反复酝酿、深思熟虑后对企业发展的规划和设计。既已决策，任何人不能随意更改。虽然即使好的战略也会在一定时期内需要作适当调整，但绝不能朝令夕改，随意处之。它具有稳定性，要求各级管理人员认真贯彻实施。

风险性。战略的风险性特点是从两个方面来说的。第一，作为经营战略主体的某一企业来说,其经营发展面临的问题,目标实现与否都没有定数。正是出于应付环境的威胁才认真地制订经营战略。有的企业为获得某一市场机会而作的战略谋划,也面临着失去某一大好经营机会的风险性。经营风险的存在是企业制订战略的原动力之一。企业经营如果没有相当的风险性,人们制订企业战略的积极性就会大打折扣,即使制订了也只会束之高阁。第二,是指战略方案能否实现的风险性。人们看到一些企业实现了其战略目标,但是也有许多企业,即使经过决策层的殚精竭虑,其经营战略在实施中还是以失败而告终。这原因是复杂的。且不论决策者掌握的信息有限,对未来环境的预测分析有误,仅就各种方案的充分性、决策思维的合理性来说也是造成战略失误的原因。现实与未来之间的隔阂,有限的控制能力与无限的不可控因素之间的矛盾差异,使战略与风险永远同在。

2. 企业经营战略是微观战略

战略涉及的领域是甚为广泛的。从整个社会来说,有社会进步与发展战略;从政治领域来说,有一个政党或一个政府为达到一定的政治目标所制订的总路线和战略方针;在军事的领域,有为夺取军事全局的胜利而作出的战略决策;在经济文化领域,有关于在一个较长的时间内经济发展和文化发展战略。

经济战略有宏观与微观之分。宏观经济战略分为两种情况,一是由若干国家结合成的区域经济战略或一个国家的整体国民经济战略。80年代初,我国政府提出的"到本世纪末把我国国民生产总值翻二番",便是我国针对20世纪后二十年的大环境作出的宏观经济战略,现已成为现实。另一种是一个国家的较大地区的经济发展战略或整个行业、产业发展战略。前者如长江三角洲经济发展战略、珠江三角洲经济发展战略、开发浦东、以上海为"龙头"带动长江流域经济发展的战略。后者如全国化工行业发展战略、我国第三产业发展战略等。

与宏观经济战略相对的是微观经济战略,这就是企业经营战略。因为企业经营战略运筹、谋划的主体是企业。一个企业即使再大,它还只是社会的一个经济细胞。战略的成败如何、正确与否只是影响一个企业或相关的几个企业,涉及的面终究与国民经济的运行不可同日而语。且谋划的内容主要是如何以企业内部条件资源、组织机构去适应外部环境。

3. 企业经营战略的本质是追求变革与创新

经营战略,又被称为适应战略,意指适应环境。适应环境意味着必须变革自己,创新发展。

环境动荡中蕴含着许多成功的机会,但这些极为可贵的经营机会并非任何企业都能捕捉并转化为经济效益的。每当经营机会飘然降临时,不少企业都会敏感到"这确实是个极好的机会,决不应该放过",但一旦真正要把机会变成经营业绩时,又深感条件尚不成熟而无法大展身手。每遇到要打破企业原有陈旧体系时,阻力更大,似乎应该等一下,条件会更成熟些再说。事实上,等来的往往不是成熟的条件,而是威胁和机会丧失。不求变革创新,是没有发展机会可言的,是与经营战略的根本原理相悖的。

环境动荡带来的威胁、冲击、压力、困难可说是经营战略谋求创新、变革的催产婆。它比各种机会更严酷地促进经营战略的创新与变革。既然外部环境已经对企业现状造成威胁,那么,作为适应环境变化的战略谋划,不竭力变革创新,以全新的思路和姿态与之抗争,这种经营战略还有什么实际意义呢?又怎能鼓舞人心呢?

还有,经营战略是要把竞争对手时时揽入自己的视线的,要寻求如何与竞争对手抗衡并取得竞争优势的行动路线,这大不同于以改善企业管理现状为目的的一般的行动方案。它要求企业的运行突破思维的局限,采取行动上的革新与创造,才能形成对竞争对手的明显的竞争优势,才可称得上是战略行动。市场竞争条件下的企业,要想在竞争中获得成功,必须在经营战略中注入更多的创新与变革的内容。

企业通过实施以革新求变为本质的经营战略以后,这就意味着企业既是原来的企业,又不是原来的企业了。企业将从仅能适应(或不适应)目前的经营环境转变为能够适应战略期限内未来的经营环境。企业在以经营环境、企业同外界的联系、企业内部组织结构为坐标的三维立体坐标中（见图1-2），发生了位移。这种位置转变，正是企业所追求的变革，在这种转变中，企业获得了生存与发展。

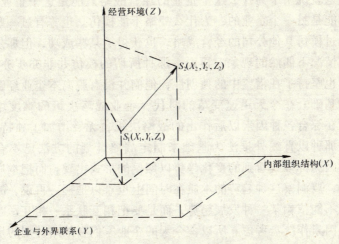

图1-2　经营战略引起企业的变革

4. 企业经营战略是独特的

企业经营战略的制订与实施需要高超的创造性，而富有创造性的东西是不会雷同的。虽然各个企业的战略从总的方面看，可以分为几种类型，处于有限的几种战略态势，划分为有限的几个战略阶段，战略管理也有某些共同性，但就各个企业的战略所面对的环境和具体的运筹艺术来说，是不会雷同的，表现出鲜明的特殊性。

企业经营战略的独特性来自三个方面：来自经营战略的主要谋划者企业家个人的特殊品格，如个人的个性心理特征、知识、经验、文化水准、战略决策能力等；来自环境方面的因素；来自企业本身所具有的优势和劣势。从逻辑角度看，每个企业拥有自己的优势和弱势，这种优势和弱势在性质、内容和优劣的程度上都绝不会与任何其他企业雷同。它所面对的机会和威胁，同样具有不同的性质、内容及其对企业的影响力。所以，尽管企业同样运用SWOT分析法，即对优势（S_S）、弱点（W_S）、机会（O_S）和威胁（T_S），进行分析，形成的经营战略，其结果总是融入了企业特色，形成独特的经营战略。

这就说明了为什么这个企业的经营战略只能是这个企业的，而不能是另一个企业的，为什么战略不能模仿。也曾有过一些企业通过模仿其他公司的经营战略，也获得了某些成功，但那是在特定情况下偶然的现象。再说，那种所谓的模仿并非亦步亦趋，人们也坚持了在借鉴中的独创性，他们并没有脱离本企业经营的现实基础。在今天迅速变革的时代，企业战略决策的难度增加了。在综合各种因素以后作出的战略决策，无疑增加了独特性。过去那种以直线外推法为基础来制定战略计划的方法已不合时宜，因为许多人看到的变化趋势以颠倒的形式出现，而把本质掩盖着，要洞察这种趋势的本质在时间上也难以把握。再说，战略制订不能依赖某一种发展趋势，而是要把相互联系、相互影响的多种因素作统盘考虑。所以，今天的企业家们在战略计划的形成过程中，不得不更多地依靠自己的智慧，综合各方面信息选择出企业最佳的行动路线及制订相应的策略体系。

第二节　企业经营战略的形成与发展

以企业经营战略管理为中心的企业管理是管理的新阶段。它的形成与发展反映了企业管理不断进步的一般规律。回顾企业管理的发展，可大致分为三个阶段，这就是以生产为中心的管理阶段，以市场为中心的管理阶段和以经营战略管理为中心的管理阶段。

一、以生产为中心的管理阶段

这一阶段延续时间较长。从19世纪现代大工厂形成至本世纪50年代，企业管理形态虽然有很大进步，但企业管理的基本内容是以生产为中心。企业经营者关心的是"为产品寻找市场"。这一阶段，又可以30年代初作为界限，分为前后两个阶段。

前一阶段，即30年代以前，虽然在一些发达国家已经出现了大工厂生产，企业规模已经扩大到社会大生产形式，但由于人口迅速增长，社会需求不断扩大，产品供应在总的方面还是供不应求，企业主关心的根本问题还是如何把产品生产制造出来。有产品就有顾客，就有利润。在这一阶段的开始，甚至不需要考虑花色、品种、产品质量问题。后来，随着生产发展，才对产品质量问题加以注意。20世纪初出现的以科学管理为代表的管理思想只是如何降低成本，提高劳动生产率，追求更多的利润。

30年代以后，由于生产规模进一步扩大，先进生产技术的广泛应用，生产效率迅速提高，在供求关系上出现了"扳位"之势，不少产品供过于求。这就迫使部分企业主的观念跟着改变。不仅要关心生产问题，还要想方设法推销已经生产出来的产品。"产品不是被买去的，而是卖出去的"。注意力从生产方面转到销售上。谁能争先把产品销售出去，谁就是强者。各种促销手段如广告宣传、人员推销齐头并进。但就企业管理层总的指导思想来看，依然坚持生产出来以后再推销。总的来看，在生产与市场关系的处理上，是先考虑生产，后考虑市场，称为生产型管理。

二、以市场为中心的管理阶段

从50年代初至60年代中，企业在对待生产与市场的关系上发生了根本性变化。这一时期，资本主义各国在二战后经济持续高速增长，市场上商品供应极大丰富。市场竞争空前激烈，买方市场特性表现甚为明显。这时许多企业家意识到：等到产品生产出来以后再考虑如何推销为时已晚。推销已定型的产品不可能完全符合消费者需要。必须赶在生产之前，摸透消费者究竟需要什么？他们需要的产品有哪些具体特征？然后为市场研究、设计、制造产品，并努力提供销前、销中、销后服务，全方位满足消费者需求。消费者的主导地位得到确认。由于正确解决了生产与市场、企业与用户的关系，因而形成了市场营销观念，相应推出了一系列市场营销策略。以4P策略（即商品策略、定价策略、促销策略、销售渠道策略）为核心的市场营销组合策略得到广泛应用并趋于成熟。企业其他方面的管理在以市场为中心的管理理论指导下也得到了相应发展。以适应市场需要这一标准推动了企业各项管理工作的规范化。这一阶段的企业管理称为经营型管理。

三、以战略管理为中心的管理阶段

60年代中期以后,世界政治经济风云变幻,企业面临着更为动荡的环境。由于发达国家许多企业已从国内市场走向国际市场,一个国家的经济日益成为世界经济的一个组成部分。国际性商品与资本的广泛流动大大促进了区域化经济发展。区域化经济的迅速发展势必导致区域间经济发展的不平衡性。更由于发达国家与发展中国家经济实力悬殊、各个国家因地理位置、气候条件、资源多少、文化差异以及国际经济交往中客观存在的不公正交易关系,促使国际经济矛盾日益突出。处于这种形势下的每一个企业都面临着一个在政治、经济、科学技术、文化都更为复杂的外部环境。

这时,企业家如果还是停留在仅仅处理好"生产与市场"的关系,已经远远不能适应复杂的形势了,它必须处理好"企业与环境"的关系。虽然过去的市场营销也要考虑环境问题。但这一阶段企业所需处理的"环境问题"与以市场为中心的前一阶段所面对的"环境问题",无论在环境的范围、内涵以及处理的方法手段上都大大不同了。这时的"环境问题"包含着对时代特征的再认识,包含企业目前以至长远的外部政治、经济、文化、科技等一切方面的广泛的审察与预测。为了适应环境,企业不仅考虑如何适应某一市场以至全部市场的问题,企业需要从最根本的企业使命、任务、进退取舍等根本性问题上作出抉择,采取行动方案。显然,要求企业家必须从更高层次、更广阔的范围、更长远的时期、关键性问题入手,把企业管理推向战略管理阶段,这是战略型管理。

企业管理进入以战略为中心的管理阶段,除了上述的客观条件之外,还有管理形态发展的自身因素。其一,是管理思想的发展。在这一时期,一些管理学者将从不同领域的研究成果进行综合、融汇为战略型管理提供了理论指导。其中较为突出的当数美国哈佛商学院教授迈克尔·波特的著名三部曲:《竞争战略》、《竞争优势》、以及《国家竞争优势》。他在企业战略与产业经济学这两个领域中架起了一座"桥梁",大大丰富了人们关于经营战略的管理思想。其二,自60年代中期以来,由于企业家和学者们的共同努力,解决了企业战略管理的具体方法:如对产业和竞争者进行分析的综合性方法和技巧;如何制订零散化产业、新兴产业、成熟产业、衰退产业和全球性产业的竞争战略;哪些是决定一个企业经营战略的基本因素;企业面对重大战略决策时需要的技巧,如纵向整合、业务能力扩展、放弃或者进入新的领域的方法。其三,积累了一批可资借鉴的战略管理案例。这些使得企业管理形态的发展不仅必要,而且有了可能。

第三节 研究企业经营战略的意义

一、优秀的战略必须有理论指导

为了说明问题,我们首先来考察企业家的战略意识、企业战略以及企业经营业绩之间的复杂关系。各种情况归纳于表1-2。

对第一种情况,企业经营者一旦明确了企业经营战略的重要意义,比较容易接受正确的引导。在他们的经营实践中,没有可以用来不重视战略以至抵制经营战略的根据,犹如空杯子倒开水。只要使他们强化了经营战略意识,学会并掌握战略运筹、谋划,只是时间问题,虽有一个过程,但不会太长。

战略意识及其经营业绩　　　　　　　　　　表1-2

战略意识	企业战略管理状况	企业绩效	对现状的认识	序号
战略意识模糊	遇到什么问题就解决什么问题,从未作过企业战略上的深谋远虑	绩效甚差,甚至惨败	意识到是经营战略上的问题	1
		绩效尚可自我感觉不错	看不到经营战略上的问题,错觉支配着对现状的认识	2
	也曾对企业生存发展作过全局性谋划,但那是被迫的,不自觉的,离真正的战略差距甚远	经营绩效差,且每况愈下	不认为是战略上出了问题	3
		经营业绩良好,企业暂时还有所发展	对战略的指导作用持怀疑态度	4

续表

战略意识	企业战略管理状况	企 业 绩 效	对现状的认识	序号
战略意识明确	重视企业经营战略,对企业战略的制订、实施、控制、修订都有严格管理,重大战略问题都经深思熟虑后作出决策	业绩却并不佳,没有捕捉到企业成长发展机会,也未能及时回避环境威胁,在竞争中企业元气大伤,甚至遭到惨败	心情复杂。对战略的功效和自己的战略能力产生怀疑:①战略制订难、管理难。②怀疑战略是否管用	5
		果断实施战略,按战略步骤稳步前进,企业不断获得新的机会,赢得竞争优势,完满地实现战略目标	成功的经验使他们确信战略管理的必要性,深刻认识到企业战略的重大意义	6

情况二中,经营者可能产生思想上的偏见。目前的"自我感觉良好",可能使他们误以为"什么战略不战略,还不是那么回事?不讲战略,一样把企业搞上去。"这种把战略看作"小题大作"的东西,自恃"没有战略计划也能成功"的企业,确实如他们所说的那样:企业没有长远目标,对发展方向心中无数或若明若暗。然而,其中也有不少企业还是有一个长期的工作方针,在企业上层领导的头脑还是有长期发展的方案打算,不妨称之为"隐形战略"。对此,解决问题的方法是向他们说明,不进行战略运筹、谋划也能获得较好的业绩是在特定的环境中取得的、形成的,这是一种侥幸,偶然,不代表一般情况,也不会永远如此。市场形势稍有变化,这种情况就不会存在。再说,在这种大好的经营环境中,如果有了正确的经营战略,企业可能发展更快,取得更大的经营业绩。

情况三倒容易使人们端正对企业经营战略的认识。因为反面的教训常常给人以深刻的印象,意识到企业经营战略不可忽略。让他们强化战略意识,自觉地从事经营战略谋划,改变企业现状,求得企业进展,这些可能都不是难事。

情况四,应该向企业领导者说明的是:企业目前搞得不错,固然有许多因素,但没有犯战略性错误是根本性的。不自觉地进行全局性谋划,在外部环境并非剧烈动荡的情况下,作出了基本适应环境的谋划,这依然应该归之于战略上的成功。这样的企业如果更进一步地制订明确的规划,可能方向更明确,更能有效地利用企业资源,实现更高的目标。

上述四种情况,是当前企业界战略意识的较薄弱的一些企业情况的反映,尚不足以说明战略需要理论指导这一命题,作为情况反应,一并罗列出来。下面两种情况,须直接说明企业经营战略,应在正确理论指导下制订并实施。

情况五,领导者往往心理较为复杂,"我们注重经营战略,曾为此深谋远虑,可为什么不管用,依然业绩平平,甚至不佳?"这种情况,很容易对自己的战略意识产生怀疑,需要在正确理论指导下,认真审察外部环境。应该振奋起来,进行新的战略运筹,重点解决以下几个问题:

(1) 目前从事的事业是不是必要的?
(2) 目前的外部环境是否允许从事这项事业?
(3) 竞争者的实力如何?是否有生存发展的余地?
(4) 本企业的战略能力是否能够应付现实环境以及环境的发展?
(5) 原有战略不能适应环境的原因何在?

情况六表明企业的经营战略是成功的战略,优秀的战略。成功战略是有理论根据的,并非随意拍脑袋制订出来的。伊丹敬之认为:"优秀的战略应有理论根据。"他进一步阐述这种理论时认为:优秀的战略理论应是有生气,而又是不平衡发展的理论;重视企业无形资产如企业的技术、商标信用、组织风气的理论以及关于战略所涉及的对象的心理状态的理论等,这一观点应该说是正确的。

许多成功的企业战略,都是能够用理论来说明的。也许制订企业战略的企业家自己并没有深刻地意识到这些理论的存在,但它却已解决了实际问题。如果将打乒乓球的方法加以整理,使之成为科学理论,如此一来,不管是专业选手抑或业余选手,整体水平都会相应提高。经营战略同样如此。知道了有关战略的理论，并不一定能制订出优秀战略，但是掌握理论的价值无论如何不能低估。"特别是对于天才以外的人来说。"

二、能否科学地制订并坚定地实施企业经营战略，是反映一个企业现代化管理程度的重要标志

衡量现代企业管理水平已不再从企业的生产管理或营销管理等局部管理作为评价标准，这些管理不能最终确定企业的兴衰成败。这些局部的管理固然有助于企业走向成功，是重要的，但不是根本的。内部管理井井有条的企业可能因为战略上的失误而招致一败涂地。日本的一些企业70、80年代在激烈的竞争中，凡是战胜竞争对手取得胜利的，都是得益于经营战略的成功。例如日本小汽车在国际市场上独占鳌头，便是由于日本的汽车制造公司洞悉国际政治经济形势，根据科学的预测结果，不失时机地生产出"轻便型"、"节能型"小型汽车的发展战略，结果在国际市场上击败了生产小汽车的头号王国美国。

正如市场上的商品竞争是从产品价格竞争开始发展到今天商品整体（商品的实体、商品外在体、商品附加利益）的竞争一样，企业管理的先进性也从企业内部生产管理领先、市场营销管理领先，发展到如今的战略管理领先。在这种形势下，只有重视并认真研究经营战略，以卓越的经营战略带动企业其他各方面的管理水平的提高，才是现代化企业所应该做的。

三、依据战略进行科学的运筹，可以使企业的经营活动避免盲目性，提高经营效率和效益

企业战略阐明企业的发展方向。这句话不仅是从企业作为主体这一层次来说的。企业战略，要求企业超越企业甚至行业的界限，在广阔的范围内以及更高的层次上作卓有成效的探索，从中可以得到从企业自身角度无法看到的解决问题的思路。

例如，目前我国的服装业同国际上的服装业的发展相比仍有不小的差距。我们的时装在国际市场上的竞争力相当微弱。对此人们不约而同地想到要研究制订服装业的发展战略。服装企业更是重任在肩。然而，光是服装制造企业的苦心经营是不能解决根本问题的。除了服装制造业自身存在的问题以外，我国目前服装机械的生产能力不能充分适应服装业发展的需要也是重要原因之一。因此要真正为服装企业制订成功的战略，就必须把服装业与服装机械业结合起来进行考察。在这里，行业可分，战略上要合。否则服装企业深思熟虑制订的经营战略恐怕也很难保证企业的展翅腾飞。我国许多服装厂和服装机械厂不配套，不少服装机械厂只能生产缝纫剪裁系列产品，对于整烫设备很少有人问津，即使有也不齐全。服装厂在机械设备尚不能充分满足需要的情况下制造服装，质量如何能够得到保证？为了促进这两个行业尤其是服装机械行业的发展，就需要把这两个行业的战略融合起来进行研究。国外如日本、德国等一些发达国家，服装企业发展战略和服装机械发展战略属于同一机构，其中的道理可以给我们许多启迪。这样，服装设计者在进行服装设计时，及时想到并熟悉在服装制作过程中需要使用什么特殊的机械设备去完成，相应地，服装机械生产厂家也能充分了解自己的产品将能满足服装生产中哪些特殊操作要求，由此推动两个行业的共同进步。

四、开拓战略自由度

在企业经营战略研究中开拓战略自由度。战略自由度是一个新的概念，主要是对企业家的战略思维的更新来说的。战略研究启示人们超越一般的思维局限，摆脱陈旧的方法，在更广阔的范围内以全新的目光创造新的解决问题的途径，推动企业经营迅速前进，也就是不断拓展新的战略自由度。

经验表明：任何现实的战略改进计划都必须在给定的有限范围内进行。每个企业只能在特殊的方向来寻求成功。这种方向极为重要，而且是有限的。选择什么方向，必须依据的最关键的因素之一，是在公司所考虑的方向上改善的余地有多大。我们可以把战略自由度简单地表述为所能导出的切实可行的战略方向线。

谈战略自由度总是针对一定目标（无论是一个目标值或是变量）而言的。目标一当改变，所拥有的战略自由度便有很大差距。为了具体说明战略自由度与目标的关系，下面以改进照片质量为例加以说明。

摄影者的目标是以合理的费用拍出满意的照片。为了最大限度地实现这一目标，增加摄影者的利益，生产制造企业可有多种选择：如图 1-3 所示。

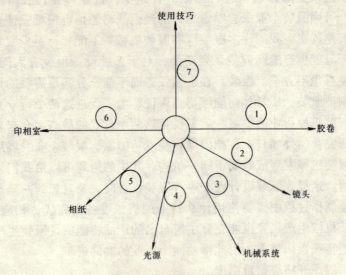

图 1-3　战略自由度示意图

这七种选择是 7 种切实可行的"战略方向线"，或称为战略自由度轴线。通过对每一根轴线的分析，就可能制订一系列有特色的战略。箭头越多，战略自由度越大。表示企业在经营中保持竞争优势所可能采取的主要行动越多。战略自由度的概念既是战略思考分析的起点，也是企业家进行战略研究的目的。

战略谋划是企业在有限资源允许的条件下进行的长期性、全局性、统领性运筹，又是以变革为其本质的，所以战略研究决不会囿于原有的战略方向线，它总是引导企业家开拓新的战略自由度。每当一个新的战略自由度开拓成功，企业的经营活动便可能取得一次重大突破。企业家正是在开拓战略自由度的过程中，把企业引向新的境界，取得一个个新的成功。

第二章 战略环境分析

为了保证企业经营战略的正确制订及其贯彻实施,必须在充分掌握切实可靠情报的基础上进行全面、深入、细致的战略分析。这些分析包括诸如战略环境分析、行业以及相关行业分析、战略态势分析、战略关系分析、战略优势劣势分析、企业使命分析、战略经营领域分析等。一个企业在确定的战略阶段,对这些分析都应予以相当的关注。然而,在战略形成阶段,首当其冲的是要全力搞好战略环境分析。

第一节 企业战略环境分析概述

一、战略环境特点

人们说:"企业是环境的产物。"一语道破了企业与其所处的环境不可分割的依从关系。企业战略环境是一个复合体,它包括企业外部环境和内部环境两个方面。外部环境是指存在于企业外围直接或间接影响企业经营活动及其发展的各种客观因素与力量的总体。内部环境则是企业内部影响企业经营活动及其发展的各种客观因素与力量的总体。本章主要讨论企业外部战略环境。而内部战略环境在企业战略能力一章中加以阐明。

对经营战略环境的了解,应注意以下几个共同特点:

1. 动态性

如果从企业所面临的任务来划分,企业环境可以分为一般环境,即泛指存在于企业外部的一切对企业经营活动能够产生影响的各种因素;任务环境是指对企业完成某项具体任务发生影响和作用的各种因素的综合;战略环境是指影响经营战略的制订、实施、战略运筹以及从根本上影响企业生存发展的各种因素和力量的总和。显然,这三种环境所指的具体内容是大相径庭的。某项具体任务的环境可能并不列为企业战略环境的因素,一般环境又可能因为影响范围及其作用的大小等原因而被排斥在战略环境因素之外。然而,不管哪一类环境都不是固定不变的,它们一刻也不会停留在原来的状态。其中,作为对企业经营战略影响较大的战略环境,由于涉及的面广、时间长、影响因素复杂,对其动态变化更应给予密切注意。

2. 不确定性

从企业对环境的认知来说,环境具有不确定性。无论内外部环境,尤其是外部环境,它们对企业的作用是间接的,有些环境因素作用于企业,但其影响和结果还没有显示出来或没有充分显示出来,企业经营者势必缺乏充分认识、把握环境的诸种条件。于是这些外部影响力量和因素中,哪些因素将会对企业的生存发展发生哪些影响,不可确定;何时会发生作用也不可确定;影响作用到何种程度也不可确定。虽然人们利用一切科学预测手段力图预见环境变化趋势,但并不能从根本上消除环境的不可确定性。经常会发生预料不到的情况,既可能获得成功,也可能迅速遭到惨败。这如同瞭望远方飘来的冰山一样,始终只能看到冰山露出水面的部分或其一个侧面,而洋面下的冰山并不知晓。

环境的不确定性被战略大师们称为"环境乱气流"。20世纪后半期,环境的变化对企业的影响较过去大为增强。但环境的不确定性也提高了。这表现在对环境的预测难度增加,许多无法预料的事态发生的频度增大;环境的新奇性使人们对环境无法用过去的经验去认知、把握。环境变化迅速,企业要想迅速适应这种变化更为困难。尽管如此,人们也不应该放弃对环境认知的一切努力,只能是知难而上,利用一切方法减少这种环境的不确定性对企业可能带来的负面影响,实现企业与环境的最佳结合。

3. 环境对企业活动具有制约性

环境对企业经营活动的许多方面都具有制约作用。规模越大、范围越广的活动,同环境的关系越是密切,所受到的制约也越多、越大。企业经营战略,作为涉及企业生存发展的根本问题,大的活动,更是受到环境的种种制约。没有一个企业的战略可以违背环境的大趋势的变化而能获得成功的。深刻地认识战略环境的制约作用,有利于克服制订和实施企业战略的随意性。

环境对企业活动的制约性表现在两个方面:当战略适应环境及其发展趋势时,则企业可以充分获得并利用环境提供的机会、战略资源及其他种种有利条件,推动企业经营的成功,不会感到来自环境的压力、冲击、威胁和困难,环境犹如天使,在通往战略目标的大路上一路绿灯。而当企业与环境及其发展趋势相悖时,环境就会如同专出难题的恶魔,战略实施中的每一步活动都会感到压力、冲击、威胁和难以逾越的障碍。眼睁睁看着别人取得一个个极佳的经营机会,而自己却无能为力,企业现状无法改变,经济效益滑坡,原有的竞争优势丧失殆尽。

二、战略环境分析的意义

由战略环境的特点,我们可知,把经营战略称为"适应战略",把企业与环境的关系称为"适应环境"是不无道理的。这里"适应"不是"依赖"。这是因为处于不利环境中的企业可以通过积极地作出正确决策,变革自己,求得生存与发展。美国《工业周刊》杂志曾经断言:"日益全球化的经济所面临的艰难时势和难以对付的客观现实,把描绘着许多公司战略的黑板擦得一干二净。它们意识到有些工作必须进行了,这些工作比修订预测数字或者修饰其产品或结构更加重要。阿尔温·托夫勒很早就对企业家如何调整自己的战略以适应环境描绘了一幅幅具体的场景,颇发人深省:

"大石油公司已经摆脱了它们所熟悉的业务,埃克森石油公司为了挤进信息产业,把一大笔资本花在一次不成功的尝试中,阿尔科公司投资进行遗传学研究和良种生产。与此同时,美国钢铁公司打入了石油经营领域,整个钢铁工业正在努力缩小工厂规模,并建立'微型企业'……轮胎橡胶工业中的主要厂商买下了一条煤气管道。同时,大型石油化工企业脱离商业而成为专业化生产者……赫尔克里士化学公司现在生产飞机的电子控制设备,而爱塞尔公司却在保险业中争得了一席之地……今天许多过于庞大的被人称为'企业恐龙'的企业为了在今天的市场中保持强盛，必须着眼于紧缩规模，正把完整的大公司分解成许多个独立的盈利中心，整个石油工业在日益增长的压力下对其资产进行了根本改组。……"

相反地，也有不少企业疏于环境分析，即使曾经做过一些战略环境的分析，也是偶尔为之，对环境的巨大变迁，茫然无知。并不深刻理解在环境变化的形势下及时作出适应性行动的决定性意义。或者说，当他们从失败的教训中醒悟过来时为时已晚。《公共关系报》1997年11月29日刊载广东佛山市无线电一厂被拍卖的情况颇能说明问题。该厂是60年代末投资兴建的一家国有无线电整机生产企业。它曾创造过辉煌。其"钻石音响"商标在消费者心目中已扎下了根。80年代中，该厂在全国众多的无线电生产企业中，最早以战略眼光看到：城市居民逐渐富裕起来，原有的电视机和收音机已不能满足需求，套装视听产品将会兴起。根据这一战略分析，抓住了成功的机遇，佛山市无线电一厂成为全国最早生产整机套装音响的企业之一。随着产品的销售，"钻石音响"扬名大江南北。最辉煌时刻，"钻石音响"畅销全国，曾占领全国音响市场的四分之一。然而，这个在连续十年时间中，花了一亿多元广告费和种种促销手段树立起来的名牌企业和名牌商标，却在拍卖槌声中走完了最后的路程，熄灭了最后的光辉。人们比喻说：当大厦倾塌时它是不会计较建筑这个大厦花了多少金钱的。人们在感慨之余，在深思造成这一倾塌现实的原因。一位负责人认为：内忧外患，企业缺乏对战略环境的敏感与周密的分析，不能调整战略以适应外部环境的变化，是造成这样的结局的根本原因。

具体说，80年代中后期音响刚刚进入家庭时，许多家庭把音响当着装饰品来添置。90年代初，不占地方的小型套装台式音响占领市场潮流。但"钻石音响"却未能发现潜在危机，把握住时机，积极推出新产品，仍然生产以往一套笨重的产品，背离了消费者的口味变化，在变化的环境中固守原有的阵地，当然失去了重要的发展机遇。另外,部分消费者对音响的收听素质要求越来越高,"钻石音响"在这一变化面前又显得反应甚差。在国内外众多强劲竞争对手面前只能从辉煌走向没落。

战略环境分析的意义可从以下三个方面来看:

1. 从战略制订及其管理过程来看

在企业与环境的相互作用中,一个企业对环境的作用,尤其是对外层宏观环境的作用是微乎其微的,对中层紧密环境的影响也很难有大的影响。根本的是环境对企业的影响和作用。环境是制订企业总体战略的根据、出发点和制约因素。企业必须依据环境所提供的客观条件及其发展变化趋势制订经营战略。如果对环境了解不全面,或对其本质特征认识模糊,把握不准,就无法制订出准确的经营战略。

从战略管理角度来说,作为处于企业管理中心地位的战略管理,必须充分获取有关企业战略的大量信息。为战略决策服务,最重要的是掌握战略方向和切实可行的战略目标。这些都同信息有关。而决策所依赖的基础便是企业所处的环境。企业通过环境分析,认知环境。如企业目前或将要受到哪些方面的挑战,可能有哪些经营机会?需要对哪些方面作出必要的反应,努力施加自己的影响以争取好的运营条件?对哪些方面可以暂缓考虑,以免分散精力?这就是说,战略环境分析在战略管理的全过程都具有重要意义。它对于战略思想的形成、战略规划的制订、战略实施、监督、修订与评价,都具有指导意义。环境分析是制订战略的起点,又是战略运筹的依据。而实施战略的最终结果也是要适应环境,实现战略目标。

2. 从战略的本质看

战略的本质是以企业战略能力为支撑点的对环境作出积极、正确、有效的反应。"积极"是企业战略决策者在各种环境面前采取进取的态度。"正确"、"有效"是对战略的要求。"以战略能力为支撑点",这是企业的可控条件,战略运筹是在企业战略能力允许的条件下进行的。

不仅在正常的情况下要进行环境的分析,当环境发生意料之外的动荡或剧变时,重新分析环境是必不可少的。要保证战略的制订与实施的成功,应以动态的、滚动式的方式进行环境分析,不可一劳永逸。人们说:"一只眼睛看着企业内部,一只眼睛看着竞争者的动向",这便意味着对环境的警惕,更确切地说是"一只眼睛看着战略能力的发展,一只眼睛看着战略环境的动向。"

日本依丹敬之在其《新经营战略的理论》中指出战略成功的本质在于战略的适应性:"我们把战略的内容与环境诸要素(如顾客)之间的相吻合,称为战略适应或适应战略。制定战略的内容是想方设法适应周围状况,这是战略要取得成功的最基本的问题"。"对战略的环境要素,也要具体地考察,看它是些什么因素,并详细加以分析。同时还必须具体地搞清楚战略内容与周围因素之间的具体关系,当处在什么情况之下才算是相适应的?"

战略与环境的关系,不仅是一种消极的依从,战略的本质还提示人们要在适应环境的过程中做到:主动地对环境施加积极的影响,首先是对自己周围的环境要素施加影响,使它朝着有利的方面发展;将环境各要素的本质和变化作为杠杆加以利用。

就一般企业来说,经过努力,只能做到适应或符合外部环境要素的现状而很难有更大的作为;能对环境施加影响的企业相应地减少,而能将环境各要素作为杠杆加以利用的则更是微乎其微,没有高明的审时度势、因势利导的战略运筹艺术是难以实现的。具有一百多年历史的瑞士跨国企业雀巢公司在这方面的表现可说是佼佼者之一。同样面临当今全球企业进一步提高竞争力的严峻局面,同行企业不断地降低经营成本、完善质量体系,以便在动荡的经营环境中迅速应变。一些信奉高速管理理论的企业无论从立项、开发、生产到市场导入、销售都以"快"当先,迅速占领市场。对此,雀巢公司以其新的战略思维,把业务重心移向国外,只留2%的业务在瑞士本土。保证企业经营适应各国国情,以其非常地方化、区域化扩大企业战略的影响力。他们把这视为企业的生命线。

3. 从解决企业根本性问题来看

战略环境分析,还有助于对企业某些根本性问题作出鉴别、分清责任,最终圆满解决问题。例如一家大公司渐渐在产业中失去了领导地位,这是否经营管理不善或企业衰败的开始?问题严重到这一点了吗?企业是在江河日下的产业中丧失经营能力,还是在蓬勃发展的产业中日趋衰落?这一衰落是任何公司都无法控制的社会性或经济结构的变化造成的还是另有隐情?这就必须找出变故的真正原因。对于这一类问题,不能从局部范围思考,战略环境的分析有助于给我们打开思路,明确责任,找准方向。

三、环境分析的内容

1. 战略环境分类研究

对环境的分析,应分类进行。对环境分类可以更准确地把握企业战略环境的特点,发展总趋势,发现环境中影响企业经营的关键因素。根据不同目的要求,可以对环境作如下分类:

根据范围,可分为企业外部环境和企业内部环境。企业经营战略的外部环境是存在于企业外部,影响企业经营活动以至企业生存发展的各种客观因素与力量的总体。企业内部环境是指企业自身所具有的能够进行战略运筹、谋划的各种力量和因素的组合,又称为企业结构。企业对内部环境具有较大的可控性。

若按战略环境的影响力来分,可以分为三个层次,如图2-1所示。

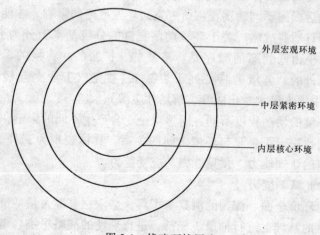

图2-1 战略环境层次

外层宏观环境是指企业所处的时代总的政治、经济、文化状况对企业经营活动的影响。它对企业往往从大的方面发生间接作用，这些作用是根本性的，不可忽视的。

中层紧密环境是介于宏观和微观之间的战略环境。包括行业环境、相关行业及有关产业状况，诸如市场环境、投资环境、产出环境、竞争环境、相关的约束和限制条件等。这类环境经常蕴含着巨大的竞争力，明显影响企业的投入产出效果，对企业的生存发展有着更为直接的影响。

同企业经营活动发生直接影响的种种因素，如企业同顾客、竞争者、供应商、中间商、其他公众的关系等属于内层核心环境，是战略环境分析更应全面把握的内容。

2. 战略环境具体特点分析

制订成功的企业战略，除了要掌握环境的动态性、不可控性、对企业的制约性等这些一般特点以外，还应对企业面临的环境的具体特点充分把握，唯其如此，方能作为战略制订与决策的依据。

环境的具体特点是指环境的动荡程度，环境变化的总趋势及其与企业的关系。

环境动荡是个总的提法。应首先对环境动荡的程度进行分级，然后根据不同动荡程度研究它对企业战略的影响，才能更具体地制订适应战略。关于环境动荡程度的分级基本上分为五级，动荡水平由低到高的顺序是：重复的、扩张的、转换的、突变的、意外的。各级的特征列于表 2-1（参见《工业企业经营战略》，中国人民大学出版社，解培才主编）。

环境的动荡程度不同，固然对企业会产生不同的影响，但另一方面也决定于企业与环境之间的关系，具体表现为三种能力：对环境的认知能力、预见能力、应变能力。

（1）认知能力

对环境全面、深刻的洞察与了解，必须在掌握大量准确、可靠信息的基础上进行抽象、概括，进行理性的战略思维、辩证思维与从企业这一特定角度进行的特异思维。虽然每个企业都是处

战略环境动荡程度分类 表 2-1

动荡程度 环境特征	1	2	3	4	5
	重复的	扩张的	转换的	突变的	意外的
对未来事件的熟悉程度	熟悉的	运用经验可以推断	突然的,但与经验有关	突发的,只有部分与经验有关	突发的,并且是以前未遇到过的
未来的可预测性	重复出现,不需要预测	通过推断,可以预知	可以预测机会和威胁	可以预言	部分可以预言
现有能力的适应程度	以现有能力可以适应	要调整现有能力	要扩大现有能力	要重新配备能力	要开发新的能力

于一定的环境之中,甚至有若干企业处于同样的环境之中,但是人们对环境的认知却大相径庭。对环境的认知是企业处理好自身与环境关系的前提,认识越充分,便可以克服许多不确定性,消除心理上的不安与举止失措。

(2) 预见能力

不仅善于对环境现状予以有效认知与把握,还能依据环境中各种因素的客观变化规律,运用科学手段,推测并预见到在未来一段时期中可能的情景。若以环境对人们的威胁来说,一场火山爆发或山体滑坡,固然危害极大,但如果在预料之中,人们提前采取了防范措施,实际遭受的损害就可能大大减轻甚至免除损失。考察环境的动荡性不能忽视人的预见能力。企业战略环境分析,应包含这种预见能力并把它实际运用于处理外部环境中去。正是由于科学预测手段的现代化,许多企业面对动荡程度很激烈的环境也能应付自如。而另一些企业,由于缺乏这种不可或缺的预见能力,结果面对并不算十分激烈的环境动荡,却翻了船。说明预见能力是抵消环境动荡有力的杠杆。

(3) 适应能力

对环境的适应能力或应变能力,决定于企业战略能力的大小。企业虽然拥有相当的适应能力,但是也要清醒地看到,面对环境不同程度的动荡,这种适应能力是有限的。即使对环境有明确的认知和预见,也不一定都能适应环境变化的要求。因此,企业必须不断努力壮大自己的适应能力,不要等到面临困境的时候才奋起开拓新的战略适应能力。

3. SWOT 分析

SWOT 分析,是指对企业所拥有的优势、弱势和面临的机会和威胁的分析。SWOT 是英文优势(Superiority)、弱势(Weekness)机会(Opportunity)、风险(Threaten)的缩写。SWOT 分析是战略环境分析必不可少的内容,它比前边所说的分析更具体。企业在运用这一分析方法时,应分解成若干需要解决的问题,逐条进行研究,例如:

优势分析的内容有:

(1) 企业是否确立起行业中的领导者地位,或处于挑战者地位? 这种地位的稳固性如何?

(2) 在竞争者面前,是否拥有足够的战略资源、技术或其他优势? 如果存在优势的话,领先程度有多大? 持续性如何?

(3) 产品质量、销售服务和总成本方面是否领先? 同行企业能否在短时期内赶上来? 产品质量和销售服务的特色何在?

(4) 企业同供应商、销售商的协作关系如何? 在哪些方面超过了其他同行?

(5) 企业形象等无形资产价值评估应值多少? 形象辐射能力和效果占有何种优势?

(6) 有哪些天时、地利、人和的优势?

弱势分析:

(1) 战略思维是否陷于保守,导致企业缺乏开拓创新能力?

(2) 是否由于战略资源缺乏而不能适应环境的剧变和竞争者的挑战? 当前缺乏哪些重要资源? 将来又可能缺乏哪些资源?

(3) 面对市场巨大压力,是否无力扭转局面?

(4) 随着经营陷入困境,企业形象是否也陷入危机? 如果目前企业形象还好,是否存在潜在形象危机(如客户对产品和服务有所不满意)?

（5）企业内部管理存在那些薄弱环节？经营效率与竞争者相比低在何处？相差多少？

（6）组织机构有何不适应市场经济要求之处？

机会分析：

（1）宏观经济的持续发展，为企业发展带来何种机会？

（2）政府政策的调整改变，对企业经营有何影响？提供了哪些发展条件？

（3）企业间竞争激化，科学技术进步，公共关系改善，为企业带来何种机会？

（4）通过企业自身努力，如企业结构重组，或与同行企业协作可能开拓出哪些新的机会？

（5）企业经常面临的所谓经营机会是否是真正的机会？它们能为企业带来何种利益？这种机会的持续性如何？

风险分析：

（1）企业经营的安全可靠性如何？是已看到存在的经营风险，还是预感到有风险却摸不清到底是何种风险？

（2）来自市场、买方心理变化，给企业带来何种风险？面临技术进步，现有生产的风险性如何？

（3）对某些已经明确了的经营风险是承担风险，开拓前进好？还是不必冒险，以回避为上策？

（4）面前的风险存在的时间有多长？是在某一时间后会消失，还是风险将变得更大？

第二节　外层宏观环境分析

企业家常用这样一个形象的比喻，把社会环境中的企业比成是池中的鱼和密封舱中的宇航员。尽管环境对企业如此重要，可人们对"社会环境"究竟是指什么却并非每个人都能表述清楚或说得完全。这并不奇怪，这是由社会环境的非标准化特性所致。对于社会环境，人们主要关心以下两个问题：

（1）什么样的社会环境是企业生存发展最理想的环境？

(2) 社会环境究竟指哪些层面？这些层面又如何按照其对企业战略的重要性排列次序？

由于对不同企业发生重大影响的环境因素组合各不相同，企业家在回答这些问题时颇感棘手。社会环境的非标准化特性告诉人们：不必也无法回答这些问题，很难寻找到在一切方面都适合企业发展的最佳时机、最佳社会环境。社会环境中各种因素相互作用的结果对企业的复杂影响本来就不能用几句话加以精确表述。例如，著名的美国电话电报公司的管理人员十分注重社会环境的动向，然而他们只是侧重于密切注视着通讯市场的风风浪浪，只是社会环境中最显眼的前沿。而公司所发生的一切，却在很大程度上缘于更为广泛、更为深刻的社会变化。世界上其他企业也同样如此，大家虽然都在尽力增加产品类型、介入新的经营领域或退出某一经营领域，它们面临的环境各具特点、也并非是完全适合他们经营的理想中的环境，即非标准化的。

环境的非标准化思想告诉人们，对环境的分析、洞察，不是为了寻找或等待一个理想的环境，而是通过何种努力，寻求一个适宜的环境，开展经营活动。

外层宏观环境的分析包括：政治环境、经济环境、科学技术环境、社会环境（或称社会文化环境）。

一、政治环境

政治环境亦即政治法律环境。它是指一个国家或地区的政治制度、政治形势、政府方针政策、有关法律法规及其对企业经营活动的制约和影响，从大的方面来说分为国内政治环境和国际政治环境。国内政治环境系指企业必须关注的国内各种政治因素及其相互关系、其作用和影响大小。常见的地方保护主义便是这些因素之一。国际政治环境则是与海外市场相关的企业必须关注的政治因素及其影响和作用的大小，其复杂程度超过国内。如关于我国加入世界贸易组织的问题，便是国内许多企业制订经营战略时应考虑的政治环境问题之一。

涉及企业战略的政治环境可以具体地从以下几个方面进行分析：

1. 政府职能

在政治环境中，政府是举足轻重的因素。政府发挥何种职能以及发挥得如何将决定企业战略谋划的可能性和有效性。近年来，我国通过稳步有力的经济体制改革，推动企业逐步向现代企业制度过渡，政府职能已发生了根本性转变。产权关系调整，政府从原来直接经营企业转变为一种适应市场运行机制的新型政企关系，企业走上了自主经营、自负盈亏、自我约束、自我发展的轨道。政府的职能转变为宏观调控、指导和帮助企业解决难题方面来，为搞活国营大、中型企业提供了良好的大环境。但是，政府仍然是政治环境中最有影响力的因素。

一般讲，每个国家的政府都会对一些对国民经济有重大影响的产业或企业进行直接管理。但近二十年来，世界各国政府对企业直接管理的范围逐步缩小，直接管理的程度也逐渐削弱。例如，美国和欧洲一些国家的政府，已经放弃了对航空、电讯和金融服务三个传统行业的直接管理。在日本和中国，政府也日益减少对经济的直接干预和控制。中国近年来民营金融、电讯、房地产经营机构便反映了这个变化。

2. 政府行为

政府的行政性行为及其稳定性对企业活动产生重大影响。例如我国一些城市投资兴建高速公路、环城高架公路、地铁等现代化交通设施，这对当地及周围地区建筑行业、建筑机械行业、建材行业的发展提供了极好良机，国家投资兴建水利枢纽工程，开发经济特区或经济发展区域为各行各业的发展提供了极为广阔的施展宏图大志的条件，并将惠及电子、通讯、机电、电缆、金融、旅游等产业及相关企业。1998年，国家有关部门，以抓房地产业为突破口，带动新一轮经济增长，这一政府决策，将对二十多个产业的许许多多相关企业带来重大影响，许多企业已经敏感到这一点，有的在制订企业战略时充分考虑这一因素，有的企业对原有经营战略作重大调整。

对企业的干预和管理是政府行为的主要方式之一。除了直接对企业进行管理以外，政府还通过种种间接手段实施对企业的管理。其中包括通过法律、法令、法规、条例对所有企业进行管理,通过社会经济和科技发展战略、规划推动企业进步,通过财政、税收、金融、信贷、产业投资、技术贸易、价格、分配、消费等经济政策和经济杠杆去影响市场,从而实现对企业经营活动的间接的调控。

通过制订不同时期的产业政策,鼓励发展或约束发展某些产业也是政府行为的重要方面。1997年,我国政府确立的中国21世纪新的六大支柱产业,无疑对这些产业的迅速发展是一个强大的推动力。产业政策涉及的面主要是那些在产业政策中受鼓励和约束的有关产业。制订企业战略应注意到政府所制订的具体政策的适用时间及其时效的长短。企业战略应对政府长期性作用的政策要有所反应,对短期性政策则应灵活处置。

作为政府行为的一种,政府预算对所有企业的活动和经营效果都将产生影响,它反映资源在政府支出与企业耗费之间的重新分配。企业应从中寻觅可资利用的机会,确定战略方向。

3. 法律法规

每个国家都要制订一系列法律、法规,以维护社会生活的正常进行,这对企业来说是具有严肃性、严密性的政治环境。它对企业经营起到了保护和约束的双重作用。如目前许多国家制订的反不正当竞争法、反不正当交易法、专利法、广告法、环境保护法等便具有这种作用。企业只能在法律法规限定的范围内开展经营活动,一旦违犯,企业战略势必无法实施,还要遭受重大经济损失。例如美国环保局曾对通用汽车公司生产的名牌汽车凯迪拉克进行过废气排放检查,结果发现严重超标,于是根据《空气洁净法》规定,责令该公司回收废气排放超标的汽车,并交纳罚金,使通用汽车公司为此损失达4500万美元。

企业不仅应关注那些已经制订的法律、法规,还应密切注意可能有哪些新的限制性或鼓励性法律法规出台。我国近年颁布的《反不正当竞争法》规定用于有奖销售的最高奖金不得超过5000元人民币现金或等值的实物,对那些五花八门的"有奖销售热"是一次有效的降温,起到了调节竞争行为的作用。

5. 国际政治因素及其影响

企业经营尤其是国际企业经营，不能不经常注意国际政治力量大的风云变幻、小的波动或搔扰，它们会在不同程度上影响企业经营，作为企业经营者应对由此产生的政治风险留有足够的戒心。

政治风险可能由各种团体、机构或政治派别的矛盾和斗争所引起。它们因各国情况而异。相应的这些政治力量对国际经营业务可能造成的影响有：资产被政府没收，这是没有补偿的财产损失；有补偿的征用；失去经营自由；业务限制，如对市场份额、产品特性、劳动力雇佣等的限制；失去财产转让的自由；税收上的歧视或强制性分包合同等。

所以，企业经营的战略取向如果是拓展国际市场，那么，它就必须认识有关国际政治因素及其影响，分析这些国家的法令、法律，有关进口、出口的贸易，关税政策，政府经济政策的变化，与本国的政治经济关系。唯其如此，方可防止由于政治环境的差别而使企业陷入进退维谷的境地。80年代，美国的德纳斯公司被迫执行美国政府的禁运规定，对原苏联实行禁运。然而该公司设在法国的分公司却受到法国政府的警告：必须按时向前苏联发运原定出口的煤气管道设备，单方面停止与原苏联签订的供货合同，将被视为违反法国法律。该公司面临的左右为难的窘境，对所有企业都不无启迪。

二、经济环境

经济环境的基本内容包括经济体制、经济形势、经济政策、经济联络等方面的现状及其相互作用的发展趋向。

1. 经济体制

又称为经济制度，是宏观经济结构体系、运作方式和管理体制的总称，随着我国社会主义市场经济体制的建立，企业已成为独立的经济实体，经营机制更加合理、有效，为企业的经营发展注入了新的活力。

2. 经济形势

指宏观经济发展的速度、水平、经济目标、总的发展规划、物资拥有状况以及社会或个人的购买力、消费水平、消费结构等方面。考察企业战略的经济形势，首先要看国家经济处于什么样的阶段？是萧条、停滞阶段，还是复苏、增长阶段？宏观经济以何种经济规律周期性运行、变化发展？随着世界性新的经济体系的形成和中国经济与世界经济接轨，世界经济的发展状况和周期、国际竞争的激烈程度都将对我国企业的经营战略构成难以估量的影响。

经济形势可以由一系列经济数据定量地加以描述，所以企业对经济形势的研究应尽量收集并采用以下几种主要指标：

（1）利息率。许多企业经常依靠贷款等集少部分或相当一部分资金，利率的被动势必影响企业还贷，对此不能不保持相当的敏感性。

（2）汇率。受汇率变化影响的企业有进出口产品的生产企业、在国外投资的生产企业以及中外合资企业。即使一般企业也应关心人民币对外币汇率的波动及国家有关政策。

（3）国民生产总值。这是衡量国民经济发展水平最常用的指标之一，也是衡量一个国家或地区经济实力的综合指标。

（4）国民经济增长率。这一指标对众多基础性产业影响更大、更直接。如房地产、机床、汽车等行业通常对国民生产总值及经济增长率的波动更为敏感。当一个国家经济处于快速发展时期，这些行业也会快速发展；反之，这些行业也处于衰退之中。

（5）通货膨胀率。它对行业的影响与利率对行业的影响有相似特征。

4. 经济政策

政府制订的各项经济政策，是发挥各国政府职能的直接手段。它对企业运行影响巨大，是企业不可不察的。对国际经营的企业，还需要研究外国政府的经济政策与法令的变化和趋势，研究他们对企业经营发展的影响。

5. 经济联络

一个国家的经济发展不是孤立的，它会对其他国家或地区的经济产生影响或受其影响，而且这种经济联络越来越密切，所以对经济环境进行分析时要充分考虑国与国之间、国与地区之间经济的相互影响以及它们对企业经营的影响。

6. 经济基础设施

经济基础设施是指一个国家或一个地区的运输条件、能源供应状况、通讯设施以及各种商业基础设施（如各种金融机构、广告代理、营销渠道、营销调研组织等）的拥有量、分布，以及这些设施运作的效率与可靠性。在制订跨国、跨地区战略时，要对不同地区经济基础设施的巨大差异有所了解。

三、科学技术环境

国家、地区或整个行业系统科学技术发展的速度和总的水平，当代科学技术发展总趋势，以及技术开发创新能力，这些构成了企业战略的科学技术环境的主体。与此相关的社会公众科学技术意识，科学技术与经济一体化程度，科技市场发育程度，也是科学技术环境的重要组成部分。当今科学技术进步日新月异，企业要全面把握当代科学技术发展的全部情况有点勉为其难，应处理好重点与一般的关系。应遵循从新的科学原理、新的发明创造、新的管理思想入手的原则，对一些重点的高新科技领域进行分类研究。再则要关心各个领域如能源、信息、生物工程、生态环境等领域中技术传播扩散的过程和速度。当然，每一种科学技术的进步带来了何种商业利益，对社会进步产生何种推动力是企业家必须也应该揽入视线的。

1. 科学技术的社会影响

有人认为，作为第一生产力的科学技术实质是一种"创造性的破坏力"，是颇为耐人寻味的。任何一种新的技术革命，都会直接间接地带来各产业之间的调整、演变与更新，涌现出一批新兴产业，淘汰掉一批过时的产业。为众多企业提供了无数大好的发展机会。以电子、通讯、生物工程等新科学为代表的工业技术的飞速发展，致使一批高科技产业迅猛崛起，大量自动化设备和新技术的采用，使电脑教育、信息处理、自动化控制等新兴行业相继涌现，使微电子技术、机器人、光电通讯、激光、遗传工程等新兴工业部门获得了大好的发展机遇。

然而，从另一方面来看，正是由于现代科学技术的这种创造性，将其"破坏力"也表现得淋漓尽致。近年来风靡世界的计算机软件革命和个人计算机软件的开发，大大改变了人们教育、娱乐和家用电子业。电子信息技术的发展和运用已经对所有的信息传输手段造成了巨大威胁。用无损于臭氧层的新制冷剂替代氟里昂，迫使冰箱行业正在进行一场脱胎换骨的改造。

科学技术上的领先或创新，为企业提供强大的竞争优势。缺乏连续不断的产品更新能力，跟不上科技环境变化的企业，且不用说获利多少，甚至连生存的希望也行将幻灭。

2. 科技产业化程度

科技能否很快产业化，形成新的高效的生产力，这是科技发展的关键。作为良好的科技环境，不仅应该有大量新科学原理的发现，新科技的出现，还应该有相当部分迅速产业化，从根本上促进经济发展和社会进步。如果科技产业化过程过于缓慢，抑或在这一过程中存在着种种困难或障碍，使得技术转化为生产力的效率很低，这对企业战略来说，不能视为良好的环境。

3. 科技市场发展状况

良好的科技环境与科技市场的发育相辅相成。发育完善的科技市场体系应该拥有广泛的科技市场信息沟通网络、高效的科技市场营销渠道，能为企业提供广阔的科技转让、购买、引进的活动空间和完善的法律保障体系。

四、社会环境

社会环境亦称社会文化环境，它的特点是从文化角度把握企业宏观战略环境。它不仅是指人口统计特征（如人口总数、文化、结构等），更主要的是要把握一个国家和地区的人文意识、价值观念、行为规范、风俗习惯（生活方式、工作态度）、宗教仪式、伦理道德等方面情况。由于社会文化环境问题体系庞大，极为繁杂，所以作为企业战略环境需要掌握其重点，主要在以下四个方面：

1. 把握核心社会价值观

核心社会价值观是某一国家或地区在特定时期一般公众占主

导地位的价值判断标准和价值取向。它对众多社会成员的行为和态度起着有力的导向作用。例如人们对追求新的生活方式抱何种态度，对不断涌现于市场的新产品作何评价，都受到这种社会价值观念的潜在诱导。社会价值观是一种无形的力量。

社会核心价值观的形成与演变对产业结构和规模有直接的影响。例如环境保护意识和生态平衡观念迫使许多发达国家把重污染产业纷纷向发展中国家迁移，同时创造出新的生产方式。倡导尊重老人权益的风尚，使得原来许多以青少年为主要服务对象的企业及时对其产品结构进行调整；保护公众健康的意识日益强化的今天，使烟草公司面临厄运。几年前，美国密西西比州司法部长迈克·穆尔起诉美国大烟草公司，要求他们赔偿与吸烟有关的疾病的医疗费，从而发起了一场全国性的对烟草业的"闪电战"。经过数年交涉，穆尔在1997年又与美国大烟草公司进行了两个月的马拉松谈判，终于达成了一项"历史性"协议。烟草公司被迫同意在今后25年内，向与吸烟有关的病人赔偿3685亿美元。另外，这些公司表示接受美国联邦政府对其产品和广告的监督。

2．熟悉有关的亚文化群

文化是由许多亚文化群体构成的。每一种亚文化是由有着共同价值观体系及共同生活经验或生活环境的群体所构成。亚文化群各具特色，他们与各行业的企业关系亲疏不一。企业熟悉与本企业关系密切的亚文化群是适应社会环境的重要前提。例如，社会上层出不穷的消费热代表着不同的消费文化，便属于不同的亚文化。它们具体的内容大相径庭，分别与不同的企业经营领域相对应。

3．社会意识变化及其影响

社会文化环境动态性表现最直接的是社会意识的变化。这种变化除极少数情况采取剧变式的以外，大多是采取日积月累式的演变。然而时间稍久，就会呈现社会意识的巨大差异。对此，企业的经营行为以至企业战略上不得不作出新的谋划。例如，人们求美意识的增强，促进了美容、化妆品的大量涌现，美容院竞相设立，色彩鲜艳、款式新颖的服装充斥市场；健康意识的强化，至使许多家庭购买健身器材,饮用水也升级换代成各类矿泉水、纯水之类,如此等等。

近年来,我国城乡居民收入增加,迫切要求提高生活质量,休闲意识浓厚起来。随着五天工作制的实行,人们纷纷利用节假日、双休日外出旅游,休闲购物。于是专门为旅游、渡假、休闲提供各种商品和服务的工商企业和机构便应运而生。

人们生活节奏加快,社会环境变化的速度也日益加速。企业应对环境变化持积极敏感的态度,不能因一时适应了社会文化环境变化取得了成功而失去继续对社会环境的灵敏性。

五、宏观环境综合分析

前面分别对政治法律(P)、经济(E)、社会文化(S)和科学技术(T)等四个方面进行了讨论。但任何一个企业面对的不是相互独立的四个环境,而是作为一个整体展现在企业经营者面前。所以对宏观环境分析实际操作上总是进行综合分析、总体评价。把政治法律、经济、社会文化和科学技术综合进行分析的方法,又称为PEST法。

PEST分析法分为四个步骤:

1. 分别对P、E、S、T所代表的四类宏观环境进行考察,列出该类环境中对企业影响较大的环境因素。这些环境因素不宜罗列过多,以7至8个为宜。

2. 根据各个因素对企业经营战略影响的大小,一一对其评分。评分时,对企业生存发展起积极影响作用的取正值、反之取负值。

3. 考虑各个因素的重要性不同,可对不同因素分别乘上一个加权数。权数的大小可以根据经验确定。未乘加权数的可视为权数等于1。

4. 将各个环境因素的得分乘以加权数,取得各因素单项得分。将全部单项得分相加,便可获得P、E、S、T四类环境的综合评价分数。由此可进一步判断P、E、S、T对企业战略影响的排列次序。还可获得这四类环境因素的总得分,用以判断环境对企业提供的机会和威胁总的情况。

D·福克纳与C·鲍曼所著《竞争战略》一书中，提出了一份PEST分析法的查阅清单，可作分析环境时的参考。该清单对四类环境提出29种具体因素。本书著者以此29种因素为基础模拟进行评分，测定得综合评价分数值，见表2-2。

PEST要素分析与综合评价　　　　　表2-2

	PEST要素	评分	权数	单项得分
政治的	关税及贸易总协定	+2	6	12
	对垄断立法	+1	5	5
	环境保护法律	+3	5	15
	税收政策	−1	4	−4
	（对外）贸易规则	−2	4	−8
	就业法规	0	3	0
	政治稳定性	+2	1	2
	欧洲一体化	+1	1	1
经济的	商业周期	−1	5	−5
	GNP趋势	+2	5	10
	利率	+1	4	4
	货币供应	−3	4	−12
	通货膨胀	−2	3	−6
	失业	−1	3	−3
	可支配收入	+3	2	6
	能源来源与成本	+2	1	2
	贸易周期	+1	1	1

续表

	PEST要素	评分	权数	单项得分
社会文化的	人口统计	+2	5	10
	收入分配	+1	5	5
	社会流动性	-2	4	-8
	生活方式变化	+1	4	4
	对工作和休闲的态度	0	3	0
	消费主义	+1	2	2
	教育水平	-2	1	-2
技术的	政府对研究的支出	+1	6	6
	政府和行业对技术努力的关注	+1	5	5
	新发现/进展	+2	4	8
	技术转让速度	-1	3	-3
	废弃率	-2	1	-2
总计			100	45

注一：表中分数以各因素对企业提供经营机会或积极影响取正值，反之取负值，各分三级，故有3、2、1、0、-1、-2、-3共7个数值。

注二：各环境因素所取权数之和为100，可以表示出某一环境因素在综合评价中所占百分比。

注三：如无特殊理由，综合评价表中各因素所取的权数不要随意改变，保持综合评价方法的一致性，有利于在一个较长的时间内对综合评价分数作纵向比较。

第三节　中层紧密环境分析

一、行业分析

1. 行业定义

生产力的发展，导致社会分工。社会分工是商品生产产生和发展的必然和基础。在商品生产中自然地派生出各生产门类、生产门类的种以及由此分化出来的五种,就构成了物质生产领域内的行业系统。在非物质生产领域中,由于同样的原因,相应地形成和发展了多种多样的行业。可见,行业系统的形成和发展,实际上是在社会生产力不断提高的基础上,人类经济活动在纵向上的延伸和细分、在横向上的扩展和分化的结果。

关于行业的定义,人们可以从不同角度进行概括。

从企业的类同性对行业下的定义有:

行业是由若干个生产同类产品,即经济用途基本相同,使用的原料基本相同,生产工艺过程基本相同,服务内容和服务对象基本相同的企业组成的经济系统。

行业是由一批为相同的市场生产相似产品和服务的公司的集合。

也有的学者从管理的角度对行业下定义:

行业就是人们为了研究和管理社会经济系统,并对独立经济单位的经济活动进行分类指导,而按照一定原则和分组标志进行的分类。

作为社会经济的一个客观范畴,行业的实质可从以下三个方面考察:从宏观经济角度来看,行业是国民经济总体的一个组成部分。是按照生产的种类,提供服务的性质等条件对国民经济进行的分门别类。从经济规模层次来看,行业是比企业层次更高的组合。它是介于宏观经济与微观经济之间的中间环节。是国家经济组织和经济结构中的中间层次。所以它属于企业战略谋划的中层紧密环境。从技术特征来看:行业是以专业化技术为基础构成的。先由少数掌握某种专业化技术的企业为先导。当这种专业化技术不断被推广应用,以至发展成一批企业,生产出满足同一市场需要的产品或提供某一服务时,便形成了行业。

2. 行业所受制约

行业的形成与发展既受到自然属性的支配,又受到社会属性的影响,受到宏观经济的制约和指导。为了保证行业的正常发展,有必要遵照国民经济和社会发展的中长期计划来研究制订行业的发展规划。其内容包括:行业发展总目标、行业结构、行业布局、行业技术发展规划等。依据这些规划来确定本行业的发展方向、速度和规模大小。主要技术经济指标应达到的水平以及应采取的经济政策和措施等。所以，国家发展国民经济的总战略、方针和政策，是制订行业发展战略和政策的纲领。也由此确定某行业在国民经济中的战略地位。

3. 行业特点

为适应企业制订战略规划而进行行业环境分析，掌握行业的基本特点是核心问题之一。行业作为一个概念并不复杂，但要掌握行业特点却并不简单。原因在于行业太多。三百六十行（何止这个数！）特点各各不同。这个行业的特点不能替代另一个行业的特点，所以俗话说"隔行如隔山"。下边就工业行业的特点加以说明：

（1）行业组织的多层次性

行业是复合概念。一个大的行业可以细分为若干个较小的行业。这些较小的行业有时还可以进一步细分。例如，工业行业就可以分为冶金、化工、轻工、机电、仪表等行业。而化工作为一个行业又可细分为农药、化肥、涂料、塑料、染料、化工原料等行业。其实行染料行业还可细分为染料和染料机械等不同行业，充分体现出行业的多层次性。再说工业行业产品多达几十万种，技术水平、工艺过程极其复杂、各具特点。

（2）行业管理的特殊性

不同行业向各自的目标市场推出自己独特的产品，提供具有特色的服务，造成他们在社会和经济发展中的作用也不尽一致。进而引起了行业管理中存在诸多特点，有各种特殊要求。有些行业如煤炭、石油、电力、金属材料、建筑材料等属于基础性生产资料，生产相对集中，市场需求波动性较少大起大落，管理方式也需适应这种相对稳定状况。而另一些行业，如电子、轻工等产品规格繁多，市场需求经常波动，对市场依赖性较大，管理方式必须适应这种变化，及时调整。

（3）行业之间的依存性

任何行业不能独立存在，它必须以另一些行业的生存发展作为自己生存发展的条件。随着生产发展的专业化，行业之间的这种相互依存关系得到进一步增强。例如，纺织印染与染料这两个行业，没有前者，染料行业的产品便失去了市场；没有后者，纺织印染也无法存在。谁也少不了谁。进一步说，一个行业处于什么样的发展阶段，行业景况对另一个行业往往也是生死攸关的。这些行业的战略应该把相关行业"捆在一起"进行谋划。

行业之间的依赖关系经常表现为相互补充。即一个行业的产品并不能满足某一市场的需要，若干个行业的共同努力才能基本满足某一市场的需要，这些行业便存在相互补充的关系。行业之间的互补性不仅存在于两个行业之间，而是各个行业之间；不是单向的，而是相互交叉，形成相当复杂的情况。

由于行业间的经济技术关系复杂而密切，要具体掌握作为企业战略环境的一个行业的特点，需要对行业进行细分。

对行业的分析宜细不宜粗。应把大的行业分解为若干个层次的较小的行业。因为这样做，企业便可面对一个个拥有具体目标市场的企业群体，能清晰地看到它们的竞争结构及其发展趋势。从中显化出本企业可能拥有的经营机会和潜在的威胁。

要注意的是在行业分析中，确定一个行业的边界是个难题，特别是当企业需要确定产品发展方向时。因此，行业分析中，应对行业边界仔细斟酌。

4. 行业分析内容

行业是企业生存发展的直接空间。为了达到对行业环境的基本了解，行业分析应从以下两个方面展开：其一对行业总体性考察。其内容有：行业的服务领域，行业的成熟性，行业吸引力，行业在国民经济产业中的地位，资源供应，企业间竞争情况，政府与社会公众对行业的态度。部分内容在后面展开讨论。其二是行业展望。对行业产品或服务需求是否存在长期稳定的增长趋势？行业的规模发展及其效益的现状及其动态把握。

行业展望特别应关注其未来面临的是什么问题？对这些问题如何确定？鲍曼的《战略管理》中提出由下列七个趋势中的一个或几个来确定：

(1) 行业当前处于生命周期的哪一个阶段？是初期、成长期、成熟期还是衰退期？
(2) 需求增长率（是停滞还是快速增长？）。
(3) 用户需求转变（有无转变？转变成什么？）。
(4) 产品及生产过程的革新。
(5) 企业的加入和退出。
(6) 革新是否容易被仿效？
(7) 在法律环境上可能的变化？

由这七个方面展望未来，再加上必要的信息做依托，就可获得行业未来的图景。这里的信息应是适量且可靠的。如果信息过多，会感到信息不系统、杂乱，若限制分析范围，放弃某些信息，又顾忌因遗漏某些信息，得不到一个明晰的行业未来发展的图景。为此，可以采取行业情景的概略分析方法，建立行业情景的模式，如图2-2所示。

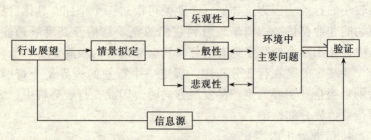

图2-2 行业情景模式方框图

乐观的情景：行业处于成长阶段，即使处于成熟阶段，也还有很大的发展空间；需求明显地增长，用户需求的转化将更有利于行业发展。竞争状况不会影响行业发展前景，产品和生产过程的革新还具有很大的潜力。

悲观的情景：行业发展已经过了成熟期后阶段，甚至接近衰退期，没有什么发展余地，用户需求日益转移，没有增长的可能，行业总的营销呈萎缩态势，竞争剧烈，且竞争对手力量强劲。

一般性情景：处于两种情况的中间状况。

模拟情景的分析方法，由于把行业前景按设定的几种状况进行分析，通过关键问题的把握和补充信息的验证，可以较为简便地把握行业前景的概况。

5. 行业生命周期

许多事物如同活的生物，有其生命周期：家庭、商品、企业、行业和产业都有各自的生命周期。就企业来说，企业是否存在着生老病死的自然规律呢？日本的一项调查研究已证实了这道"哥德巴赫猜想"式的题目。调查发现，几乎有80%的企业，茁壮成长30年左右的时间，就会遇到一个瓶颈。如果没有应对良策，通常企业就此趋向衰退。只有20%的企业可以持续运营30年以上。伊恰克·阿迪兹在其《企业生命周期》一书中说，企业从诞生始，一般要经过10个阶段，即追求期、婴儿期、学步期、青春期、壮年期、稳定期、贵族期、官僚早期、官僚期，最后死亡。作者提醒企业界，不要等到稳定期，即企业发展最高峰时才谋求突破方案，应在企业的壮年期就采取大刀阔斧的改革措施，为企业注入新的活力，延续企业的生命历程。

与此类似，由若干个企业集合而成的行业也有生命周期现象。它是社会对一个行业提供的产品或服务需求状况及其自身发展的综合反映。人们根据产品生命周期的启示，把行业生命周期划分为类似的四个阶段，即：

（1）新兴期

一个处于新兴期的企业，可以看到许多新加入者。这些新加入的企业会把这新兴行业看成是未被开垦的绿洲，怀着热切的期望，准备实现自己的抱负。这里有广阔的空间，用不着开展竞争便可以获得市场。

（2）成长期

行业在成长阶段，拥入的企业会迅速增加。行业规模迅速扩大，销售额呈上升势头。处理行业内外部关系还没有形成成熟的规则，许多事情做不到有章可循。企业行为带有很大的随意性。没有完善的行业标准，各企业争相运用有利于自己的一套"竞赛规则"来促销产品，展开广告攻势，展示自己的形象。那些轻易获得较大市场份额的企业很快可以获得丰厚收益，竞争并不剧烈。

(3) 成熟期

随着行业走向成熟，行业规模和行业总销售量都已发展到了极限。行业内部的运作程序和规则已被各企业接受和理解，积多次经营成功的经验和失败的教训，行业标准已经完善，趋于科学合理。

行业各项经济指标持续稳定在一个水平上，各企业纷纷展开激烈竞争。市场几乎都被分割完毕。要想销售更多产品，提高市场占有率，只能从竞争对手那儿夺取市场。任何企业在经验上的优势已荡然无存，因为"你所具有的，我也具有"。于是最高明的，也是最基本的竞争手段——价格竞争成为通用的手段。至于其他任何改革的设想或措施，都很快被别人效仿而失去作用。

(4) 衰退期

行业销售明显下降，生产能力严重过剩。只有最有效率的极少数企业可以赢得利润，许多边际经营者被迫退出行业。若想退出行业却又因种种障碍而被套住，继续维持边际经营，那么竞争更加激烈，行业负担将更加沉重。

行业分析对企业经营战略的意义在于：要根据行业所处的生命周期采取战略行动。亦即首先要明确行业目前的性质，然后再决定企业是维持、还是退出某一行业。

6. 行业内部战略集团

行业内部并非都如人们想象的那样是一个统一的整体。就大多数情况来说，由于种种原因，行业内部各企业也会形成某种特定的结构——行业内部的战略集团。

行业内战略集团是介于行业和企业之间的一个对企业经营战略有重大影响的结构层次，它是指某一行业中在某些战略方面采用相似或相同的战略的各个企业组成的集团。如果所有的企业都采用相同的战略，那么这个行业中便只有一个战略集团。可能出现的另一个极端是每个公司都采取不同的战略，每个公司都是一个独立的战略单位。这两种情况都谈不上行业内战略集团的存在。但在一般情况下,行业内会存在数量有限的几个战略集团,它们采取性质根本不同的经营战略。例如,在大型电器设备行业中,可能存在一个产品系列宽广、广告攻势强、牢固掌握分销渠道的战略集团,一个由专业生产企业组成,针对高价高质的细分市场进行有选择销售的战略集团和一、二个规模相对较小、正努力树立自己品牌的广告攻势较弱的企业组成的战略集团。

战略集团的出现有其客观原因:各个企业在其战略的一个或几个方面总是存在着种种差别,这种差别必然引起各企业在行业中的地位不同。那些战略地位相同的企业为了壮大自己,获得更加有利的地位和战略形势,便联结在一起形成战略集团。战略集团的形成还有其他多种原因,如企业最初的强项和弱项不同,加入某行业的时间和经历长短的不同,涉及事件的不同等。而当一个集团形成以后,集团内的企业除了他们的基本战略以外,其他许多方面也会趋于相似,如寻求相似的市场份额,受外部影响,以及对外部事件或行业内的竞争行动做出的反应也具有相似性。

战略集团内部的相似性以及对外部采取行动的相似性为划分出行业战略集团提供了依据。正确划分出战略集团(战略分组)是行业内战略集团分析的重要任务。在二维坐标图上进行战略分组的作业因受坐标轴数的限制,只能选择出最为关键的两个战略要素。这两个战略要素的选择不同,战略分组的结果也不同。迈克尔·波特运用描述企业专业化程度的"产品线数量"和表现供产销一体化程度的纵向整合为依据,可作为我们进行行业战略集团分组的参考。如图 2-3 所示。

图中圈的大小表示每一个战略集团中各公司市场份额之和。其位置则由产品线数量和纵向整合程度决定。图中四个战略集团所采取的竞争战略显著不同。

战略集团的存在改变了行业内部竞争的格局。原来单纯企业之间的竞争发展成为战略集团之间的竞争和战略集团内部的竞争。

就战略集团之间的竞争来说。一个行业内的战略集团不止一个,便意味着行业争夺。即存在着价格、广告宣传、销售服务及

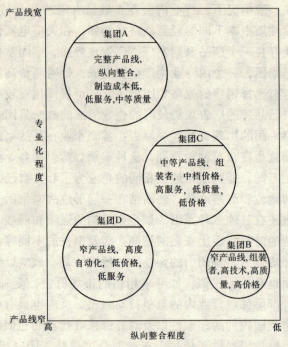

图 2-3 战略集团分组

其他方面的竞争。集团之间的相互作用导致行业中各企业竞争能力不均衡。战略集团的数量可以显示出行业总体竞争激烈程度。集团越多,竞争越是错综复杂与激烈。战略集团分布越复杂,其竞争状况就比少数集团构成的行业竞争激烈。影响战略集团之间竞争的具体因素有:

第一,战略集团间的市场相互迭加的程度或者说目标客户的重复程度,这是最重要的因素。各战略集团为争夺同一顾客群必然是全力以赴的。当战略集团之间市场交迭越多时,竞争越是激烈。

第二,各集团产品歧异化程度。如果各战略集团能使顾客把自己的产品品牌同其他品牌严格区分开来,则集团间的争夺激烈程度会大大下降。

第三,战略集团数目以及他们的相对规模。战略集团数目多且他们的规模（市场份额）越相近，则会由于战略的不对称性越能引起剧争。相反，如果集团的规模极不平衡（一个集团份额极小，另一个集团份额过大），则虽然两个集团的战略有大差异，也不大可能对彼此间的竞争方式造成很大影响。

第四，战略差距。即不同集团战略上的关键要素的离散程度，如品牌知名度、成本状况、技术领先程度等的差异性。如果其他条件相同，集团间的差距越大，集团间就越可能产生各式各样的摩擦。因为这些属于不同集团的企业，各自坚持不同的战略方针，导致他们在竞争思想上难以统一。他们都难以理解他人的行为，从而难以避免作出种种错误的反应，爆发争端。

再就集团内部的竞争来说。在战略集团内部企业间的竞争呈现出新的特点。集团内部各企业虽然有其战略上的相似性，但各有优势。这些优势可能体现在专业化程度、品牌知名度、拉引与推动力量、销售渠道的控制、产品质量、技术领先、价格政策、公共关系运营等方面。对此，各企业将会充分发挥自己的战略运筹能力，运用可能的优势，争取更多的利益。另一方面，集团内部的企业同非同一集团内的企业又有所不同。因为"战略集团是由一批互相了解又在同一市场上互为对手的公司组成，又通过移动障碍将自己与其他类似集团分开"。由这个重要定义可知，同一战略集团内部的企业由于某种相似性及相互比较了解，即使竞争，也是在总体战略相似的前提下在某些特殊方面展开的竞争。既应看到发挥自身竞争优势的方向，又必须在独特的方面进行更加细腻的分析与谋划。

二、跨行业分析

作为中层紧密环境的行业分析，不能仅限于本企业所在的本行业的分析，还包括跨行业，对其他产业中的行业的分析。这当然不是漫无边际地对各行各业进行繁复的调查分析，而是对相关行业进行的分析。某些相关行业也是构成企业战略环境极重要的组成部分。有时它们的影响并不亚于本行业环境的影响力。跨行业分析主要有以下三种情况：

1. 前向相关行业

各行各业的产品和服务紧密相关。从原料生产到制成初级产品，再到精加工产品，构成一个连续的系列。相应地确立了这些产品加工、销售行业之间的相互依存关系。如果 B 产品的用户是 C，那么，C 行业便是 B 行业的前向相关行业。如果 A 是 B 行业的原料、材料、部件、半成品、能源动力消耗的供应者，那么 A 行业是 B 行业的后向相关行业。

前向相关行业的景况与前景对特定行业来说至关重要。不考虑前向相关行业的前景，光考虑本行业的发展战略是盲目的，或者说没有摆脱盲目性。因为他们是特定行业的用户，将决定某行业的市场前景。前边提到的精细化工的染料企业制订企业战略时，不能光是分析染料行业的竞争者，必须对自己的前向相关行业——纺织印染行业的前景心中有数。这是极为重要的战略环境。同样，在轮胎——汽车——公路建设构成的行业系列中，公路建设将影响汽车制造行业的战略，而车辆需求的多少又决定轮胎发展。作为轮胎橡胶行业进行行业分析时，必须对上述前向相关行业作必要的分析。

2. 后向相关行业

后向相关行业为行业的存在与发展提供资源条件，是行业分析应加重视的另一侧翼。例如，轮胎行业时刻关注着橡胶行业的经营状况，橡胶的宏观产量、价格涨落直接影响轮胎行业的经营业绩和企业发展潜力，形成后向威胁或提供良好的资源供应条件。

3. 替代行业

如同产品或服务的替代品一样，替代性行业与本行业具有同一市场，且有相互制约性、竞争性。替代行业的兴起或扩大必然对本行业形成威胁、冲击、限制或困难。企业往往需要开拓新的战略自由度，才能适应环境。例如，我国境内高速公路建设事业的发展、公路运输的进步，迅速改变了"铁老大"的地位。为此，铁路行业要同运输业竞争，必须改变铁路服务质量、加紧铁路提速进程。

第四节　内层核心环境分析

企业经营战略的内层核心环境由用户（顾客）竞争者、供应者、中间商及其他公众构成。它们对企业战略的影响具有直接性、现实性。因为这些相关企业或社会机构的组合，构成了每个企业特定的微观环境，是企业进行全局性、长期性、统领性谋划最基本的依赖条件。核心环境可能给企业提供更为直接、具体的影响和作用。既能为企业的生存发展提供积极的影响，又会造成企业经营的威胁和障碍。

一、用户（顾客）

用户或顾客的需求即市场销路。企业核心环境的构成因素有多种，但用户需求状况是关键。企业产品或服务的购买者可分为四类：个人消费者、工业消费购买者、作为再销售的中间商购买者以及政府机构购买者。企业应关注的顾客环境主要包括以下内容：

1. 根据消费心理与行为规律，本企业产品的消费者需求特点何在？其发展变化趋势如何？需求的差异如何？
2. 购买动机有哪些？如何分类？哪些是主要的，哪些是次要的？
3. 影响顾客需求的影响因素有哪些？各种影响因素的重要性如何？
4. 公司产品吸引力大小如何？吸引力大小表现在哪些方面？
5. 顾客讨价还价情况如何？议价能力强弱与否？
6. 顾客购买行为可分哪几种类型？各种类型分布如何？

二、竞争者

1. 本企业竞争者数量。哪些是强有力竞争者，哪些是一般的或弱小竞争者？
2. 竞争者与本企业竞争的能力评估。竞争者的优势、劣势如何？竞争的主要方面在哪里，次要方面在哪里？
3. 竞争者是否已构成了威胁？如已构成威胁的话，是什么样的威胁？威胁有多大？如果暂时不构成威胁的话，是否会在不久的将来构成威胁？

4. 竞争者的规模、增长能力、盈利情况。他们采取的是何种战略及有关策略？

5. 竞争能否通过协调解决？

6. 在战略期间，会否出现新的竞争者？

三、供应商

供应商是指那些向企业提供各种资源以保证生产经营活动正常进行的组织机构或个人，它是企业生存系统要素之一，对此不可不察。供应商作为企业环境应考虑：

1. 企业同供应商总的关系状态。

2. 企业对供应商的选择余地。是有充裕的选择余地，还是别无选择余地，受制于供应商。

3. 供应商提供的各种物质、资源在品种、质量、服务等方面是否能充分及时地满足需要？信用程度高低如何？

4. 供应者提供的是一般性资源还是特殊资源？是基础性产品还是非基础性产品？有否其他获得渠道？

5. 供应商议价能力强弱如何？对企业经营影响大小如何？

6. 目前或不久的将来会否利用下列因素之一项或几项提价？关系恶化，对企业的购买所提供的商业机会不感兴趣；某些资源对企业生存发展成为关键因素；供应稀少或临时短缺，无替代品；因种种原因，供应商成本大幅提高，不能按原价供应；供应商发现企业对自己过于依赖。

四、中间商

中间商是专门或协助企业宣传并把产品销售给最终消费者的组织机构和个人。在产品从生产领域向消费领域转移过程中，它是必不可少的中介。能发挥其集中、平衡、扩散产品的功能，是企业功能性公众之一。对中间商主要考虑：

1. 由中间商构成的企业营销渠道，是否与企业的营销战略、竞争战略相适应？销售渠道的广度或其效率如何？

2. 中间商对营销和宣传本企业产品是否感兴趣？其积极性

如何？

3. 企业对中间商的影响力和控制力属于下列两种情况中的哪一种？

（1）企业实力强大，面对众多实力小的中间商，具有很大的影响力甚至控制力？

（2）企业实力弱，面对实力强劲的中间商，没有影响力甚至受制于中间商？

4. 是否需要对中间商进行重新选择？利弊得失如何？

五、其他公众

企业所处的其他公众环境，也是企业战略的直接环境要素之一，应将其充分考虑在内。其他公众环境是指上述几类主要公众以外的公众舆论、公众的情感、态度以至公众行为。对其他公众要关注的问题有：

1. 从公众对企业所起的作用来说，应密切注意资助者公众和监督者公众。资助者公众系统，除消费者、供应者以外，还有银行与投资公司、政府机构、高校及科研机构以及其他社会团体。监督者公众系统包括立法机构、工商、税务部门，质量、计量、物价、环保、卫生监督部门等机构。获得这一系统公众的支持、理解和协助，可以为企业创造宽松有利的微观经营运作环境。

2. 从公众对企业的态度来说，要特别关注敌意公众。企业公众有顺意和逆意的两类。顺意公众是对企业经营活动取积极、支持、拥护态度者。逆意公众是对企业取消极、抵制、反对态度和行为者。介于两者之间的可称为独立公众。作为企业战略环境，逆意公众的情感、态度、行为对企业的生存发展影响重大。他们的舆论、情绪会迅速传播扩散开来，影响其他公众。例如，某一企业战略规划中打算转入新的产业，但若这一新的产业与社区公众利益发生冲突，逆意公众众多，这对企业将造成巨大威胁。

3. 关注公关状态中各类公众的比例。要想没有一个逆意公众是不易做到的，但要密切注意逆意公众在全体公众中的比例，以及把逆意公众转变为独立公众和顺意公众的可能性和具体方法。

4. 谨防出现公关危机。企业经常会遇到突发公关危机。为此,要评估企业危机预警系统的效力和企业处理危机事件的能力。

第三章 战略能力要素分析

第一节 战略与战略能力

熟悉企业经营战略的企业家,不仅要时时注意观察战略面向外部环境的一面,同时也要观察其面向企业内部的一面。这"面向企业内部的一面",便是指企业的战略能力及其诸种要素。正如我国一些企业家早已提出的"企业家的眼睛,一只向外,一只向内",两者有异曲同工之妙。

一、战略能力

所谓战略能力是指企业为适应内外部环境,获取竞争优势所凭借的现有资源和核心能力。

为了说明把握企业战略能力大小的意义,我们可以打一个比方:一个青年人期盼成为体育明星,不妨先惦量一下自己身体素质条件。如果他身高仅1.55m,体重近90kg,那么无论他训练得多么刻苦,悟性多高,在跳高或马拉松跑这些项目上恐怕不会有什么上佳表现。一个企业如果资金不足,人才匮乏,并无什么技术优势可言,而硬性实施发展战略也恐怕是难以如愿以偿的。战略能力及其诸要素完备如何对于战略的形成与实施是必要的前提。每个企业无不关注自己的竞争优势?优势首先来自于对公司现有资源和核心能力的分析,亦即建筑在战略能力的基础上。

战略能力与战略机会之间有着内在的相关性。战略机会本来并不偏向于任何企业,但各个企业获取并有效利用战略机会的可能性却大不一样,以至人们普遍认为战略机会对每个企业不是均等的,其原因在于企业战略能力大小不同。机会出现了,企业不具备相应的战略能力,结果只能与之失之交臂。企业所能获得的只是那些与自己的战略能力大致相等的各类战略机会。

同样地,一个公司只有在它拥有相当能力的经营领域中运筹谋划,才能表现得得心应手,节节取胜,新的战略机会不断涌来。

二、分类

战略能力可分为两类,第一类战略能力是运筹型能力。这是企业家或企业最高层战略思维能力,通盘谋划、运筹的能力。运筹型战略能力属于主观条件,但对企业经营战略的形成、实施与管理具有特殊重要的意义。企业家的运筹能力往往是别人无法替代的。

第二类战略能力是保障型能力。它是指企业所拥有的资源(有形的、无形的),亦可称为企业内部条件。如后面要进行分析的各个方面。这是企业进行战略运筹所依赖的客观条件。

在这两类战略能力中,作为第一类战略能力的运筹能力的作用和地位有被忽视或被贬低的倾向。其实,它的作用的发挥具有很大的潜力。运用得当且充分,可以制订出看似不可能成功的宏伟战略,并最终把企业引向成功,实现企业的最高战略目标。运用失误或不善于战略运筹,那么,即使客观条件具备,战略资源相当优裕,也可能碌碌无为,停滞不前,还可能因决策失误而葬送了企业前途,被竞争对手击败。

三、战略能力特点

1. 主观与客观的统一

由战略能力的类型可以看出,企业的战略能力不同于个人的能力,它是主观条件和客观条件综合形成的。既然是主观与客观的统一,那就意味着它可能在其有效的结合中得到大大增强。这一特点要求我们在检核企业经营战略能力的时候,不要见物不见人。

2. 即时能力与预期能力的统一

即时能力是指企业当前已经具有的能力。但另一方面,战略是对企业在一个较长时间的经营活动的谋划,战略期限不是一朝一夕结束的。在这个期间,企业的战略能力还会不断增长、壮大。预期战略能力是指企业在战略期间所能达到的最大能力。这样,我们估价战略能力不仅看现在拥有的量,还应看其发展量。把这两者兼顾起来,才能更准确地衡量企业的战略能力。不能仅仅局限于今天所拥有的战略能力来决定我们的战略目标。

战略能力作为发展量,是指其可增长性、可积聚性。诸如战略运筹水准的长进、技术水平的提高、技术人才的进步与增多、生产规模的扩大等。战略初期能力只是形成战略后期能力的基础。

3. 绝对优势与相对优势的统一

亦即绝对能力与相对能力的统一。战略运筹不只是看一家企业的运筹,而是经过相互比较的相机行为。先看自己一家企业,其实说不清楚战略能力的大小。绝对能力是指本企业所有的各类战略资源和经营运筹能力。而企业相对的战略能力是同竞争者相比较后,得到的关于本企业在竞争中的战略优势或劣势。衡量企业战略能力既要重视绝对战略能力,又不能偏废于此,要把它同相对竞争优势结合起来考察。一棵很高的杉树同一棵小松树相比,不一定显得高,可是假如杉树长在山谷间,便远远比不上山顶的一棵小松树。

4. 自创能力与非自创能力的统一

就构成战略能力的各类资源的来源来说,有自创和非自创的两类。有些是非自创的,是可以从市场上购买,或从其他途径获得的,通常那些具有战略意义的有形资产便属此类。但一个成功企业所拥有的成为战略能力关键的无形资产却是不可购买的,只能靠自己动手创造,有些无形资产的创造还要耗费很长时间,如企业信誉、名牌的形成,技术的提高以及企业拥有的独特的积极的企业文化等,这是竞争对手之间形成明显差距的真正根源。花钱买得到的东西,竞争对手也可以买到,不用多少时间,竞争对手便可拥有这部分资源。在竞争中,这些资源都不能形成战胜对方的力量。而自创的资源却是竞争取胜的永久的依仗。通常一个企业同时拥有这两类战略资源,只是应努力增强自创资源的能力。

四、战略与战略能力的关系

战略与战略能力的关系包含两个方面的问题：一是战略对战略能力提出了哪些方面的要求。如对于某种经营战略而言，现有战略能力是完备的，还是欠缺的？哪些是充分的，哪些是欠缺的？哪些战略能力处于优势，哪些战略能力处于劣势？二是从现有战略能力出发，应制订何种相宜战略并如何去实施与管理？是战略能力对战略提出的要求。就前一方面而言，企业家需要千方百计发展、壮大自己的战略能力，对缺乏的加以弥补，对薄弱的加以强化，以取得战略能力体系的平衡及其与战略的适应。就后一问题来说，有三种处理方式：

1. 战略与战略能力相当

战略能力的一般性利用。这是较普遍的思维方式。有多大的战略能力，相应制订什么样的战略方案。即战略谋划不脱离现有的战略资源的许可。其结果是对战略能力的一般利用。这种战略即使获得成功，其战略目标只是获得平均水平利润。

2. 超平均水平利润的战略

充分利用行业关键性战略要素（又称公司的战略资产），通过积极的战略谋划予以配置，实现超平均水平利润。其本质是对战略资源或资产的充分运用。资源理论认为，获得超平均水平利润的公司原因在于它能比竞争者更好地利用某些核心资源或能力，在于它能更好地将这些能力与在行业中取胜所需要的特殊能力紧密结合起来。然而要取得超平均水平利润，这种理想结果并非易事。即使对那些战略能力最符合行业关键性战略要素的企业来说，选择和实施最具盈利性条件的战略，其成功的可能性也是有限的。

3. 过度扩张战略

前面两种情况可归纳为对战略能力现实性综合运用。还有一种更为大胆积极的扩张型地运用战略能力，这就是过度扩张战略。这是指采用的战略超越本公司目前的资源能力，与其要求战略与战略能力相适应，还不如让它暂时出现不平衡。实施这种战略,首先要突破旧思想的框框,更注重自己战略能力的快速积聚与增长,以一种更积极进取的姿态进行宏大的战略谋划。虽然暂时面对战略与战略能力的不相适应,但最终在战略期限内,随着战略能力的增长而趋于适应。这种大胆创新的战略思维的结果,将能达到战略能力最大限度的运用。这一战略能力运用方式正引起人们越来越多的注意,其中"过度扩张的战略能力"主要是对"无形资产"的积蓄和利用。

第二节 战略能力要素分析

一、经营资源

1. 经营资源概念

一般可以把经营资源定义为:从事企业经营活动所需要的各种能力和全部资源。根据投入产出模式可以把战略资源表示如下:

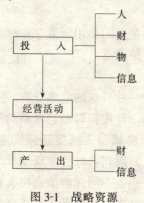

图 3-1 战略资源

由图看出,通常战略资源指人、财、物、信息四个大类。通过有效的企业经营活动,产出的财应比投入的有所增值,并获得新的信息。这意味着资源的积蓄、增长。战略资源的不断输出应与它的积蓄、增长并行不悖。

为了对战略资源更充分地了解,可以从资源的必要性和变动性两个方面作进一步分析。首先,从经营活动的必要性来看,战略资源可分为必要的充分的两类,见表 3-1。

若从资源的变动性、流动性特点来分析,可以把战略资源分为流动性较大的资源和固定的资源,见表 3-2。

相对来说,企业所掌握的信息具有更大的稳定性、固定性,它们并非有钱就能买到,大部分要靠自己创造、积蓄,这需要较

战略资源按必要性分类 表 3-1

	必 要 的	充 分 的
人	纯粹的劳动力	掌握技术和劳动技能的人
资 金	维持经营必不可少的周转资金	富余资金
物	拥有最新设备的工厂	拥有最新设备的工厂
信 息	从事有效经营活动必备信息	来源更广、内容更丰富的信息

战略资源的流动性分类 表 3-2

	流动性大的资源	固 定 资 源
人	短期合同制劳动力	长期为企业服务的熟练劳动力
物	易流动的原材料、简单的机械	工厂、大型设备
资 金	外来资金	本企业拥有的固定资金

长的时间。这些信息资源诸如：顾客对企业的信用程度、商标的知名度、生产专利、组织风气、员工精神状态。

2. 企业家战略资源

企业家是衡量企业战略能力大小的一种特殊的战略资源。一个企业如果没有高明的战略型的企业家，即使拥有相当富裕的战略资源，也可能无法洞察未来，抵御环境威胁，捕捉经营机遇，也无法实现既定战略目标。美国《时代》周刊曾以克莱斯勒汽车公司的总经理艾科卡为封面人物，用了一条不同凡响的通栏大标题："他一说话，全美国都洗耳恭听！"这表明一个真正的战略型企业家所拥有的崇高的社会地位。

企业家作为特殊的战略资源具有若干明显的特点。首先在于他的能动性。他凭借自己的聪明才智、管理经验、阅历、胆识、身份地位以及他对内外部环境的敏感性，能高瞻远瞩，不仅贡献出自己的才能，还能最大限度地调动其他人力资源的积极性，使其他非人力战略资源发挥最大作用。第二，与企业的相关性。战略型企业家无论在那类企业都能表现出自己独特的非同一般的作用,把企业航船导向成功的彼岸,但另一方面,也不应把企业家资源看成是通用件。企业家资源与企业有某种对应性,比如同某种类型的企业文化、某种组织结构相关。在这个企业经营获得成功的企业家不能保证他在另一个企业必然是高明的战略型企业家,必能成功地实现战略目标的最高值。所以当一个企业拥有自己的企业家资源时,是值得庆幸的。第三,企业家资源的蜕变性。企业在长期发展中拥有的企业家资源,既有其文化的延续性特征,又不断地随着时代的进步而呈现出某种衍变,这就是蜕变性。如第一代企业家表现出高度的创新精神,是敢于冒险的创业者,到了第二代企业家这种特征可能表现为率先搞大规模经营,显现出建立一个庞大经济王国的过人胆识。而第三代企业家则在新的时期却显示出不仅牢固把握整个企业,还是高效率的追求者,强有力的竞争者。这些不同的形象与风格特点,应看成是与该企业相适应的企业家资源的蜕变或演进。

3. 无形资产

在战略资源中,无形资产是极其重要的战略资源。但是,如同有的人只重视销售商品而不重视品牌一样,人们只重视有形的战略资源而对无形的战略资源不够重视,或者说低估了其价值,这是应该迅速纠正的。

伊丹敬之[日]在其《新经营战略的理论》中曾分析了无形资产的本质及其在战略资源中的重要地位,归纳出以下两点重要结论:

第一,无形资产的精髓是情报信息。企业设计、研制、生产、销售产品的一系列业务活动中,伴随着大量的信息传播;每项不同形态的业务活动,实质都是在传递某种信息给特定的对象。就无形资产来说也同样如此。例如,商标信誉是无形资产,它的建立过程在于把优质产品和服务的信息传播给顾客,而后顾客在使用这种产品服务时感受到产品或服务的质量,同企业作出的承诺相比较毫无二致,从而建立起企业在用户中的信誉。企业的团队精神和凝聚力是无形资产,其本质同样在于企业把经营理念、企业宗旨、目标等信息通过有效的方式传递给员工，员工在理解、认同的基础上作出信息反馈并相互传递自己的理解和感情，结果成为实现企业目标的无形力量，形成团队精神。可见任何活动的各个环节无不是信息交流沟通。于是运用信息传播这一观点，可以抽象出无形资产的共同本质：信息与情报。战略资源中的无形资产可归纳为以下三类信息：属于环境类信息的有：顾客信息、生产专利、技术引进途径、获取市场途径信息。属于企业类信息的有：企业信用、商标信誉、企业形象、对协作单位的影响力等。属于企业内部管理类信息的有：企业组织风气、精神士气、经营管理能力、经验等。

第二，信息是战略资源的核心。这是由于战略是企业经营活动的指南，它涉及企业众多产品、顾客群、业务活动领域、经营资源群以及各基层组织的实施方案之间的密切联系。信息正是各种战略要素之间进行密切联系的关键、纽带和核心。同时，它还是战略推进和企业发展的推动力。掌握了信息，才是抓住了核心战略资源。

无形资产一方面充当企业经营战略依赖的基本条件，另一方面它也会受战略行动的波及和影响，在企业的每一战略行动中积蓄和延伸，成为向新的经营领域渗透所必备的无形资产。有一家滤光器制造公司不断地向工业用制版照相机、自动显像机、电子分解器以及彩电荧屏等领域推进。他们向新领域推进的战略资源自何而来？这家公司由于收益高，固然可购买若干必需的资源。但其无形资产的积蓄和延伸却是该公司发展战略成功的关键。因为他们在制造滤光器时，掌握了生产拉丝机的技术，又掌握了生产相机放大、缩小、投影的技术。再加上掌握腐蚀铜版的化学技术、金属表面处理技术，这些技术与彩色显像管的障板生产技术有关。可见，他们在精心生产照相机运用固有技术的时候，就已经有意识地积蓄新的战略资源——技术和人才，向电视机显像管技术领域推进，形成新的无形资产。"所以，经营范围就从光学仪器领域延伸到电子工业领域"。

在几个事业领域中积蓄技术力量，再把它们联系起来，形成向新领域进军的综合力量,这是事业活动中创造和积蓄无形资产的一般过程。所以,我们不仅要把事业活动过程看成是战略资源运用和消耗的过程,更要把它看成是战略能力积蓄和增长的过程,成为实施下一轮更高战略目标的阶梯。

第三节 企业内部条件分析

前面对战略资源的分析介绍,只是提供了一个衡量战略能力的总的方向。要判断企业战略能力的大小。还应对企业内部条件诸因素作进一步的透视与分析。

一、波特检核表

著名的经营战略学学者迈克尔·波特(Michael·Porter)在其《竞争战略》一书中提出的检核表,可作为分析企业战略能力大小的参照提纲。其要点是:

1. 概括性框架

产品

  产品在各细分市场用户眼中的地位;

  产品系列的宽度和深度。

销售渠道

  渠道的复盖面及其质量;

  渠道关系网的实力;

  为销售渠道服务的能力。

营销

  营销组合诸方面要素的技能水平;

  市场调查与新产品开发的技能;

  销售队伍的培训及其技能。

运作

  生产成本情况——规模经济性、经验曲线、设备新旧情况;

  设备与设施的先进性、灵活性;

  专有技术和专利或成本优势;

生产能力扩充、质量控制、设备安装等方面技能；
　　工厂所在地，包括当地劳动力和运输的成本；
　　原材料的来源和成本；
　　纵向整合程度。
研究能力和工程能力
　　企业内的研究与开发能力；
　　研究开发人员的创造性、可靠性及其他素质；
　　与外部研究机构和工程单位的接触。
总成本
　　总相对成本；
　　竞争对手在何处正形成规模，有哪些对其成本至关重要的因素。
财务实力
　　现有流动资金、借贷能力；
　　财务管理能力。
组织
　　组织中价值观的统一性和目标的明确性；
　　组织安排与战略的一致性。
综合管理能力
　　企业主管的领导素质和激励能力；
　　协调各部门之间关系和内部员工关系的能力；
　　管理层的年龄，所受培训及其职能的方向；
　　管理的灵活性和适应性。
业务组合
　　公司在财务和其他资源方面对所有业务单位有计划的变动提供支持的能力；
　　公司补充或加强业务单位的能力。
其他
　　政府部门的优惠待遇及其获取的途径。
　2. 核心能力
　　企业在各职能领域中能力如何？强处和弱处何在？

企业在战略一致性方面表现?
核心能力如何变化?是增长还是削弱?
3. 成长能力
企业在哪些领域能力增长,又在哪些领域能力削弱?
在人员、技能和工厂能力方面发展状大能力如何?
从财务角度看,哪些方面能持续增长?
4. 快速反应能力
迅速对其他公司的行动作出反应的能力如何?或立即发动进攻的能力如何?
5. 适应变化的能力
固定成本相对可变成本的情况;
尚未使用能力的成本(这两点影响其对变化作出反应的能力);
适应各领域条件变化并对之作出反应的能力(如成本竞争、产品系列复杂化、服务方面的竞争、营销活动的升级);
对外部事件的反应能力。
6. 持久力
当收入和流动资金面临压力时,坚持正常经营活动的能力有多大?(如现金储备、财务目标的长远眼光等)。

二、分析方法

对企业战略能力的评估除了根据上述检核表——进行仔细测评以外,还常用定性与定量相结合的分析方法。

定性测评内容可结合企业特点对研究开发能力、生产活动效率、市场开拓与促销力、财务管理能力等四个方面展开。

定量分析的内容有一般生产经营数值分析和对资金、利润会计数值的分析,主要有:以资金利润率为主的收益性分析,以资金周转率为主的经济活动分析,以投资效率为主的生产性分析。随着现代经营环境激烈变化,在对上述内容进行定量分析以外,也要求对组织活动、技术、情报处理能力及其未来发展趋势进行定量分析。

由于对各项要素的分析评价优劣大小参差不齐，可用综合评价表显示其总的评价结果。

第四节 过度扩张战略

一、过度扩张战略涵义

中国有句成语叫量力而行。国外有句谚语"螃蟹挖与自己壳相似的穴"，意思都是劝导人们做与自己能力、水平相适应的事情。从企业经营战略的角度来说是：要按照企业现有的资源、能力或组织风气制订战略方针。

现代一些企业家和学者认为，不必固守这一传统观念。相反地应该大胆地在短时期内采取不适应资源和组织的战略，并在实施这一战略的过程中弥补各方面不足，消除种种消极因素，才能实现长期的适应环境。他们把大胆地指导企业从事局部地超越自己无形资产承担能力的事业活动的战略称为"过度扩张战略"。详细地说，所谓过度扩张战略是企业的战略不应该始终保持与自己的无形资产（企业的技术水平、商标、信用、组织风气等看不见的资源）相一致，战略计划常常要超过无形资产所能承担的能力。从长远观点看，将迫使自己勇敢地参加市场竞争，具有巨大的积极意义和难以估量的驱动力。

过度扩张战略同"属性生产型计划"属于同一思想体系。A.O.哈修曼提出：一些发展中国家在实施发展计划的开始阶段，其政治、文化、教育、技术、产业基础等条件并不充分，但他们还是坚定地付诸实施，在实施过程中，完善所需的各种条件，并改变原有的属性，这就是"属性生产型"计划。"属性生产型"计划在开始实施时会遇到困难，但困难是创造新属性的动力。例如，如通过实施培训便可获得发展所需要的新的属性的机会。根据这一观点，发展中国家要建设工厂应该安装最新的设备，并相应进行有条不紊的生产管理，采用高新技术。

伊丹敬之认为：取得长期发展的企业，在其发展过程中几乎都曾使用过过度扩张战略的，如三得利公司开发啤酒市场的战略,卡西欧设计 LSI 的战略便是如此。过度扩张虽然失败的风险很大,但是一个企业如果不敢在这方面发起挑战的话,便难以取得显著发展。50 年代,日本的电脑产业,面对电脑产业的巨人 IBM,大胆地超越当时自己所拥有的无形资产的能力范围,采取了"过度扩张"行动,直接介入新技术领域,以至某些方面达到后来居上。至今尚有不少大公司在竞争中生存下来,获得成功。

过度扩张战略包含非常积极进取的三个思想:

第一,不是在具备了比别人突出的能力时才开始某项工作,正因为不可能很快具备这种条件,所以要尽快搞好某项工作。

第二,与其明天去干某件事,不如今天就动手干。

第三,过度扩张固属艰难辛苦,但由此所形成的无形资产不仅适用于扩大的领域,还能给企业带来活力,影响企业的每一个方面。

二、过度扩张战略的可行性

过度扩张行动在一般企业的经营发展中经常发生。只是没有成为一种明晰的战略思想。试想如果一个企业永远只能制订一些能够充分承受的开发计划,那么它怎能摆脱落后状况呢?

其实,每一个企业在由战略、资源和组织构成的三角形中,经常出现各种不均衡,过度扩张战略是在战略与资源不均衡情况下实施的一种战略(重点是无形资产暂时部分地不足),最终目的是实现三者新的均衡。可见过度扩张战略决不是盲目蛮干,也不是怎么干都可以,采取那种干了再说,对后果不负责任的态度。过度扩张战略是在完全了解自己当前缺少在某一领域开展竞争所必需的部分无形资产的基础上,大胆地参与竞争,开展事业活动。其积极意义在于:

1. 有利于企业内部形成紧迫感,激发创造性。在实施过度扩张战略的过程中,企业究竟缺乏那一类资源,或那些方面是企业组织的薄弱环节,在每个员工心目中都会因直接感受而变得一清二楚。为了实现企业的扩张,全体员工必须千方百计地创造,获得这类资源。由此,实际从事事业活动的过程,既是了解圆满开展事业活动所需无形资产的过程,也是在业务工作中顺便积蓄无形资产的途径。

2. 过度扩张行动并非单纯地虚张声势。它是通过实际活动考验、锤炼每一位员工，使他们受到竞争压力的锻炼，形成良好的团队精神。在这一过程中积蓄的无形资产，就象在寒风中成长起来的植物一样，将会有更扎实的根基。

三、过度扩张战略的条件

在发生重大变革的时代，或当企业光靠现有无形资产难于应付的情况下，选择那种扎扎实实地由内部慢慢积蓄起充分的资源后再行动的战略显得过于保守了，在这一时代中谁率先能获得新的无形资产并充分有效地加以利用，谁就能成为行业的领先者，可望获得较大的收益。"螃蟹不应挖正好自己能钻进去的穴，要挖比自己体型大的穴"。

实施过度扩张战略难度大，风险大，因此必须注意相应的实施条件：

1. 精心部署，全力以赴。确实保证通过所在扩张领域的活动，能积蓄无形资产。如果达不到这一目的，那么过度扩张战略便失去了意义。

2. 应能在过度扩张中，在某种程度上弥补自己在竞争中因缺乏某些无形资产而出现的弱点。缺乏或根本没有这种弥补作用，过度扩张将是十分盲目的，必将导致失败。

3. 实施过度扩张战略，不仅要求全体员工一般地理解认同，也不能停留于一般的战略管理水平上，而要求全体人员具有坚韧不拔的毅力，坚持不懈地努力，善于把自己已经积蓄起来的无形资产应用到其他领域。

4. 企业应具备在战略初期为积蓄无形资产作出必要投资的财力。

5. 要有强有力的企业领导者。由于实施过度扩张战略具有较大的风险性，靠一般化的领导难以达到战略目标，只有精明强干、深谋远虑、善于捕捉成功机会的企业领导者才能充分激发企业潜力，实现超常规发展。

第四章 企业总体战略

企业总体战略就是从企业整体利益出发,对处于特定环境中的企业所作的关于是发展壮大、维持现状抑或是收缩退却的综合性谋划。它典型地体现出企业战略的全局性、长期性、统领性和风险性等基本特点。

企业总体战略又称为企业综合战略,是一个企业最高层次的战略。它对企业其他层次的战略具有统领性,故又称为母战略。无论企业大小,也无论企业中战略事业单位的多少,企业总体战略都必须由企业最高领导者或领导层亲自负责制订与管理,是企业各项任务中的重中之重。

企业在从总体上考察企业生存发展作出谋划之外,还要根据环境对企业作用的情况,再从各个层面或侧面,制定出有关战略来保证企业总体战略的贯彻实施,保证企业总体战略目标的实现。这样,企业战略就分成了不同的战略层次。不同层次的战略各有其相应的作用、地位和目标,它们共同构成了企业的战略体系。

第一节 基本战略态势

企业经营战略是企业审时度势、为适应环境而制订的。企业战略谋划者热切地企望通过战略的实施,能够从现实的经营状况转化为更为理想的状况。这种转化,从总的来看,表现为企业规模的改变、产销量的增减、某些经营领域的进退,与同行竞争者竞争地位优劣的变化。战略态势就是指企业最高决策者通过环境分析所确立的关于企业分合、进退等变化的总趋势、大方向,是企业面对各种有利的机会和形形色色的威胁、挑战、冲击所确立的基本态势。

一、战略态势的基本类型

企业的基本战略态势是以企业的现实经营状况作为参照物，通过审时度势，作出的变化趋势的抉择。通常可分为以下三种基本类型：

1. 增长型

这种态势是与企业的增长、发展战略相对应的战略态势。它既是增长战略的起点，又是增长战略的目标。增长型战略态势的表现与特点在于：在战略期限内，充分发挥企业潜能，不断扩大企业产销规模，或者进入某些新的经营领域，迅速取得比竞争者更为有利的战略地位。在现有市场上扩大市场占有率，或以新产品开辟新的市场。由这些特点可想而知，实施增长战略的企业需要投入大量资源。

2. 稳定型

稳定型战略态势与企业的稳定、防御战略相对应。它的表现和基本特点是：保持企业现实经营状况，基本不偏离现状或偏离甚小。现有产销规模、市场占有率、经营领域数量、竞争地位维持基本不变。

应该指出：稳定型战略态势并非表明企业不需要为应付环境变化作出种种努力。它同样需要为避免环境威胁、冲击、压力和各种困难，寻求一切可能的机会而精心运筹，只是在总体效果上维持现有水平。在环境恶化的情况下，稳定型战略态势具有十分积极的意义是不言而喻的。稳定现状，是为尔后转入增长型战略态势的前提。相对而言，稳定型战略态势投入的资源也少得多。

3. 收缩型

收缩型战略态势与退却、收缩战略相对应。若以企业的原始状态作参照，它将会与战略起点有较大偏离。其基本特点是：当企业外部环境对企业十分不利时，企业采取缩小生产经营规模、退出某些经营领域、放弃某些方面的竞争以维持生存。企业之所以要收缩是迫于客观形势不得已采取的措施，其目的是欲求在收缩中凝聚力量、寻觅新的机遇，而后由收缩转化为积极增长的战略态势，或者视情况作出其他战略决策。

各类战略态势如图 4-1 所示。

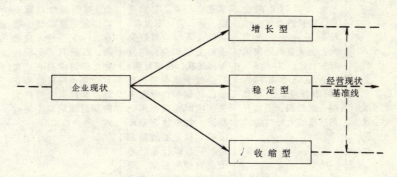

图 4-1　各类战略态势示意图

二、战略态势及相关因素

在战略环境分析中，综述了影响企业经营战略的各种因素。如果再加上企业内部条件分析，即企业战略能力的综合判断，这些因素原则上也是决定战略态势的客观条件。进一步的问题是对这些因素进行分解，以便弄清在某一具体条件下宜采取何种战略态势。与三种类型战略态势适宜的外部环境和企业内部条件见表 4-1。

战略态势与内外部环境因素　　表 4-1

态势 因素	增　长　型	稳　定　型	收　缩　型
宏观环境	宏观环境有利于企业发展。尤其当国家经济或企业所在区域的经济正处于高速增长期，市场扩大，需求持续增长，且潜力很大，企业经常可获得有利机会	宏观环境不明朗，国家经济或区域经济处于低速发展或处于稳定状态。市场因需求增长微弱而无法进一步扩展。很难出现有利的发展机会	宏观环境存在明显的不利于企业发展的因素，经济增长基本停滞甚至负增长。市场萎缩，需求减退。即使外部环境对大多数企业宜采取稳定型战略态势，但对少数弱小企业来说可能更应采取收缩型战略态势

续表

态势 因素	增长型	稳定型	收缩型
行业发展状况	属于支柱性产业、重点发展行业的企业，增长机会多，市场看好，发展潜力大，企业宜迅速决策壮大自己。 行业处于被称为"朝阳行业"的新兴期、成长期、正是开拓进取的大好时期	非支柱性产业，亦非重点行业。发展速度一般，但尚有发展。对此企业没有可以突破的上佳机会，则宜保持现状，稳定发展。行业处于成熟期，市场已达饱和，但在未来一段时间内尚不会衰退，大多数企业可以确定稳定型战略态势。但若该行业已处于成熟期的后期，而企业实力强大，有足够的能力维持，则可取稳定型战略态势	属于行业超载型企业，维持现状已属艰难，企业寄希望于变革。行业已进入成熟期，以至向"夕阳行业"的阶段过渡。大多数企业应取收缩态势，少数企业可在成熟期后期就应主动收缩，迅速撤出
企业竞争地位	企业在竞争中的地位既是上一轮竞争的结果，又是参与新的竞争的条件。竞争中处于优势地位，显示出强大的竞争力，宜采取增长型战略态势	如无明显的优势，也谈不上什么竞争劣势，不如取稳定态势	在竞争中每每处于劣势，相比较而言，是个弱者。对来自竞争者的攻击、冲击和压力承受力低，经常遭到惨败。这样，收缩型战略可有助于维持下去
企业内部条件	企业拥有充足的过剩的经营资源，并有迅速积聚新的经营资源的能力；企业素质好，管理能力强。能在某些方面巧妙运筹，排除困难，出奇制胜	经营资源只能维持现状，积聚新的战略资源没有多少把握；虽然遭受方方面面威胁，却能应付过失。企业素质仅属中等水平	经营资源匮乏，企业素质低下，又无迅速改变的可能，经常在偶然的威胁面前遭受损失

这里列出的四个方面可视为决定企业采取何种战略态势的主要因素。其中每一种因素对战略态势影响大小不是等同的。行业发展状况和企业内部条件（战略资源、战略能力）的影响则更为直接。因为行业发展状况，诸如行业所处生命周期阶段是企业生

存的直接环境。如果面对一个日落西山的夕阳行业,企业即使击败了众多竞争者,由于没有市场,对这类需求已经过时,企业对战略态势的选择还是没有多大余地。而企业内部条件(战略资源、企业素质)是企业采取何种战略态势继而实施相应的经营战略的内在根据,这是核心因素。另外两类因素固然十分重要,但属于间接地作用于企业的因素。宏观因素的作用往往首先体现在对产业、行业发展的影响上,再进而影响到每个企业。而竞争地位则是企业外部限制因素之一,它在某种程度上可以通过竞争战略加以调节或改变。

第二节 发 展 战 略

发展战略,又称为增长战略、扩张战略。在企业战略选择中,发展战略处于优先位置。发展战略是企业通过积极投资新的经营领域,努力扩大现有产销规模,达成与有关企业之间的联合与兼并,实现企业发展壮大目的的战略。实施这一战略,是出于以下期望中的一种或几种:改变竞争格局,形成新的竞争优势,使自己在同行中处于更加有利的地位;能及时有效地发现、利用大好经营机会,把稍纵即逝的机会变成实际可得的利益;回避或消除风险,壮大抵御风险的能力;增加销售量、提高市场占有率;形成规模经济,降低成本;在几个经营领域中更好地分配资源,形成协同效益、协作效益。

由此可见,发展战略可以充分体现一个企业和企业家坚定的毅力和进取的精神。否则便不可能展望未来美好的前景,不可能作出激励人心的发展战略的谋划并坚定地实施。

发展战略与投资行为总是联系在一起的。期望通过投资获得丰厚回报。无论企业经营领域的拓展、资源的增加,科技进步、产品升级换代,无疑都需要大量投资。没有大量必要的投资或投资不足,便无法实现发展战略。发展战略是对竞争者的挑战。随着企业的不断成长,将把竞争对手置于不利的地位。在竞争的条件下,发展者始终是对不发展者的严重威胁。

每一种战略的实施都有其相应的条件。实施某一种战略必须具备或基本具备这些条件。发展战略的适用条件是：第一，战略时机：由于企业自身的特殊性，实施发展战略的时机对每个企业也都不同。企业应及时发现捕捉有利时机，并迅速做好实施成长战略的一切准备。第二，具备发展战略所需要的资源，尤其是关键性的战略资源。如果不能迅速配备这些资源，也应该在一个有限的时间内积蓄起这些资源或通过其他方式弥补某些战略资源的不足。第三，与发展战略相适应的组织机构。组织机构应能随事业发展及时地加以调整，保持高度的灵活性和适应性。第四，有一位对发展战略驾轻就熟的企业家，具有发展战略所需要的胆识和创新精神以及战略家应有的某些素质。

发展战略分为集中发展战略、一体化发展战略和多样化发展战略等三种途径。

一、集中发展战略

集中发展战略是发展战略中最普遍的一种，又称为密集型发展战略。企业根据自身优势，将全部资源集中于企业现有的经营领域中，以求得某一市场的巩固和扩大，某种产品的发展，某种技术的提高。当企业提供的产品或劳务比较单一时，往往更加重视这种战略。如果市场趋势显示出有利于企业产品或劳务销售的势头，而在资源方面又有进一步扩大的潜力，以至销售量、市场占有率、企业盈利等方面都可望增长，那么，采取集中发展战略极有成功的希望。国内外有许多著名企业如可口可乐公司、麦当劳快餐以及我国的一些大公司都是在一个业务经营中不断发展的。许多国际知名的大企业在开始阶段往往也是采取集中发展战略。

集中发展战略的优势在于：企业活动范围相对集中，有利于采取科学的管理方式，保证产品质量的提高和企业经济效益的增长。由于集中，企业可以在产品、技术、组织管理、市场信息的收集等方面造成优于分散经营的显著优势。经营集中，企业从上至下主攻方向明确、目标清楚、行动协调统一，便于充分发挥企业潜在能力。集中发展战略有三种形式：

1. 市场渗透

市场渗透战略是充分发挥现有产品或劳务的优势，积极扩大企业在现有细分市场上的市场占有率和销售增长率。如设法提高原有顾客对本企业产品和劳务的兴趣，购买更多的本企业产品。通过竞争手段，使原本属于竞争者的顾客成为本企业的顾客，使企业获得发展。这种战略形式，多适用于市场未达饱和、还有相当市场潜力、企业和产品知名度还有待进一步提高的情况下采用。

2. 市场扩张

在巩固原有市场基础上，大胆进入新的细分市场，迅速扩大销售量。采取这一战略形式，往往要与开发现有产品和劳务的新用途，寻找可能使用本企业产品的潜在顾客等行动相配合。

市场扩张适用于企业通过市场渗透战略，市场已日趋饱和的情况。企业通过开辟新的市场，将在企业面前展现一条发展的新路。市场扩张战略适用面较为广泛。只要存在尚未开辟的市场，而企业又有相应的实力，无论大如汽车的产品，还是小如儿童玩具之类的产品都可实施市场扩张战略。采用这一战略形式，要求在扩张前，先要摸清某几个细分市场的特点和需求情况，掌握其运行规律。要注意选择合适的销售渠道，采用积极有效的营销手段。如今世界性大企业，其市场扩张已不限于一个国家或某一地区，而是在世界范围内谋求市场扩张。这对后来者是个很大的威胁。如果他们没有更强劲的手段与之竞争的话，相对于率先进行市场扩张战略的企业来说，往往处于十分被动的地位。

3. 产品发展

开发新产品，发展新品种，提高产品质量，对现有产品进行较大幅度的调整，或改造老产品，使产品具有新特点、新功能，达到推动企业成长发展的目的。这是实施产品发展战略应考虑的主要内容，这种战略形式尤其适宜于技术力量雄厚具有明显技术优势的企业。他们可以积极地根据自己的技术优势不断进行技术更新和产品开发工作，赢得顾客，争得市场。反过来说，企业应积极积蓄技术力量，才能形成技术优势和发展优势。

集中发展战略的三种形式并非完全独立，它们之间具有一定的联系。例如，产品发展经常同市场扩张是同时进行的。而市场扩张，也不应放过对现有市场的渗透。有时，这三种形式可以同时并举、交叉运用，只要企业资源和其他条件允许即可。

二、一体化发展战略

这是企业根据对内外部环境的审度，通过不同形式，使企业经营领域向深度和广度拓展的一种战略。根据物资流动方向，可以把一体化战略分为纵向一体化和横向一体化两种形式。纵向一体化又可分为后向一体化和前向一体化。横向一体化又称为水平一体化。由此，根据企业一体化战略与企业之间的关系可用图4-2表示。

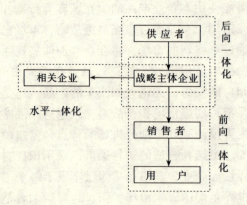

图4-2 企业一体化战略示意图

1. 纵向一体化

纵向一体化发展战略可以看成是集中发展战略沿物资流向的前后延伸。它是企业通过联合、兼并其他企业或企业通过自身扩展，进入本企业的供应者、使用者的经营领域的战略。进入供应者的经营领域则称为后向一体化，进入产品使用者的经营领域则称为前向一体化。

（1）后向一体化

企业进入原材料供应者的经营领域，或自行生产、提供企业运营所需的全部或部分原材料和产品配件的发展形式。如电视机厂兼并显像管厂，水泵厂兼并电机厂，对外采购矿石的冶炼厂自己开矿、采矿等。

采取后向一体化发展战略的企业通常是产品在市场上有较强的竞争力，市场前景看好，可以继续扩大生产规模的企业。但由于协作配套的原材料或外购件经常供应不上，或者由于从供应者那儿获得这些资源成本过高，成了企业发展的瓶颈障碍，不得不自行解决。这样的企业如果实现了后向一体化，通常可以很快打开局面。实施后向一体化战略的优点在于：对后向经营领域可以获得有效控制，生产经营所必须的原材料、配套设施、设备、半成品的供应可获得可靠保证，把原本属于企业外部的一些环境因素纳入企业内部，成为受控因素。当原先的供应者由于距离遥远、交通运输与通讯联络不畅时，供应的及时性没有保障，应注重考虑实施后向一体化战略。因为这些频繁的经营上的障碍，势必影响企业与供应者关系的协调。这些问题随着后向一体化可以得到解决。再说，实施后向一体化后，企业对供应的资源在价格上也可以有效控制。这大有益于降低成本、提高市场竞争力。还有，一体化后，为了满足生产经营的特殊需要，企业对供应企业可以提出那些过去提出不引起重视或无法实现的特殊要求，如对原材料的特殊条件、产品配件的特殊规格、型号、特别的定货量或要求紧急定货等，企业都可以获得更大的便利。最后，如果这些供应者企业过去获利丰厚的话，通过后向一体化战略可以将这种供应成本转化为企业自身利润。

（2）前向一体化

企业经营活动进入用户的经营领域或介入产品销售领域，建立销售网点，掌握销售渠道，直至可以直接面向最终用户的一种战略。实施前向一体化战略常见的情况是：生产原材料或半成品的企业、通过发掘自己的生产技术或资源的潜力、自行进行进一步加工，制造成品，或者与成品厂联合起来，组成经济联合体，促进企业成长发展。如油田自己经营炼油厂，纺织厂扩展为纺织印染或者更进一步与某服装厂联合，把纺织、印染、成衣合为一体。原本仅仅制造汽车发动机的德国奔驰汽车公司，便是通过前向一体化发展战略才形成今天的局面。

由于前向一体化战略常常能对销售渠道实施有效控制，产品的库存可以得更有效的调节，大大拓展了企业的控制范围。由于一体化，还可以将原来属于经销者获取的较大利润转变为企业的盈利。

纵向一体化固然可以增强企业在生产过程中的经营自主性，对原材料供应或产品销售实施更加有效的控制，在外部环境变化多端、专业化协作程度低的情况下属应优先考虑的战略。实施纵向一体化发展战略随之也带来了新的风险：由于一体化发展战略往往涉及不同行业，企业势必进入原本不熟悉的行业，再加上一时间企业规模迅速扩大，供产、产销或供产销一条龙，很容易带来管理上的庞杂、松散。企业要争取很快提高效益，需要追加大量投资，需要有更多的技术和人才。由于经营规模的扩大，容易产生各生产阶段生产能力平衡协调的困难。尤其在企业通过兼并方式实现一体化时，各项业务能力如果不平衡，将会导致新的浪费。还有，由于介入新的经营领域后形成相互牵制的格局，万一想要脱出某些经营领域的话，将会遇到重重障碍。

2. 横向一体化

横向一体化即水平一体化。大多数企业集团的形成是通过横向一体化实现的。其方式是把性质相似、生产或提供同类产品的若干企业联合起来，达到扩大生产规模和资源重新配置，提高竞争能力的目的。

横向一体化发展战略的优势，首先是可以迅速扩大规模，形成规模经济及其带来的经济效益。例如，若干个小型企业通过横向一体化，很快可以成为中型企业，几个中型企业横向一体化很快便成为实力强劲的大企业，以那些原本在行业内处于领导地位的企业为核心，进行跨地区、跨部门的联合，既扩大了企业规模、又扩大和深化了专业化分工协作，发挥资源互补优势。

不管任何形式的一体化，总是存在着一定风险的。实施横向一体化发展战略的风险在于：一是伴随生产经营规模扩大，企业或多或少总是要有新的投入；二是规模迅速扩大后，作为一个大的"舰队"，万一遇到市场风云突变，意欲急剧改变经营方向时，问题将会变得复杂得多。此外诸如顾客需求爱好的被动性，竞争剧烈程度变化、技术进步以及政府政策的改变，新政策的颁布等，这些企业不可控因素对一个大企业的风险也是倍增的。

三、多样化发展战略

多样化发展战略又称为多角化或多元化发展战略，是世界上许多大型的跨国经营企业普遍采用的战略，也是一般企业通常采用的发展战略。为了消除经营单一业务的巨大风险，企业不得不大胆地介入新的经营领域。这些新经营领域的数目差异很大，有的仅介入几个新的经营领域，有的可达数十个甚至更多。日本三菱重工业公司，人称"机械的百货商店"。它拥有15个机械厂，机械产品73种。经营范围涉及小至收录机、大至核电站成套设备等多种领域。

多元化战略的直接目的固然是为了分散经营风险，但在选择并介入何种新的经营领域时，也要考虑有发展和盈利可能的作为首选目标。选择不当，将会与分散经营风险的初衷背道而驰。当企业的各个业务单位的经营状态参差不齐时尤需注意选好目标。再则，一个企业经营领域过多时，企业作出的统一决策便很难适应每个经营领域，继而带来决策实施和管理中的困难。

多样化发展战略共有四种类型，即同心多样化、水平多样化及综合多样化。

1. 同心多样化

既追求多样化发展，又不离开起点太远。以企业现有的某一关键产品为中心，发展新的产品和劳务。由于每一种产品包含着该产品的工艺技术和对应的市场。根据这两个要素，可把同心多样化发展战略细分成三种实施方式：第一，以某种产品特殊的工艺技术为根据，发展不同用途的产品或劳务。例如汽车配件厂利用自己的技术力量，生产农业机械配件。第二，以某一产品或劳务的市场为根据，发展不同产品或劳务，以满足这一市场的其他需求。例如化肥厂利用对农村市场的熟悉，进而生产农药，开设农业咨询公司。第三，以相同技术和相同市场为根据，如电冰箱厂发展冰柜、水泵制造公司发展电控柜等，既发挥了原有技术特长，又熟悉原有市场。

2. 水平多样化

向现有市场提供本行业新的产品和劳务，但与企业现已提供的产品和劳务没有多大联系。如在大型商场内开设餐厅、美容理发等项服务。

3. 综合多样化

又称为混合多样化、复合多样化。综合多样化的基本特征是跨行业多样化。即企业已不考虑现有技术和市场，大胆地推进到与现有产品不同的新行业。综合多样化发展战略当然不是随心所欲的，也有其一定依据。首先在于充分利用现有资源，另一个根据是充分考虑投资利润率。同样是面对一个新的行业，一切从头开始，当然首选那些利润率高的领域，以求快速发展。还要考虑到不同行业领域销售服务周期的相异性，即当这个行业销售处于疲软期时，另一个行业的产品却处于热销期，从而保证企业总体经营始终处于良好势头。所以，综合多样化经营应注意选择那些销售高峰在不同时期出现的行业。例如，固特异轮胎橡胶公司发现石油管道销售波动情况正好与轮胎销售波动情况相反。于是从80年代开始，该公司介入石油管道事业，其目的显然在于当轮胎橡胶销售转入低谷时，石油管道的销售高峰恰好予以弥补。

实施多样化发展战略有许多问题要慎重考虑、仔细斟酌，因为一个公司做多样化经营确非易事。一位评论家曾说过："把在智利经营电话公司的技术拿来管理大陆面包店或是喜来登旅馆是无效的。"以经营金融机构（如保险公司）为基础的企业集团在经营电影事业上就大亏其本，因为他对经营电影事业毫无概念。以经营石油为基础的艾克森公司其所属的企业，一开始规模都很小。这些小企业也都能完全按照自己的方式经营，结果都非常成功。于是艾克森就进一步把这些小企业组织成一个大企业集团统筹管理，它很快地把各个企业重新改组，并由总公司派高级财务主管去协助他们管账。结果原来的那些企业家纷纷离职他去，公司的业务陷入停顿，无法正常运作。这是由于经营自己不熟悉、或是跟公司原来经营方向不相关的行业而遭到失败的。其实即使经营类似的行业，如果不了解他们之间的差别，也会出问题。

据报载，在1998年，由于受东南亚金融危机的冲击，韩国许多大企业纷纷倒闭，它的发展模式也受到了人们的质疑。30多年来，韩国的大企业集团主要以"章鱼腕足"的方式进行扩张、发展。即借助政府的各项优惠政策，只要能扩大规模，就不惜代价，尽力扩张。这种扩张战略不是以集团的核心业务为主线展开，而是过多地涉及与核心业务没有任何关系的陌生领域。结果造成战线过长，投资分散，优势削弱。由于集团下属公司相互进行贷款担保和内部交易活动，其关系错综复杂，牵一发而动全身。一家公司破产极易引起连锁反应，集团内部结构相当脆弱，人称"小舢舨焊接的航空母舰"。例如，"起亚"集团原来以生产汽车为主，破产前拥有28个系列企业的规模，经营范围扩张到与生产汽车并无关系的特种钢和建筑等领域。在没有准确把握特种钢需求的情况下，盲目投入巨资，结果拖累整个集团的发展。

对此，优秀的公司为了避免多样化发展遭到失败，落入陷阱，提出"不要把两只脚同时踏到新的水里试深浅"，他们总是先伸出一只脚趾头试试，一看情况不对马上把脚抽回来停止试验。这种作法看起来似乎保守，但并不是限于经营一种行业或生产一种产品。如3M公司拥有5万多种产品，平均每年推出100多种新产品。这些产品都是以他们成熟的上添和砌合技术为基础的，这便是他们成功的原因。

鲁梅特教授（Richard Rumelt）曾以500家具有25年以上历史的美国大公司为研究对象，他发现有两类企业在实施多样化发展战略时表现得最好：一类是统驭型多样化战略，即公司根据与原来商业活动有关的某种特别技术和资源，来寻求多样化，另一类是采用相关型多样化战略。即公司所囊括的各行业之间，虽然采用的技术有所不同，但彼此之间有密切的关系。例如由货运公司迈向铁路业，两者都跟地面运输有关，而需要的技术有所不同。鲁梅特指出："这些公司都是根据自己的主要能力来扩充。

他们很少发展新产品或新事业，也不会投资自己不知道该如何管理的行业。他们的多样化战略是建筑在某些核心技术和力量上。"

四、实现多样化发展战略的途径

合资、合作、收购和内部开发，是实现多样化发展战略的四条基本途径。

1. 合资

为什么要合资？其基本思路在于把原来存在较大差异的几个企业结合起来，创造出来的新的企业可以避免各自母体企业在发展中的局限性。例如，几个企业在实施发展战略时，各自缺乏某些重要的战略资源，但当他们进行能力互补时，可以迅速解决这些问题，则此时采取合资战略视为上策。从法律上讲，合资公司是一个独立公司，是由合作伙伴为股东创立的公司，前提是他们对合资公司所要达到的目标取得一致意见。由此，对于合资这种经营形式可表述为：合资经营是由两个或两个以上的母公司所有的具有共担风险、共享收益的独立的经济实体，它可以达到各母体企业独立经营通常不能达到的目标。合资经营企业在诸如进入有壁垒和限制的新市场，获取稀缺战略资源，迅速获得规模效益等方面具有特别的有利条件。

合资企业与母企业应有明确的界限，关键是合资公司中不应包括母公司的核心业务，同时与合作伙伴具有鲜明的业务界限；合资企业拥有专门的资产、人事和管理责任。合作伙伴有权要求合资公司解体。

合资战略的提出，主要是出于以下几种动机：

第一，出于获取资源的动机。这些资源包括资本、实物资源、技术和专利、管理经验与技巧等；

第二，出于开拓市场的动机。拓展产品的销售能力，克服进入市场的阻力以及树立防止新企业进入的障碍。

第三，出于分散风险的动机，合资各方共担风险。

第四，出于分散成本的动机，特别是研究开发型企业和资源开发型企业的建立需要大量的初始投资，且无法保证投资的最终回收，采用合资经营是常用方式。

合资包括两个含义，也可以说是合资的两种形式：一种是资产型合资。参加合资的企业各拥有合资企业的一部分资产，各企业根据投入资产的多少参与管理和享受权利。另一种是非资产型合资。即一些母公司向合资企业不是提供资产，而是提供服务，其中主要是技术性服务。因此这部分企业对合资企业的资产不具有所有权。在这样建立的合资企业中，出资企业对提供技术服务的企业的影响只能限于合资企业的活动，而不能影响提供服务企业的其他活动。在非资产型合资企业中还应注意的一点是：以技术和管理等无形资产作为投资的企业对合资企业的控制能力，将随着对方逐渐掌握这些无形资产而逐渐减弱直至消失。所以，合资企业的各母公司在合资企业中的地位、承担的责任和风险，以及对合资企业盈利的分配、应事先由全体合资参与各方共同协商，制定明确的协议，按具体的协议条文执行。

2. 合作

合作又称协作，是比合资更为松散的变通形式。当合作伙伴不愿意通过建立独立的合资公司对相互关系规定某些界限的时候，人们便很容易想到合作。这可能是出于下面的原因：在合作之初，各方并不知道这类界限该如何确定，因此，一种灵活方便的协作形式可以回避对这类问题的纠缠；再说，合作的范围可以更灵活地扩大或缩小，可以更充分地满足合作伙伴各方的需要。

如果一个企业产生与别的企业合作的意向，这时他最重要的问题是选择合适的合作伙伴。合作伙伴选择不当，便可能矛盾丛生、分歧严重而导致合作破裂。根据麦金西库伯和利布兰兹咨询公司所做的研究表明：在实施战略联盟的企业中，超过五年期的概率不足 50%。1987 年波特对成功的收购活动的研究也证实了这一结论。正确选择合作伙伴要考虑两个基本因素：一是合作伙伴之间的战略协同性，二是合作伙伴之间文化的协同性、相容性。这两个因素所构成的合作效果如图 4-3 所示。

3. 兼并

兼并是两个或多个实力强弱悬殊的企业通过出卖与收购的方式合并成一个新的企业。强者，即收购者，兼并者。弱者，即出

卖者，是被兼并企业。被兼并企业在兼并后失去主体资格，被包

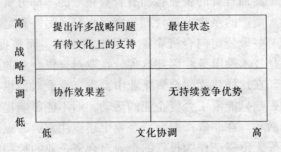

图 4-3　合作伙伴之间的协调

容于兼并者的资源中。兼并者收购对方企业，既可按照被兼并者股权进行，也可以按照被兼并者准备出让的部分进行。如有的大公司属下有若干个事业部，为了集中力量发展前景看好的事业部，而把前景暗淡、经营不善、接连亏损的事业部出卖掉。出卖的这些事业部将被包容到兼并企业的资源中。

兼并，对兼并者来说是发展战略中最快的形式之一。通过兼并，直接扩大了事业范围和经营规模。为了获得对方的管理经验和技术人才，一个大企业为此将一个企业兼并后可以充分达到自己的目的。此举不仅在生产技术方面获得利益，还可以承接原企业的客户关系网络，全盘接收原有的销售渠道。

兼并是企业进入新的经营领域的一种方便的途径。一些跨国公司意图进入海外市场，热切期望能以较小投资兼并当地一家濒临困境的企业。因为这是在经济增长缓慢期提高生产率、降低生产经营成本的可选择方案之一。

对于被兼并者来说，出售企业被兼并很可能是明智而有益的选择：因为按照有利的价格出售本企业的股票，可以使原来的股东的利益得到保护，远比一天不如一天地硬拖着有利得多。过去用"大鱼吃小鱼"这一形象化比喻来说明兼并，固然说明了企业间竞争的激烈、商场兴衰严酷，但没有揭示出兼并所具有的积极意义及其内在规律。其实，兼并是成熟经济少不了的运作方式。

据《公共关系报》载：近两年来，全球性的跨国企业兼并愈演愈烈。不少昔日的竞争对手成了新的合作伙伴，世界市场不断被重新划分。过去的两年里，国际间的各种经济联盟大约有1.5万起，其中75%是企业间的联姻。在美国公司参与的6000多项联姻中，大部分涉及与外国公司的兼并与合并活动。其中包括英国电信公司兼并美国第二大通信公司微波通信公司，交易金额达208亿美元。据布兹——艾伦——汉密尔顿公司对500多家企业作的调查显示，形成战略联盟的公司的收益比没有形成这类联盟的公司平均要高出40%。此外，企业兼并从股市中也能得到较高的回报。企业国际联姻的另一个突出特点是昔日的竞争对手变成了盟友，这既有利于双方的发展，又能使各自的客户获利。

企业兼并，可以很快实现企业经营业务组合的优化。著名的摩托罗拉公司从生产汽车收音机起家，在60年代以前，还只是一家家用电子产品企业。60年代，公司收买了利雅公司的航天无线电事业部和达尔巴格助听器厂。70年代，继续兼并了美国莱奇拉罗化学公司。但后来1974年，公司把亏损的科维察电视事业部卖给了松下电器公司，而用数据处理业务来填补电视事业部。1977年收买了科迪克斯计算机部件设备厂，开始发展信息产业。1981年公司又收买了福·费茨计算机厂，由此成为由导体、通讯和信息系统三大支柱业务构成的企业，拥有从计算机主机到部件设备的产品群，被视为世界无线电通讯的巨人。

企业兼并固然具有获得被兼并企业的资源、进入新的经营领域、提高原有生产规模和生产率、改进服务质量等方面的优点，但也并非如同人们想象的那样可以获得立竿见影的效果。收购战略是风险最大的战略方案。这是因为：首先，收购企业是为了获得自己所缺乏的而对方所拥有的核心能力才作出决策的。可许多商业活动往往使人处于进退维谷之中。如果被收购的企业是个很差的公司，这种收购便不理想，而收购者不得不花很多时间去整顿这个公司、相应要损失收购者的利益。反之，如果被收购的公司条件良好，那么又会遇到要价高的问题。第二，收购企业会遇到估价的风险。许多出卖企业为了使公司卖个好价钱，对财务报表进行某些"加工"是可以想象的。在这种情况下,轻率地收购下来,原来报表上的那些收益很快便消失。第三,收购企业不等于能收购原企业的人才。一些优秀人才很可能因企业被出卖而另谋他职。即使一些管理人员决定留下,能否为新的公司积极服务还有心态转变过程。第四,文化差异同样存在于企业兼并中。如果存在较大的文化冲突,那么兼并的实际结果将远远小于主观的期望值。

福克纳·鲍曼提出了使兼并风险最小化的八个操作步骤,即:

(1) 不要在收购者没有经验的行业和领域里进行收购,不要在与收购者的技能和能力无关的行业和领域里进行收购。

(2) 对自己的业务要进行内部评价,作出客观合理的价值判断,其中包括价值链分析、核心能力构成以及对资源进行审计。

(3) 选择少量的部门开展初步调查,以寻求适当的被收购候选人。

(4) 确定被收购候选人的标准。

(5) 在所选定的部门中,确定符合上述标准的可能被收购的候选公司。

(6) 对候选公司做进一步调查,估价每个候选公司的收购价值。

(7) 与候选公司中合适的公司相互接触,弄清对方出卖的真实原因。

(8) 谈判取得成功后,根据计划,迅速行动。

4. 内部开发

内部开发是企业依据自身拥有的战略资源,介入新的产业或经营领域,谋求发展的战略。这是实现多样化发展战略的又一种途径。同合资、合作和兼并相比较,内部开发从形成新的生产能力,寻求供应商,直至形成销售网络渠道等一系列过程,都需要从企业内部挖掘潜力才能得以实现。

内部开发战略有利有弊。其优势在于:对现有情况熟悉,可以根据现实基础稳妥发展。对出现的情况也容易把握、控制。如控制发展进度、发展方向。内部发展还有利于把公司秘密留在内部。因而被认为是风险最低的方案。

内部开发战略的局限性：首先在于无法获得外部的发展能力和战略资源。除了少数实力雄厚的大公司以外，一般企业在内部发展过程中都会感到资金不足，虽然自己可以克服困难，解决这样那样的问题，但从产品设计到推向市场的过程显得缓慢，难以达到"领先一步"的要求。再则，由于发展方式的局限性，导致不利于新鲜思想观念的产生，长此以往，会影响公司的发展。

为此，实施内部开发发展战略需要考虑以下几个基本因素：

第一，财务因素。因为介入新的产业或新的经营领域不仅是介入的问题，还必须形成一定的生产经营规模。必须考虑到介入后的有效经济规模，即能够实现经济效益的最低生产规模。是否有足够的财务保证实现这个有效经济规模？如果经过一段时间尚不能达到这样的经济规模，显然，这种发展方向或者说通过内部开发的途径是不可取的。

第二，进入障碍。充分考虑进入新产业或新经营领域的各种障碍。除了财力以外，还有技术能否获得？各种经营资源能否保证供应？需要有多大的市场份额才能保证产品或服务被消费者所接受？克服这些障碍的可能性和困难有多大？是否要为克服进入障碍耗费巨大成本？

第三，竞争因素。在这个新的产业或经营领域中，有多少企业已经建立起了品牌信誉？其信赖度如何？这个领域中的企业会否采取统一行动（如削价竞争）排斥新进入者？

第四，效益因素。能否在预期的期限内获得相应的利润？

综合考虑以上四个因素，我们可以明确通过内部开发途径进入新产业或新经营领域的条件。它们是：公司财务实力较强，拥有相当能力；新产业处于发展阶段，对其经营可获得高于平均利润的经济效益；现有企业的排斥力量不强甚至很弱，而本公司又有抵御这种排斥的力量；进入新产业不需要耗费巨大成本，企业产品推向市场的时间期限较长，企业可以通过较长时间的努力，稳步到达目标市场。

第三节 维持战略与退缩战略

一、维持战略

维持战略又称为稳定战略。顾名思义,它是维持企业经营现状,以保持企业经营稳定为主要特征的企业经营战略。其实,维持战略在企业经营发展历程中所处的位置并不亚于发展战略。从战略选择的机会来说,当企业意欲谋求发展时,先得有一段聚势时期,以积蓄实施发展战略的力量,而当实施发展战略到了一定时期,又需要有一个阶段的相对稳定,进行巩固、充实、调整。所以,维持战略并非全都是消极的,它和发展战略有着内在联系,起着相辅相成的作用。

维持战略从战略指导思想来说,是继续保持现有企业使命,其战略目标是现有目标的延伸并保持相近水平。因而表现在运作形式上,在一个相当的时期内,无意进入新的产业或经营领域,不打算扩大生产经营规模,即使有所发展,也只是"小步走"状态。产品组合、技术进步、市场面和市场占有率基本保持现有水准,努力在现有条件下争取经济效益的提高。

企业处于以下情况下可以考虑实施维持战略:

1. 企业所处行业已进入成熟期,发展缓慢。企业目前的经营状况尚属成功。产品可以保持相长时期的优势。

2. 外部环境相对稳定,既无重大挑战、威胁,也无可资利用的机会。

3. 企业市场地位稳定。为了回避巨大风险,在一个时期内不求扩张。而进行内部资源调整、优化组合也可以取得相当的经济效益。

4. 企业决策者以稳健经营为指导思想,也有的经营决策者对发展机会缺乏敏感性,对市场情况一时摸不准,采取了维持战略,意欲稳中求进,以不变应万变。

维持战略可以通过如下几种战略方案具体实施。其一,延续方案。即忠实地实施既定战略方针,不变或极少加以改变;其二，暂停方案。即企业在经过一轮高速增长阶段以后遇到了新的情况，如企业资源分配失衡，人际关系失调，外部环境剧变，或市场前景不明等，这时企业暂时放弃对过高增长率的追求。在增长发展阶段出现一段维持现状的平稳过渡时期。这种暂停可以为尔后的进一步增长积蓄力量。

二、紧缩战略

紧缩战略是与发展战略相反的经营战略，它不是谋求生产经营规模的扩大或产量的增长，而是相应地缩小和减少；不是谋求对新的产业或经营领域的介入，而是谋求从已有的产业或经营领域中退出或部分退出；因而不再对许多经营领域的项目进行投资，而是考虑从某些经营效益差的以至难以支撑的产业和经营领域中抽回资金。当企业经营效益严重滑坡或遇到宏观环境发生重大变化而企业又无法抵挡时，作出紧缩经营的战略决策是顺理成章的。紧缩并非是一蹶不振，它可以在不久的将来侍机东山再起。

紧缩战略并非全然是消极被动的：如果企业面对经营不善，财力枯竭、资源耗尽、管理混乱，又受环境的种种制约，迫不得已，缩小规模，限制经营，以图勉强渡过危机，并无发展的深谋远虑。这时采取的紧缩战略诚然是消极被动的。但是，由于企业发现了更有利的经营领域，但企业因受条件的种种限制，于是缩小经营规模，放弃某些发展前景有限的经营领域，以图集中战略资源，开拓这些新的领域或新的事业，这种紧缩战略可谓以退为进，应该说具有积极意义。

由以上分析，可以看出企业实施紧缩战略的条件是：

1. 宏观经济处于停滞或萧条时期，而本企业又在行业中处于不利地位，以现有方式继续经营只能导致更加不利的局面；

2. 产品缺乏特色，品牌信誉不高。面对强手的竞争，市场面和市场份额日益缩小，且暂无良策与竞争者抗衡。

3. 企业所在行业步入衰退期或本企业产品已走过了成熟期，行将淘汰出市场；

4. 企业发现有利可图的新的经营领域，无法从外部获得发展的必要的资金和其他种种条件。改用挖掘内部潜力，放弃某些经营业务，通过收缩以求蜕变更新。

紧缩战略的运作形式有：

1. 抽资与转向

把资金从某一经营领域或业务中撤出，用于有发展前景的效益高的新领域、新业务。这主要是为了改变现实经营状况，扭转经营颓势。抽资与转向往往是紧密相关的。转向战略的实施必须建立在抽资战略得到充分贯彻落实的基础上。而抽资落实以后，又必须依赖迅速转向，实现转向目标去弥补由于抽资造成的某些领域和业务的损失。抽而不转或转不好，将会影响抽资的真正意义。

实施抽资战略，并非简单地把资金一抽了之，要考虑到抽资以后发生的一连串事情的影响和后果。诸如抽资后，被抽资经营体将以何种水准经营运作？既然没有停止经营和业务，又如何考虑让他们继续提高效益？如何使众多员工理解被抽资的必要性而避免抵触和冲突？他们的利益能否得到保证？如果抽资后，引起部分事业部停止运营，某些产品停产，对那里的设备、人员又如何处理？再说，抽与转的过程中，转向带来的经济效益能否弥补抽资带来的损失？如果确实能够弥补的话，又需要经过多长时间才能实现？对这些问题均应加以深思熟虑。

2. 放弃与撤退

当抽资转向难以实现时，则可采取撤退或放弃战略。即果断放弃或退出一个或若干个经营领域或产品的生产。与其把包袱越背越重，不如放下包袱，轻松前进。当企业举步危艰时，企业领导者应不失这种果断性。从紧缩战略角度来说，这种放弃与撤退只是部分的而不是全面的。若是全面撤退，企业全部终止一切经营业务，这便意味着企业濒临倒闭，通过拍卖资产结束企业生命。

放弃或撤退战略在实施过程中，同样会遇到一系列复杂的问题，需要企业领导者深思熟虑，各方面作好周密安排，以获得员工的认同和积极的配合。作为企业来说，在一切战略都行之无效时，选择清算、拍卖战略也是一种合理选择，也许是某些企业在特定情况下的最佳选择。但对员工来说，认识上的差异和利益的损失，会使他们成为实施这一战略的障碍。这种情况，在实施放弃战略中也会遇到，应心中有数，并加以防范、疏导。

第五章 竞争战略

第一节 竞争的一般原理

一、竞争不可避免

市场经济条件下，企业间的竞争不可避免。竞争的方式、手段日益多样化、复杂化。企业间的竞争不可避免的原因在于：

任何企业通过独立思考，果断地界入某一经营领域，从事某种业务活动，虽然符合消费者需要，也得到了社会广泛的认可，但他不能保证这是唯一的行动，他无法排斥其他企业随后采取类似甚至相同行动。有发展前景的市场区划，能够获取盈利的业务谁不向往？于是，众多企业共同分割同一块"蛋糕"。这样的结果是：企业即使选择的目标市场和营销组合完全合理，也不一定能保证有大量盈利，甚至难以保证企业的生存发展。而那些经营目标准确性差、经营能力相对较弱的企业，往往遭到惨败以至退出看似有利可图的竞争领域。

再说，市场竞争是互动的，如果几家企业在同一经营领域保持平衡，则可以各各相安无事。但如有一家企业想争取更多的主动权或为赢得更大利益率先采取了行动，那么，其他企业如果不及时作出反应，它将连原来的利益和地位都保持不住，迫于无奈，只有奋起反击，才能挽回损失或争取更大利益。例如产品价格，大家维持在既有水平上，则各企业只能拥有固定的市场份额。如企业 A 率先降价，可以扩大百分之五的市场份额，显然这是从企业 B 或企业 C 手中夺过来的。后者为了恢复原有的市场份额的分配，采取相应行动，甚至走得过了头便是可想而知的。

事实上，越是具有发展前景的市场区划（或称区割、区隔）就越有更多的企业趋近它。这些企业提供的产品或服务如果大于市场需求的增长，那么，在这个市场区划必将展开激烈的竞争，直至处于劣势的企业被挤出市场为止。否则必须有足够的市场容纳量，才能缓解这种紧张的竞争气氛。

1. 竞争者

什么是竞争者？企业的竞争者一般是指那些与本企业提供类似的产品和服务，具有相似的目标顾客和市场的那些企业。

近20年来，整个世界各行各业都面临着激烈的竞争。企业要想生存发展就必须随时分析研究自己主要竞争者的动向，掌握竞争态势，确立正确的经营战略和竞争战略。

2. 市场竞争

市场竞争是指不同的利益主体处于不同的战略地位，运用不同的市场竞争战略及其相应的策略体系，为争夺有利地位而进行的竞争。有的学者认为，现代企业战略成功的秘诀之一是企业核心竞争力的全方位布局，可见企业对市场竞争的高度关注及其重要意义。

3. 竞争战略

面对竞争者的挑战，企业怎么办？实践表明，绝不可消极地采取临时应付的办法。那样始终走不出处于劣势阴影的笼罩之中，只有积极地立足于长远，从战略高度来谋求与竞争者抗衡的途径。竞争战略是企业为抗衡竞争者的挑战并谋求获得总体竞争优势所作出的根本性的运筹、谋划，具体表现为整套的战略方案和一系列具有紧密联系的战略行动。

竞争战略又称为业务层次战略。主要研究的是产品或服务在市场上的竞争问题。它要求我们回答如下三个基本问题：

我们应该在何处竞争？在哪些市场或应该集中于哪些市场区划？

我们需要与哪些产品竞争？

在这些市场或这些市场区划上，我们如何实现可持续的竞争优势?

如果一个公司的战略决策层不能迅速而准确地回答这三个问题,那就表明该公司还没有一个清晰的、深思熟虑的竞争战略。回答这三个问题,说明竞争战略的目的是为了能比你的竞争者更加有效地满足顾客的需要。

二、竞争战略的基本类型及其展开

1. 基本类型

孙子曰:"是故百战百胜,非善之善者也;不战而屈人之兵,善之善者也。"竞争战略大致分为两种类型,一种是采用与竞争对手直接交锋,争夺顾客需求的战略方式。例如有商品所有者之间的竞争,争夺市场;货币所有者之间的竞争,表现为生产者争夺原材料、消费者争夺商品等;商品与货币所有者之间的竞争,如买卖双方讨价还价等。另一种方式是:一开始就不使对方成为竞争对手,或不使他成为自己的对手。例如采取各占一方、相安无事、互不冲突;或采取协调行动,化干戈为玉帛,统一行动应付更大的潜在威胁。

换言之,第一种方式是战而胜之,第二种方式是不战自胜(或使形势朝着有利于自己的方向发展)。如有可能的话,不战自胜更是人们所期望的,因为这可以节省一笔"竞争费用"。

2. 竞争战略的展开

企业竞争战略纷繁复杂,它因产业、企业规模、企业经营者的战略能力的不同而有所不同。但是,在一个确定的产业中,企业的竞争战略选择总是围绕以下几个方面展开:

(1) 专业化程度。即表现为企业战略的集中与分散的程度,如在产品系列宽度,目标顾客群的多少,提供服务的市场的集中程度。

(2) 品牌知名度。公司通过广告,扩大销售队伍或其他途径,提高品牌知名度,而不是依靠单纯的价格竞争。

(3) 直接的拉引策略。企业销售产品,不是间接地推动分销渠道经销商品,而是更积极地注意寻求直接在用户中传递商品信息,扩大品牌知名度。

(4) 严格的分销渠道的选择,包括公司正常的营销渠道和自营渠道。

(5) 产品质量。忽视产品质量的竞争战略是毫无生命力的。良好的竞争战略必然对产品质量确定合理的水准,从选料、规格、产品性能等方面力求既能满足客户需要,又能降低总成本。

(6) 技术领先程度。即在技术领先与产品质量的关系上确定最佳位置。认识这一点十分重要。一个企业可以成为技术的领先者,却并不意味着必然在市场上生产最高质量的产品。对此可有三种选择:技术领先,生产最高质量的产品,销售价格高;生产技术领先,生产与竞争者质量同一档次的产品,可以比竞争者更多地降低成本;生产技术领先,生产质量稍差一点,但能充分满足市场需要的产品,可以大幅度降低成本,获得较多的盈利。

(7) 纵向整合。是指企业在原材料供应渠道和销售网络上所作出的控制的举措,从而使企业获得战略上的主动性。

(8) 降低成本。努力从一切可能的方面压缩开支,降低成本,造成对于竞争者的明显优势。

(9) 提高服务,现代竞争战略,无不在产品营销中强化服务,如对客户购买的产品提供工程上的支持帮助,设立完善的内部服务网络,恪守信誉等。

(10) 价格政策。始终把价格作为一个突出的战略变量而加以认真对待。或以不降价维护产品信誉;或者以降价争取客户,相机采取灵活的价格政策。

一般企业的竞争战略,总可以从上述十个方面寻找到适合自己需要的一个或几个方面,加以有针对性地运用。有些行业中各企业看起来似乎没有什么明显的差异,但若根据上述十个方面的提示,依旧可以造成与竞争者的差异,形成独特的优势。例如,铵肥之类商品,没有一个公司具有突出的品牌信誉,产品质量也十分近似,对此,竞争战略能否有所作为呢?一个企业如果在后向整合或提供服务的程度等方面与竞争者拉开差距,他必然可以找到建立竞争优势的途径。

第二节 竞争战略分析

一、五种竞争力量

美国哈佛商学院教授迈克尔·波特（MICHAEL.E.PORTER）在其《竞争战略》一书中提出了一个分析行业或市场区划结构的框架。波特认为，在行业中存在五种竞争力量，它们是：

现有同行业公司之间竞争；

新进入者的障碍及其潜在竞争力；

购买者的议价力量；

供应商的议价力量；

替代产品的威胁。

这五种力量构成了一个企业面临的竞争环境，如图 5-1 所示。

1. 第一种竞争力量：行业内竞争力量。

行业内部存在的同行竞争是直接的竞争力量。公司的出路在于通过降低价格，产品创新或其他卓越的促销手段，不断追求优于竞争者的业绩。行业内部竞争强度决定于以下因素：

需求缓慢增长或需求呈下降趋势，竞争强度将上升。这是因为需求增长缓慢，跟不上众多同行企业生产销售的发展。大家除力求保持住自己的市场份额外，只有竭力从竞争者那里争得市场份额，以求保持过去的增长速度。相互削价或采用其他增加销售的努力导致市场争夺硝烟四起。倘若需求呈现下降趋势，而又存在退出障碍的情况下，大家只好拼死竞争，其剧烈程度可想而知。

高固定成本的压力导致竞争加剧。如果行业中各企业维持生产线的正常运转需要投入很高的固定成本，而边际成本却很低，公司为了盈利，不得不开足马力，充分利用现有的生产能力，大量生产，大量销售，迫不得已走上风险之路。一旦需求波动或下降，竞争剧烈在所难免。

意外竞争者的界入。国外强有力的竞争者打入国内市场，使

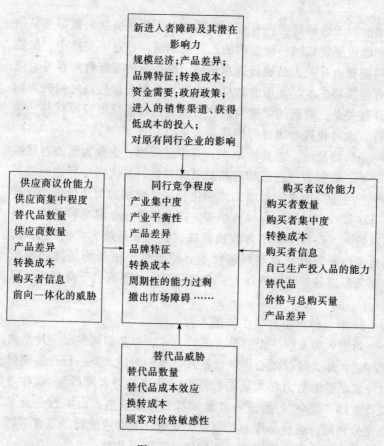

图 5-1 五种竞争力量

原有的竞争规律出现反常,这时竞争情况变化看来反复无常,好象没有什么规律可以把握,颇难应付。

购买者转移成本的高低。企业产品销售给若干用户,通常用户都希望有一个稳定的货源。因为临时改变供应商,会为此付出不同的代价,如对产品的鉴定,通过培训掌握应用技术等,这些都需要耗费资金。如果购买者从一个供应商改换成另一个供应商,并没有付出什么代价,这便表明购买者转移成本很低。为此他们很容易"见异思迁"。而销售企业为了拉住客户,不得不采取有效的竞争措施,意味着竞争剧烈。购买者的转移成本可分为有形的和无形的两类。有形的转移成本,如某服装公司原来从A公司购进服装机械,而后改由乙公司购进。在这一变换中,服装公司需要对有关人员进行技术培训,准备新的零配件库存等,便是有的转移成本。无形的转移成本是指公司与供应商之间的协调的合作关系。要新的供应商按企业经营活动要求供应原材料、零配件,也得花钱形成良好的协调关系。

  品牌特异性。差异性越小,竞争越激烈。企业为了使自己胜过对手,都努力使自己的产品具有特异性,从大同小异的产品行列中"突显"出来。如增加或强化产品可觉察的使用价值,这样便可在某一市场区划保一方平安。产品品牌越是具有特异性,且名声越大,顾客便越不肯改换品牌,成为该品牌忠实的购买者。其他竞争者如要把这些顾客拉走,便要付出很高的品牌转移成本。所以说品牌特异性越大,名气越响,越是有利于降低竞争强度。

  2. 第二种竞争力量:新进入者。

  新进入者发现一个前景看好的行业,并非如同发现一片新的"绿洲",那么可以随心所欲地进入,他们为进入某一行业需要付出许多辛勤的努力和大量的投资。这便是"进入障碍",或称进入行业的"壁垒"。新进入者意欲打破行业壁垒,而本行企业又要充分利用行业壁垒作为抵制新企业进入的有效武器。双方不断地为此展开争夺。新进入者障碍通常有以下几种:

  经营规模。太小的经营规模很难形成显著的成本优势,不可能对行业中原有的企业形成任何冲击。新进入者必须使企业有相当规模,以至形成规模经济才具有竞争力。不仅在生产中形成规模经济的优势,在广告、采购、新产品开发研究以及销售服务等多方面都形成一定优势,才有可能冲破行业壁垒。

  特殊技术与专利。特殊技术是每一个公司最可宝贵的无形资产。许多公司把关键性的特种技术作为生产经营秘诀,绝不外露。新进入者如不能获得并掌握这种技术,而自己暂时又无法通过研制获得,无异于在自己面前耸立着一座壁障。有的公司还不断把自己研制成功的新技术申请专利,获得法律保护,使新进入者更无法随便获得新技术。如青岛海尔电冰箱厂近几年中，平均每隔数日便申请一项专利，这便是保护企业利益的有力举措，也为新进入该行业的企业增加了难度。

进入投资量，投资量小，竞争程度激烈。如果新进入者，为了进入正常的生产经营状况，需要投入大量资本，用于生产设施建设、设备安装、研究开发，用大量投资去建立相应的销售网点。为提高企业和产品的知名度，需要投入可观的广告费和促销费，这些会使不少跃跃欲试的新进入者望而却步。相反地，如果新进入者用不着大量投资，许多人便会有"反正花不了多少钱，何不试一试"的心理，结果难以遏制新进入者拥入的势头。

获得销售渠道。没有良好的销售渠道，新进入者便不敢贸然行事。然而要劝服批发商、零售商积极地销售他们的产品，又必须进行大量广告宣传活动，必要时还要投资建立自己的销售网点。

经验。在一个新的行业从事生产经营，还要面对众多强手的种种竞争而保持一席之地，经验是不可缺少的。新进入者需要很快拥有在新行业的生产经验和管理经验。这些经验不应只是少数领导者具有，而是需要一大批有经验的管理者、技术人员和操作工人。如果没有人数足够的丰富的经验，那么新进入者在行业中必然处于成本高的劣势。如果能熬过因短期缺乏经验而以高成本经营的阵痛，很快地通过学习，积累起丰富的经验，把成本降下来则又另当别论。但在许多情况下是难以办到的。

顾客的高转移成本。新进入者以其产品或服务争取到一部分顾客，这是顾客的转移。如果顾客由于选择新进入者的产品而承受了很高的转移成本的话，这种转移极难成功，所以，顾客的高转移成本对新进入者甚为不利。例如，许多顾客对品牌各有偏好，他们往往成为某一品牌的忠实用户。为此新进入者必须通过广告或其他途径劝服顾客接受其产品，这种转移成本如果偏高，便成为进入市场的重要障碍。

政府政策。政策许可与否，是新进入者必须考虑的重大问题。政府通过限制发放许可证，发行特许权等手段可以达到控制行业规模调节行业竞争程度的目的。

3. 第三种竞争力量：购买者的议价力量。

企业作为产品或服务的销售者，免不了同购买者有一番讨价还价的较量，这是事关企业获利多少的又一竞争力量。作为企业要特别注意在哪些情况下购买者讨价还价处于上风地位，尽力设法避免之。通常以下几种情况，购买者议价能力较强：

购买者人数很少，但他的购买量较大。购买者人数少迫使销售者不愿轻易放弃面对的顾客；购买量大，迫使购买者不勉强接受他原本认为不甚合适的价格，他们会为降低价格作一再的努力。

购买者转移成本低，以及对品牌忠实度低，那么购买者有较大回旋余地，迫使销售者不得不作出让步。

购买者掌握了大量的关于竞争性产品的信息，利用这些信息可以使自己在讨价还价中处于主动地位，进退自如。

产品对购买者并不十分迫切或并不十分重要，可以以拒购抬高自己议价能力；

购买者通过后向一体化发展战略，自己生产所需要的零部件和某些产品，不再购买。果真如此的话，则不存在讨价还价的问题了。问题在于他们以后向一体化作为议价的后盾，倒是颇有力度的。

购买者议价力量的大小最终在于：是购买者面临的选择多还是销售者面临的选择多。

4. 第四种竞争力量：供应商的议价力量。

这也是买卖双方的竞争。供应商议价的特点是提高售价。如果存在以下情况中的一种，便可使供应者处于竞争有利地位：

这种供应对购买者十分重要，不可或缺；

购买者若想另换供应商，要付出很高的转换成本。

货源极为有限。

供应者存在前向一体化发展的可能性。

如果一个公司同时面临供应商和购买者强劲的议价能力，那么该公司很难取得理想的利润。在这种情况下，这个行业也便没有什么吸引力了。

5. 第五种竞争力量：替代品的威胁。

为了满足人们的某种需要，便要购买相应的产品以供消费。但是除了这种产品以外，另外一些具有相似功能的产品同样能满足人们这种需要，这便是替代品。

一个行业的产品被另一个行业的相似产品所替代，从而引起竞争。替代品可以对被替代品的价格形成巨大的冲击，至少可以抑制其价格上扬。

从人的需求大类来分，竞争可以分为四个层次，这就是欲望竞争者、同类竞争者、形式竞争者和品牌竞争者。欲望竞争者是消费者不同欲望的竞争，如某消费者究竟是想满足他的社交需要呢？还是急于满足旅游的欲望？同类竞争者是满足一个人某种需求的大类产品。如满足人食欲的产品大类包括水果、糕点、饮料等。接下来的形式竞争者则是某一大类产品中的具体产品，如饮料中的啤酒、可乐、矿泉水、茶水等。最后一个层次是品牌竞争者，这是同一产品不同品牌争夺市场的竞争。

人们所指的替代品的威胁主要是指形式竞争者，而同类竞争者也具有某种替代品的作用，但不如形式竞争者那么显著。

替代品功能越是相似，竞争威胁越大。所以研究竞争力量时，不仅应看到本行业产品如何激烈竞争，还要密切注意从意想不到领域中冒出竞争对手来。

研究分析五种竞争力量是为了更好地制订竞争战略。但有时，特别是在分析同行竞争和替代品威胁时，不能机械地从行业的定义出发，以为凡是同行都是有力的竞争者。对某些产业的产品来说，还要补充一些重要因素，作为制订行业竞争战略的依据。地理区域便是需要考虑到的重要因素之一。例如某些行业如采石场、电影院、动物园或地区性报社，这些行业的同行分别在不同地区经营。那些处于较远地区的同行不一定成为竞争对手。企业只是向特定地域内的顾客群提供产品或服务。例如瓦楞板市场一般限制在50km范围左右，过远的市场因运输成本的上升或经营上的困难，使这些市场实际上并无实际意义。

由此,产生一个新的问题:过去我们对市场所下的定义显得有些不适用了,因为它已不能作为制订竞争战略的依据。于是人们提出"战略市场"的概念。各个行业提出的战略市场是不同的。某一战略市场只是针对某种特定行业中的企业而言的,不能相互套用。上述例子中瓦楞板企业战略市场以 50km 左右的范围为限,这是典型的地区性战略市场,然而录音磁带的战略市场在理论上讲则是全球的。这两个企业绝不可将它们的战略市场随意互换,必须按自己的战略市场运筹竞争战略。

五种力量分析,概括了企业在市场竞争中可能遇到的全部情况,他为企业经营者提供了一个完整的竞争结构图景及对其采取相应的竞争战略的思考框架。对行业中一个具体企业来说,他在制订竞争战略时并不需要点滴不漏地考虑每一个方面,应按行业特点、产品类型、企业在市场中所处地位,理清自身处在何种竞争地位,从而确定最佳竞争战略。

二、竞争对手分析

1. 竞争对手分析的意义

竞争对手分析又称为竞争者分析。处于激烈竞争环境中的企业应该对每一个主要竞争对手进行深入分析研究。

竞争者是竞争环境的主要组成部分。它(们)对企业的生存发展之所以具有重要影响,在于它(们)同企业的根本利益具有此消彼长的关系。竞争者又各各具有能动性,它们会看着对方的举动,根据对方的每一步行动制订相应的竞争战略及其策略体系,形成互动效应,把竞争搞得日益复杂化。由于许多竞争对手能动地施展自己的竞争能力,结果还会造成其他竞争环境的变化。

竞争者分析当然是在事先详尽周密的调查研究基础上进行的。在对调查的情报资料进行汇总后,经过去粗取精,去伪存真,由表及里的分析,把握竞争对手的真实动向及其战略能力,方可达到"知彼"的目的。需要弄清的主要方面是:

(1) 预测竞争对手未来的战略。

(2) 准确评价竞争对手对企业战略行动可能的反应。

(3) 估计竞争者通过种种努力追赶或超过本企业的可能性。

越是强大的竞争对手，越需要给予更多地了解与关注。

竞争分析的重要性因行业而异。对某些零散型产业便不十分重要。一方面这些行业的公司都很小，提供的产品或服务又大同小异，公司应把主要精力放在提高产品和服务质量上面。而对集中度很高的行业由于面对与上述相反的情况，故务必要对竞争者进行认真的分析。

2. 竞争对手含义

什么是竞争对手，不能只是从字面上去加以解释，应把握住竞争对手的三个本质特点：

第一，相异性。竞争对手与自己不同。这个不同，不是指各有自己的利益，而是指在企业的基本方面的差异。即使双方同属于一个产业，有相似的技术基础，处于相似的市场环境中，双方依然会有许多差别。各企业可以利用这种差别，创造出不同的竞争优势，形成自己的竞争战略和战术。

第二，攻击性、反击性。竞争中的优势劣势是相比较而存在的。我方取得了优势，则迫使对方处于相对劣势地位。处于劣势地位的竞争对手是不会甘心的，他们必会千方百计力图改变这种状况，必然向我方进行攻击或反击。反击行动决定于他们的反击能力。有的反击有力，有的力不从心，反击无力；有的顾不上竞争状况如何，不得不反击，即使遇到障碍或条件限制，也要作出反击的反应。

第三，竞争对手不等于敌手。不必把竞争对手都看成危险的敌手。如果是潜在的竞争者，只要不挤入同一市场，就不会成为自己的敌手。即使已成为明显的竞争对手，只要他们没有采取敌对行为，也不必当成自己的敌手。

了解竞争对手的三个根本性特点，又如何加以利用呢？我们可以根据这三个特点建立相应的策略。由特点一，我们要注意回避竞争对手的长处，选择合适的方向，建立自己的竞争优势。并随着对手特异性的变化，建立动态的优势，保持竞争优势的可持续性。由特点二，我们可以巧妙地利用竞争对手所遇到的制约和障碍，使他们难于反击或推迟攻击、反击的时机，直至攻击性行动不出现。由特点三，可设法使对手放弃敌对行动，迫使他们同我方和解，共同采取协调行动，化干戈为玉帛，皆大欢喜。

3. 竞争对手分析的步骤

竞争对手分析可依以下六个步骤，依次进行：

（1）确定竞争者

分析的对象——竞争者——先要确定下来。然而这并非易事。这有两方面原因：

其一，竞争者这一概念同竞争层次有关。一般意义上把生产相似或同类产品的企业看作竞争者，如汽车制造公司把其他汽车制造商看作竞争者。但若范围再扩大些，又可以把提供类似功能的产品和服务的企业看作竞争者，不仅汽车制造商，把摩托车、自行车、卡车等制造商都列入竞争者名册。还可以更宽些，把那些同本企业争夺顾客购买力的企业都看作竞争者，如可把房地产商包括进来，因为顾客购买了房屋，便没钱买汽车了。可见，确定竞争对象应根据前面提到的欲望竞争者、类型竞争者、形式竞争者、品牌竞争者这四个层次来考虑，选择适当的竞争层次而后才能合理地确定企业真正的竞争者。

其二，竞争对手的确定还同企业处于什么发展阶段有关。当一个企业正在兴办之初，全面运筹其经营战略方针时，应从更广泛的范围内考虑竞争对手的存在。这同一个处于正常经营状况的企业确定竞争对手又有所不同。

（2）确认竞争者的战略

各竞争者的战略目标是什么？他们在市场上追求的具体目标是什么？企业行为动力何在？虽然我们可以从一般规律上断言每个企业无非追求利润最大化，但具体细节尚有许多不同。如有的侧重追求长远利益，有的侧重追求当期最大利益。对竞争者战略目标的了解以具体深入些为好。

确认竞争者的战略方针及其策略。战略越相似，竞争越剧烈。竞争对手市场营销组合策略在分析时应加更多关注。对其目标组合（如市场占有率、现金流量、技术服务定位、营利目标等）也是分析内容之一。

(3) 优势劣势评估

直接收集竞争者过去几年中生产经营的情报资料，对销售额、市场占有率、边际利润、投资收益率、现金流量等数据应作系统整理，从中发现竞争者的优势、强势所在。由于这些资料都有一定的保密性，直接收集有困难的话，可通过间接对比的方法进行。如设计一份问卷，请一定数量的客户对问卷表中所列项目评比打分（表中包括本企业和主要竞争者在产品、技术开发、服务质量、经营能力等几个方面的比较），从中透视竞争者的优势、劣势。

要客观公正地、冷静地分析竞争者的优势，不要视而不见，故意抹煞对手的优势。对竞争者的弱点不要无中生有，不要夸大。竞争者的弱点诸如：实际营销中的弱点：如产品功能某一方面的不足、销售网点分布的不合理、公共关系运营缺乏力度、广告传播媒介运用欠妥等等。还有竞争者在战略观点上的偏颇：如有些竞争者战略定位上的失误、经营观念跟不上市场竞争形势的发展等都应是分析时有价值的资料。发现竞争者的弱点，企业可以及时加以利用，采取相应措施，进行意外的攻击。

(4) 注意竞争者反应

竞争分析是相互的。本企业采取新的举措和行动之后，竞争者也会作出不同反应，一般企业对此都十分敏感，因为它把竞争环境推进到一种新的状况。竞争者反应类型有以下几种情况：

(5) 选择竞争对象

选择竞争对象应看其表现和作用。有的竞争者的存在对企业倒是必要的，有益的。例如，竞争者可能有助刺激市场总需求，可以分担市场开发和产品开发的成本，并有助于使新技术合法化。竞争者为了向吸引力较小的细分市场提供产品，势必增加产品的差异性，以及增强同政府管理部门的谈判力量。

当然，不可能所有的竞争者对企业都是有利的。有的竞争者能遵守行业活动规则，按成本合理定价，有利于行业发展，也有的竞争者置行业规则于不顾，盲目冒险，对同行也造成威胁。

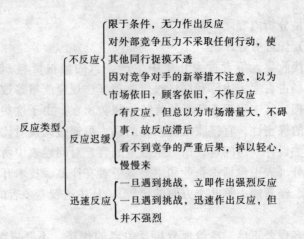

在上述表现迥异的竞争者中,那些不利于企业的竞争者才是真正的竞争对手,应集中力量对他们做好防范与采取对策措施。

若就竞争者的强弱来说,宜以弱者为竞争对象、攻击的目标。这可以节约时间、资源,达到事半功倍的效果。但即使竞争获胜,也获利不丰。以强者为进攻对象的也为数不少,特别是针对强者的弱点展开争夺,可以获得较大利益,还可以显示企业声望,有利于树立气势宏大的企业形象。

再就以与企业相似程度作为选择竞争对手的依据。通常的做法是对相近似者展开竞争。这一竞争要做到有利、有节。即获利取胜即可,不要击垮对手,以免出现更强大的竞争对手。如70年代末,美国博士伦眼镜公司同其他隐形眼镜公司竞争,大获全胜,把竞争对手彻底击垮以至卖给了实力更强的大公司,反而于己不利。

竞争者分析搞得好不好关键在信息。为此,企业应该建立竞争情报系统,源源不断地向企业高层决策者提供最新信息。

第三节 竞争优势与基本竞争战略

一、一般竞争优势

要在竞争中获胜,必须具备一定的优势。不是全面的优势,也必须具有某一二个方面的局部优势。没有优势，或者没有明显的优势，就要设法建立、发展、壮大自己的优势，这个竞争战略的核心问题是人人皆知的。同时，作为一个企业也要密切注视竞争对手建立了什么样的优势，以及这种优势的作用可能有多大，用以衡量自己竞争获胜的可能性。

竞争总的优势决定于企业综合实力。首先在于企业拥有的优越的客观条件，如自然条件、资源拥有量、交通运输状况、信息传递速度等等。还有，企业的管理经验和管理水平也是形成竞争优势的条件之一。诸如企业领导决策能力、公共关系运营的能力、市场开拓能力、技术进步状况、市场营销促销水平、全面质量管理能力以及员工整体素质等。

然而，竞争优势不是一般意义上的实力比较，它是企业竞争双方战略运筹形成的特定的战略关系。所以竞争优势应同经营者战略观念、竞争意识有关，是否善于抓住时机，巧妙地利用机遇扭转局势，这是形成企业竞争优势具有能动性的因素。因此，有时一个小企业敢于同大中型企业展开竞争并占有优势，总体实力并未占优，但他们把握先机，形成局部优势，敲开了成功之门。

由此可知，竞争优势是一个相对的概念，它并非绝对是竞争双方在一切方面对比所呈现的战略关系。它具有时间条件、具体经营领域、企业战略运筹能力等等方面的含义。一个企业相对于另一个企业具有竞争优势，并不是说前者在一切方面都比后者具有优势，也不是说在这些方面永远占有优势。再说，优势还有一个"优"多少的程度问题。由此，A企业比B企业占有优势，不等于B企业绝对无法与A企业竞争。对优势的理解应该在优势中看到劣势，也要看到劣势中的优势。这样，我们无论处于怎样的战略关系中，都可以制订出适合于自己的竞争战略，而并非如同有人说的"没有优势还谈什么竞争"。

二、创造竞争优势

竞争优势不能依赖传统的给予，一靠发现，二靠积极主动地建立与创造。

1. 取势

企业向何方出击、发展？准备进入什么样的新经营领域，这是关系企业如何发挥自己潜能、取得最佳经营业绩的方向性问题。企业选择哪些经营领域，介入哪些新的经营领域，既要积极，又要谨慎。积极是指态度，要有敢于进入新领域的信心和决心，谨慎就是要看准了再行动。正确地选择经营领域，能够迅速地形成企业优势，能比其他企业更好地避免环境威胁。

正确地选择经营领域必须妥善处理好"维持原有经营主线"与"介入新经营领域"的辩证关系。这是一个颇难回答的问题，既不能肯定说"应该维持原有经营主线"，也不能断言"介入新经营领域更好"。但每个企业经常会面临着这样的选择。一方面不要随意介入新的经营领域，要选择自己熟悉的经营领域，建立根据地从事生产经营活动。即要以现有经营领域为核心，作有限的延伸，随着时间的推移，维持经营主线不变。不能一下子变得面目全非，丢弃自己熟悉的一套，去经营自己不熟悉的产业。有大量的成功或失败的例子从正反两个方面证明了这个问题。有些涉足过新经营领域的企业家不无善意地告诫人们："先用一只脚试试水的深浅！"

美国西屋电器公司产品多达8000余种，经营门类涉及空间技术、原子能以及海洋业等许多领域，制造的产品有涡轮机、汽轮机、船用推进器、特种金属、光源、风机、电梯、变压器、开关等等。此外，他们还经营广播公司、电视台等事业。但是他们始终保持以电器设备为主导产品。没有电器设备，也就没有西屋电器公司。他们始终把开发、生产、经营电器设备作为"主线"来抓，以保持公司在世界市场上的竞争优势。

但是，也有大胆介入全新的经营领域而很快获得成功的企业，他们敢于做新经营领域的淘金者，结果满载而归。这两种不同的结果不应使我们面对这个问题产生迷惘，应该启示我们去研究他们之所以获得成功的外部环境和企业内部条件是什么，答案是有的。

2. 聚势

把手掌捏成拳头，形成出击的力量。高出竞争者的优势，在

初创阶段是不明显的,要通过空间集中、时间积累使之集聚起来。集聚优势的途径有:

集聚成本优势。成本领先是战胜竞争对手的基本战略之一,然而成本领先并不是一蹴而就的,它要通各方面的努力才可能实现:如逐渐扩大生产规模、提高产量;集中产品系列,简化合并某些生产工序,优化生产条件和工艺过程;力求零部件通用化,节缩管理费用等。

聚积产品优势。开始时各企业的产品可能并无大的差别。但可以通过对老产品进行技术改造,增加产品新的功能、赋予产品新的特色;或通过科技开发,创造新产品推向市场。对产品和服务不光有承诺,且认真贯彻兑现,树立产品品牌形象。时间一久,产品优势便能显示出来。

聚积市场优势。运用灵活的市场策略,瞄准时机,抢先进入市场;或在现有市场上提高企业信誉,使品牌、商标得到社会认同;快速发展销售网络,形成强有力的销售队伍;积极进行市场渗透,全方位扩大市场份额。

各种聚积优势的途径是相互联系的,应相互关照、协同作战。

3. 借势

充分发挥借势技巧,使某些可以利用的客观条件,充分合理地加以利用,为我服务,使得对我有利的竞争地位得以巩固并进而扩大。船借水势,火借风势。善借势者,船行得更快,火烧得更旺。借势,必须经常研究可借的对象,借势的时机和方法。例如某些行业存在较大的进入障碍,该行业企业可以抓紧大好时机,充分发展,提高综合竞争实力;或当竞争对手发生经营危机时,积极开展公关营销策划,拓展市场,提高企业声威。

4. 保势

优势是相对的,也是暂时的。过去的优势,今天可能不存在了;今天的优势,明天可能会消失甚至变成劣势。保势,不是消极地保,要积极地创造更新的优势。你优,我更优;今天优,明天更优。作为企业,要通过有效的战略管理,在对内外部环境分析和五种竞争力量分析的基础上，建立完善相应的策略体系，使产品创新、产品质量、售后服务、节缩开支、广告攻势等具体活动都得到落实。

三、可持续竞争优势

企业不仅希望建立竞争优势，而且甚为关注可持续竞争优势。实现人们通常所说的"永远立于不败之地"的竞争地位。应该说，确立可持续竞争优势涉及的问题是较复杂的，这里不一一展开，我们且从战略资源和能力的角度来研究，即当企业的战略资源和能力具有何种特点时，才具有可持续竞争优势？格兰特（Grant）在1991年提出的四点依据回答了这个问题。

在介绍这四点依据之前，我们首先说明被引用的两个重要概念，一是核心能力，公司核心能力是指公司所拥有的，在行业中表现极佳的运行和制度。这些核心能力不一定与其在市场上实现的竞争优势相一致。

二是关键能力，即公司在特定市场上实现竞争优势的能力，这种能力因市场而不同。

格兰特关于企业可持续竞争优势的四个条件是根据这两个概念提出的。

考察一个企业是否具有可持续竞争优势的依据是：

1. 个人对战略资产的占有程度。

公司的战略资产常常并非被公司所绝对占有。如果一种资产深深地扎根于公司之中，它就很难被个别人所占有占用。公司的战略资产被个人所占有的程度低，公司获得可持续利润的能力就越强，就不会由于一个优秀管理人员转而投向竞争者，使公司很快蒙受重大损失。

作为公司占有的资产主要有固定资产，而公司的技术技能和管理经验等无形资产实际上是由公司内部的个人所掌握的，公司对无形资产的占有程度和牢度都同人员的去留有关。因此，公司需要强调一种团队精神。如果公司的利润主要来自于内部众多人员的日常工作和他们组成的团队的表现，那么利润就很难被某些个人所左右，任何个人的去留都不可能对公司造成很大影响。

当一个公司在一定时期内表现卓越,其战略核心能力达到超越个人或团队的程度,以"公司知识"的形式成为公司本身的能力,这对公司的持续优势是有利的。而个人对战略资产的占有程度越低,公司优势的持续性则越强。

2. 无形资产的耐久性

这里的耐久性是指无形资产作为利润源泉的持久程度。

由于产品和技术的生命周期不断缩短,大部分资产作为利润永久源泉的作用(即耐久性)大大下降。然而,公司中某些资产特别是无形资产所显示的卓越特性却一如继往成为企业利润长久的源泉。例如公司的日常工作、核心能力和团队精神却能够长期存在。只要公司的创新精神和保持产品高质量等特点能维持不变,公司的商誉就不会受到侵蚀。名牌也具有相当的耐久性。尽管我们看到不断有品牌产生和消失,然而家喻户晓的名牌所确立的良好信誉通常都能长期不变。公司的核心能力越具有耐久性,越是有希望成为长久的利润源泉。

3. 战略资产的不可转移性

公司的核心能力和战略资源越容易转移,公司竞争优势的可持续性就越差。

有些资源十分容易转移。例如原材料,具有通用性的雇员、机器,甚至工厂,在某种程度上来说也是可以转移的(工厂的转移是所有权的转让,而不是指实物的转移),从这个意义上说,这些资产都不能算是持久性战略资产,因为它们很容易被买进卖出。

另有些战略资产具有不可转移性,亦即充分显示出公司对它们的专有程度。这些战略资产扎根于公司组织之中,溶化于公司文化和管理模式之中。公司中这些资产可转移程度越低,不可转移性越强,那么,公司就能保持可持续竞争优势。

4. 不可复制性

如果某公司的核心能力或资源虽然不能轻易地转移,但竞争者经过适当的投资或直接购置相同的资产,就可以形成几乎相同的生产能力,那么这个公司就不可能有真正持久的竞争优势。公司的利润就会因竞争者的崛起而很快地消失。如果新进入者通过复制资源和能力，然后生产相同的产品，开展直接的削价竞争，这就会无情地将产品推向低利润状态。

一个公司的资源和能力越是容易被复制，其战略地位就越不稳固。

除了"四性"以外，要获得可持续竞争优势，还应考虑公司核心能力与关键能力的一致性。由前面关于核心能力和关键能力的介绍可知，这两种能力并非都是一致的。当公司的核心能力与关键能力或其他所需要的能力不符合时，就必须通过内部开发、战略联合或者收购等方式，去获得更多的资源和能力，以便对关键能力及其他所需要的能力加以弥补。应该注意的是：用以起弥补作用的新资源不宜过多。因为新获得的能力远远超过现有能力，则不利于充分发挥现有能力的作用，甚至改变公司的性质，那就背离了可持续竞争优势的原义了。

四、基本竞争战略

我们可以把竞争战略再次概括一下：企业在由五种竞争作用力构成的力场中，采取进攻性或防御性行动，在行业中建立起理想的企业地位，为公司赢得预期的投资效益。各企业为了达到这一目的，采取了不同的方法。但从最广泛的意义上讲，可以归纳为三种基本战略，这就是总成本领先战略、特异化战略、集中化战略。这三种战略既可以分别使用，也可以结合使用。

1. 总成本领先战略

虽然近年来某些行业的竞争战略已远远超出了价格竞争的范围，价格竞争的地位已不再是主要的竞争战略，他们把竞争重点放在品牌、信誉、售前售后的良好服务等方面，但这并不意味着所有的产业、企业都是如此。也并不表示某些企业可以长期如此，总成本领先战略依然是基本竞争战略之一。它不仅有利于价格竞争，也是企业获得更多盈利的必要途径。

总成本领先战略即通过围绕降低总成本，采取一系列具体政策。使企业的总成本在整个产业中处于较低或最低地位。总成本低于竞争对手，可以取得较大的回旋余地。

总成本领先战略的优点是明显的:尽管一个企业可能面临各方面强大竞争力的作用,只要获得总成本领先的优势,即总成本最低,该公司依然可以获得高于平均水平的收益。其总成本优势可以使它在与同行对手的较量中不易被击败。因为它可以做到在别人失去利润甚至亏损时,这个公司仍然可以获得利润。

在对待购买者的威胁中,总成本领先者可以退守到最后的阵地。因为买方的压力最多只能将价格压到次低的水平,对最低水平的价格只能接受。假设某电子仪器产品各公司成本不等,五家公司削价竞争,售价仅高于成本10元,购买者压价,情况见表5-1。

总成本领先者的压价优势 表5-1

各公司成本(元)	售价(元)	购买者议价压价的余地	购买者决策
A 370	380	不要,还有4家可以议价	可以不买
B 350	360	不要,还有3家可以议价	可以不买
C 340	350	不要,还有2家可以议价	可以不买
D 320	330	不要,还有一家可以议价	可以不买
E 300	310	再不买,便无从购买	只能购买

从供应者威胁来说,由于总成本领先的公司在对付卖方产品涨价中具有较强的"消化"能力,即不因为个别原料价格涨价而失去价格竞争能力。

从替代品威胁和潜在进入者来说,也比其他竞争者更具有抵抗能力。

如何实现总成本最低?公司应深入研究达到这一目标的一切途径,分别制订出具体措施,并切实执行:

积极地建立起达到有效规模的生产设施;努力达到相应的市场份额或确立其他优势,诸如良好的原料供应;要求产品的设计更便于生产制造,工艺简单;有一个较宽广的产品系列以分散成本;抓紧成本控制与费用管理,最大限度地减少研究开发、服务、推销广告等方面的不合理开支;为实现批量生产而对所有主要顾客群提供服务。

为了实行低成本战略，就应该有较高的前期投资用以购买先进的设备，以较低的定价承受初始亏损，而后由于高市场份额，使采购量扩大，进一步降低成本。

一旦赢得了总成本领先地位，所获得的较高的利润又可对新设备、设施进行有效的再投资，以维护成本上的领先地位。

总成本领先战略有时可以引起一个产业的革命。例如，1979年，有一家大公司在越野起重机产业中挑起一场革命。开始时它只有15%的市场份额，为了达到总成本领先，决心重新设计起重机，采用模块化部件，更新结构，使之便于生产，易于维修，同时降低了材料消耗。结果大大降低了成本，他们把价格下降了15%，结果市场份额迅速上升到25%且继续上升。该公司总经理说："我们没有去开发性能上显著优于他人的机器，我们想要开发的产品在制造上的确简便，并有意识作为一种低成本机器来标价。"

2. 特异战略

这是一种在产品和服务上标新立异，另辟蹊径，远离竞争者的战略。力求与众不同，创造自己的特色，形成一些在全行业范围内独特性的东西。

这种战略在形式上与总成本领先战略显然不同，但同样是在产业中赢得超常收益的可行战略。利用客户因对品牌的忠诚而对价格失去敏感性，避开与竞争者在价格问题上纠缠不清，同样达到增加利润的目的。

使用特异战略者之所以可以驻守一方领域，是因为它充分利用了两种进入障碍：一是利用客户对品牌的忠实度；其二是特异战略并非随便说说就可以"标新立异"的，它要经过用户心理的调研，进行科学的设计，耗费相当的精力和费用。而竞争对手要战胜它，也必须付出相当的努力。由于特异化战略使产品和服务具有显著的"特"与"异"的优势，在抗拒替代品的威胁时，比其他竞争者拥有更大的有利条件。

实现差异化战略既可从有形的方面入手，也可以在无形的方面下功夫。例如，从产品的设计、品牌形象、技术特点、客户服务、经销网络以及其他一切可以利用的方面创造特色。如有能力,公司可在几个方面同时努力标新立异,与竞争者拉开差距。每一个产业都应根据本行业产品和服务的特点,抓住客户最关心、最敏感的产品特性做出奇异化文章来。例如,一些用户对大型机械设备使用故障十分头痛,常为此付出昂贵代价。所以类似推土机公司就要以性能可靠、优质零配件、快速服务为核心、建立特异竞争战略。

使用特异性战略要认真考虑以下两个问题:第一是要处理好特异性与市场份额的矛盾。实现产品差异化往往会同扩大市场份额相矛盾,必须在这两者之间作出适当选择,或使二者得到协调;第二,要使产品或服务形成差异,成本都比较高昂。为了标新立异,与众不同,就得进行广泛的研究、设计,使用高质量的材料或向顾客提供周到服务。所以,实现差异化将意味着以总成本领先地位的丧失为代价。而成本高了,经营风险显著增加。弄不好,即使有差异,也不能被客户所接受。所以,在实施差异化战略前,应充分考虑以下三方面情况:

(1) 由于实施特异战略而使产品价格提高,但顾客愿意出高价购买。如许多重型机械、设备行业中便会出现这种情况。或者由于销售这种产品"只此一家,别无分店",或者由于客户对该公司产品信得过,不愿意因为购买其他公司的设备经常发生维修保养等繁琐的事而费心,那么特异战略可行。

(2) 与上述情况相反,由于实施特异战略而使产品价格偏高、客户不愿意接受,用户很容易转向购买竞争者的产品或者寻找代用品,则实施该战略不妥;

(3) 实施特异战略,但所花成本并不高,与其他竞争者价格相当,可以使特异化与市场份额不发生矛盾,则该战略也可以考虑。

3. 目标集中战略

企业限于规模不大或战略资源数量有限,无力同强大的竞争对手展开全面较量,于是集中兵力,主攻某个特定的顾客群,某个产品系列的一个市场细分区划或某一个地区市场。这样做,能使公司以更高的效率,更好的效果为这一战略对象服务,从而超过在广阔范围内为用户服务的竞争对手。集中战略在实施过程中，在具体方针政策上更容易把握，充分体现出来易于贯彻到底。

目标集中战略初看起来与前两种战略不同，好像没有形成什么优势，但从局部来看，它是舍弃了总体优势，换得了局部优势。既可以在为特定对象服务时实行差异化，标新立异，又可在服务过程中做到低成本，或者还能做到鱼和熊掌兼得。

目标集中战略顾名思义要选择目标，通常是选择对替代品最具抵抗力的产品，或者选择竞争对手最薄弱之处作为自己的发展目标，然后胜过竞争者，获得超过产业平均水平的收益。但应该看到，实施目标集中战略，实际上已经包含着对整个市场份额的限制。因为目标既已集中，总的市场份额便无法很高。即使利润率较高，但销售量要受到限制。所以它既可能拥有总成本领先战略的优势，也可能不拥有这种优势。

三种基本竞争战略的关系如图5-2所示。

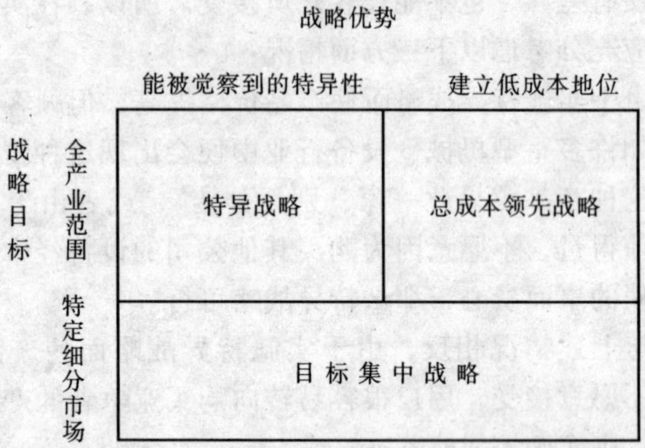

战略优势

	能被觉察到的特异性	建立低成本地位
全产业范围	特异战略	总成本领先战略
特定细分市场	目标集中战略	

战略目标

图5-2　三种基本竞争战略关系

4．战略困境

三种基本战略是可供选择的抗衡竞争者的可行方案。但要注意，在这三种方案中，只能明确地选择其中一种战略，而不应把三种战略随意综合起来，搞出一种不伦不类的所谓战略。如果一个公司不能按任何一种特定的战略行事，而是夹在其中两种战略的当中，这时，它已陷入一种非常危险的困境。

夹在两种战略中间的所谓综合战略注定利润不高，甚至低利润。原因在于：或者可能丢失大批量要求低价格的客户，为从低成本公司手中夺取客户、夺取生意而丧失利润。或者在他的作为摇钱树的高利润业务中，又不能战胜那些专攻高利润目标的集中战略或差异战略的公司。夹在三种战略中间的公司因形不成特色，对环境无所适从，处于左右为难之中，因为这三种竞争战略有着潜在的矛盾性。

一个企业一旦发现自己处于这种"三不像"的尴尬状况，必须迅速果断作出根本性战略决策，尽快结束这种"飘移"状态。要保持头脑清醒：要么采取严密措施，坚决地实施总成本领先战略；要么使自己面向一个特定目标全力以赴，实施目标集中战略；或者标新立异，另辟蹊径，实施特异性战略。

5. 局限性

每一种战略的真正价值都是在坚定不移的实施过程中实现的。因而既然准备采取某种战略，那么就要坚持它，不要轻易改变战略方针。

各种竞争战略可能面临的风险有：

（1）总成本领先战略

为了保持总成本领先，公司要付出巨大的努力。如为使某一产品有足够的生产规模，那么公司便不能随意扩大产品系列。有时即使看到某一新的产品系列有十分诱人的发展前景，但为了坚持总成本领先，不得不忍痛割爱或犹豫再三，失去了不少经营机会。

总成本领先需要在技术上保持先进性，是以较高的投入和特定的生产格局换来的。但如果行业的总体技术都上了一个台阶，这种新技术已不再占有优势、他们的生产和管理经验也必然失去了意义，一切又得从头开始。

始终为设施、设备的现代化不断进行投资，不断地舍弃陈旧的设施、设备以及过时的资产。这种投资必须要从总成本领先的优势中得到补偿。

总成本领先战略要求节约一切开支。但有些费用如广告费用的缩小对于提高企业和产品的知名度、信誉度是不利的,必要的广告还是不得不做。例如夏普公司生产的是民用电子产品,过去的战略是以成本领先作为单一目标,随着形势变化,开展声势浩大的广告运动,以获得品牌信誉。结果因成本上升,再要充分降价与索尼及松下竞争的能力大大下降了。

(2) 特异战略

特异战略可能受到总成本领先战略的抵制和影响。产品差异化只在一定价格差范围内有效。若实行总成本领先战略的企业成本过低,价格差距很大;试想特异战略还能再笼络住顾客么?这时很多购买者将放弃对产品奇异特征的追求,为节省一大笔费用而购买低价产品。

奇异战略的基础在于买主需求的奇异程度。当客户对奇异性追求热情下降时,奇异战略就会出现危机。

模仿是奇异战略的大敌。无论如何奇异的产品,经过模仿,其吸引人的独特之处也就司空见惯,把产品推向大路货的边缘。产业越趋成熟,越容易发生这种李鬼斗李逵的闹剧。

(3) 目标集中战略

同样具有一系列风险。

如果某公司对市场区划 A 实施目标集中战略,恰遇一个强有力的竞争对手在广泛的营销服务中也对市场区划 A 营销产品和服务。由于对手规模大、实力强、经营范围广、就可能使该公司的目标集中战略既失去局部区划的成本领先优势,也可能使实施集中战略造成的特异化优势被抵消。

再说,如果竞争对手在目标市场中又找到更细的细分市场,那就可能使实施目标集中战略的公司显得目标还不够集中,从而陷于窘境。

第四节　四种企业地位与竞争战略

一、市场占有率与企业竞争地位

市场占有率是反映企业市场地位的首要指标。是企业地位最集中、最直接的反映。国外根据市场占有率的大小，对市场地位划分有如下的参考资料（不要把这些数据看成绝对的）：

市场地位	市场领导者	市场挑战者	市场追随者	市场补缺者
市场占有率	40%	30%	20%	10%

市场占有率理论指出：在一个目标市场区划中，产量最多的制造者，即市场占有率高的企业所能享受到的低成本和高利润，要优于其他竞争者。其原因是：

首先是生产规模。市场占有率与生产规模有密切联系。人们在对市场占有率进行深入考察后，得到了如下的基本一致的看法：如果生产技术相同，那么市场占有率为40%的企业，其生产规模是市场占有率为20%企业的一倍。或者说，在一定范围以内，经营规模同经营效果成正比关系。这不仅表现为销售量成倍地增长，还表现为由于生产规模扩大带来成本的降低。波士顿咨询集团公司的经验曲线对此作了较为具体的说明，见图5-3，图中20%、40%是市场占有率。

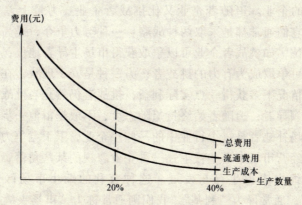

图 5-3　生产规模与总费用经验曲线

再有，生产规模大带来的直接效果是竞争能力的提高。市场占有率高,销售额大,资金雄厚,单位成本低,企业便有条件采用更多更强有力的营销手段。市场占有率高的企业知名度也相应高些,可以充分利用品牌优势与对手展开竞争。

反过来说,市场占有率高不是凭空而来的,这是企业为此采取了一系列合理的经营策略和战术措施的结果,是企业具有较强经营能力的表现。

由于市场占有率是反应企业规模经济、竞争能力和经营管理能力的综合指标,因此,人们便以市场占有率来划分企业的战略地位。

市场领先者,是指在某种产品市场上占有率最高的经营者。由于长期经营与市场竞争的结果,在大多数行业中,都有一家企业被公认为市场的主导者。它在价格制定、新产品开发、销售渠道和促销力量等方面处于主宰地位。它是市场竞争的导向者。其他企业如果有力量的话,常常以向它发起挑战以显示自己的力量。而在力量上难以望其项背的企业则设法与之回避。例如在国际市场的通用汽车公司,饮料行业的可口可乐公司等都是无可怀疑的行业领先者。

市场挑战者和追随者都是在行业市场上处于非主导地位或次要地位的企业。追随者企业又比挑战者企业在力量上差一个档次。但它们通常都是采取两种战略:一种努力争夺,提高自己的市场地位,如挑战者企业可以争取获得市场主导者地位,追随者企业也可争取成为有力的挑战者;另一种是安于现状,在与强手共处的情况下多获得一点实际利益,挑战者仍然充当挑战者,无意成为领导者;追随者始终持追随态度,不敢越雷池一步。

市场补缺者是每个行业中的一些小企业,限于竞争力量,它们专心经营市场中那些被上述三种企业忽视的某些角落,在大企业的夹缝中求得生存与发展。这种有利的细小市场区划称为"Nlche",通常译为"利基"。我们则通常称为"市场夹缝"、"市场空隙"。市场补缺者即处于这种地位的企业。

二、市场领导者战略

市场领先者已经处于有利竞争地位,故其战略的核心在于保持。面对无情的挑战，必须保持高度警惕，采取相应战略和策略，防止其他企业联合的或个别的攻击而使自己落入第二、第三位。可实施的战略有三种：

1. 激发需求、扩大市场规模

当一种产品的需求量扩大时，受益最大的显然是市场领导者企业，扩大市场需求量的途径有：

（1）发掘新的使用者

许多产品都具有继续吸引新的使用者、增加消费量的潜力，只是由于某种原因而没有达到应有的消费量。如因产品知名度不高，消费者对产品还不了解；或产品定价不合理；或产品性能尚存在缺陷。克服这些不足之处，便可以发掘新的消费者，为此可以采用：

市场渗透：诱导原来不使用者改变态度转为使用者。如劝服不使用香水、美容品的妇女使用香水或美容品，一当使用，便成为经常性消费者。

开辟新市场：寻求新的顾客群。例如原先总把香水销售给女士，把玩具销售给儿童，现在不仅以女士为市场，以儿童为市场，还开辟男士香水消费市场、成人玩具消费市场，扩大销售量。

还有一种地理扩张，向从未销售过的地理区域大量销售产品，把产品销售到边远地区或其他国家去。

（2）开辟新用途

对一种产品开拓一种新的用途，其意义几乎可以和推出一种新产品相提并论，可以引发一场新的消费高峰，延缓产品的生命周期曲线，扩大需求量。例如，碳酸氢钠的销售量在一百多年间没有多大起色。它虽然有多种用途，但没有一种是大量的。后来一家厂商发现该产品可以用来做电冰箱除臭剂，通过大力宣传，使该产品的销售量大增。

（3）开展促销攻势，刺激消费

人类需求具有可伸缩性。生活消费品中受外部环境影响，因激发需求而被消费者接受的不在少数。现今许多人不是因缺少而购买，而是因激发去购买的。这就为积极宣传，刺激消费，扩大销售量提供了基础。一当有部分消费者重新认识到商品，产生了浓厚兴趣，购买欲望便油然而生。例如国外的一些旅游公司和轮胎公司合作，积极宣传外出旅游的好处，把著名的远方旅游名胜印成精美的宣传册，并注明有哪些高级的星级宾馆可供享受，吸引人们多开车、开远车去旅游，旨在使人们多买旅游车，增加轮胎的替换量。服装制造商不断创造新流行款式，消费者就得不断购买新衣。流行款式变化越快，购买频率便越高。创造流行的目的在于推动消费。

2. 保持市场占有率

领先者时刻要防备竞争者的挑战，稍不注意就会被强有力的挑战者所取代，失去自己的宝座。菲利普·科特勒在其《营销管理》一书中指出："想靠竞争对手不进攻是不可能的，主要是靠自己具有不可被攻破的力量。"这就是说，市场主导者在任何时候也不能满足于现状，必须在产品的创新、服务水平的提高、分销渠道的有效性、降低成本等方面，真正处于并始终处于该行业的领先地位。

保持市场占有率，决不是消极地守住现有市场，应该采取积极防御，针对竞争对手的弱点，主动出击。正如可口可乐公司那样，虽然已达到年产全球软饮料的将近半数，但仍然积极地进攻，打入新的经营领域，如打入酒类市场、兼并水果饮料公司、开办塑料厂等，始终维持着其在饮料行业巨无霸地位。而当年亨利·福特对他的T型汽车由于采取消极防御的方法，结果在竞争对手发起挑战时，迅速失去市场，从每年盈利10亿美元的顶峰跌到了濒临破产的边缘。

3. 提高市场占有率

作为市场领导者企业还可以通过进一步提高市场占有率来增加收益。公司越大，每提高一个百分点的市场占有率就意味着巨大的收入。问题是首先要摸清市场占有率与投资收益率之间的关系。对此，研究人员有两种意见：一种认为投资收益率随着市场占有率的增加而同步增长。市场占有率达到40%以上企业的利润,相当于市场占有率在10%以下企业的三倍。另一研究结果认为:这两者的关系会因产业特点而有变化。除了市场领导者之外,某些市场占有率低的小企业,可以依靠物美价廉和专业化经营获得很高的收益。只有那些规模适中的厂商,既不能获得规模经济效益,又不能获得竞争优势,利润率最低。这一研究结果可用图5-4来表示。

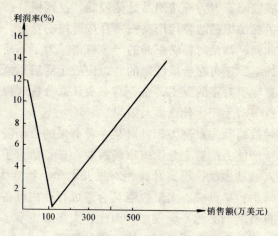

图5-4　销售利润率与销售额关系

可见,并非任何情况下市场占有率的提高都意味着收益率的增长。只有在以下两种情况下市场占有率才同收益率成正比:单位成本随市场占有率的增加而下降;产品价格的提高大大超过为提高产品质量所花的成本。

领先者战略除了从维护自己领先者的地位作出种种努力以外,还可以从心理的角度设法抑制竞争对手的竞争力。如果说前面一种努力称为"扬己"的话,那么后一种努力则是"抑彼",即使得对手难于反击。虽然这一战略有时对于处于挑战者地位的企业也有一定的适用性,但领导者企业无疑从中可以获得更大收益。

使竞争对手难于反击的战略可分为两个方面,即削弱对手的反击欲望,设置竞争障碍。

1. 削弱对手的反击欲望

使对手觉得发动挑战、反击不但得不到什么好处，甚至还要招受损失。因为在许多反击别人的场合，反击造成的恶果会波及自身，结果无异于自己卡住自己的脖子。反击者充分认识到这一点以后，就会失去或削弱反击的欲望。例如，许多传统的棉纺织品企业，在尼龙和涤纶等合成纤维正当流行的时代，他们不愿及时赶上这股潮流。因为棉纺织品是他们的"摇钱树"产品，自己如果加入了棉纺织品的替代产品——合成纤维的竞争，无论这种竞争胜败如何，都是对棉纺织品的严重打击。为了不使棉纺织品市场雪上加霜，宁可在合成纤维的竞争中处于滞后地位。

对来自竞争对手的反击，企业有必要认真分析这种反击对自己以及对竞争对手产生什么波及效果。

另一种战略是先发制人。针对某一种有限的市场需求大量投资，使其生产能力能够充分供应市场需要。让竞争对手面对此情此景，陷入被动地位；想要针锋相对展开竞争，需要大量投资，难以一时筹集；果真决心大量投资又会造成行业内设备过剩，需求饱和，投资利润必然不会很高。为此，大多数竞争者由于晚了一步，不得不放弃竞争或控制在这方面的投资。

还有，领导者企业可以摆出一付准备坚决扼制反击的架势，由于自己实力雄厚，可以造成一种威慑力量。问题是领导者企业不能把这种态度仅仅隐含在心目中，要通过种种方式把这种决心显示出来，宣扬出去。有时甚至需要故作姿态。如通过新闻媒介发布信息，进行设备投资，表明自己将履行诺言。过细地准备反击竞争的手段，并使之公开化、表面化，如在对手准备发起挑战的地区投入大批营销人员或设立若干销售办事处等等。

2. 设置反击障碍

做任何一件事情，障碍过多且难以克服，就会动摇人的决心。对竞争者的反击同样可以如此。竞争者的反击需要形成足够的反击能力，要有必要的战略资源。因此，设置反击障碍的基本方法是釜底抽薪，全力控制、抢先收购、集聚反击所需的战略资源，如人才、技术、场地等。当然也要同时控制好自身具有决定性意义的战略资源的流失。

三、市场挑战者战略

市场挑战者的行为特征是具有挑战的能力,且始终不断地发起挑战。每一次进攻都有明确的目标。市场挑战者固然处于稍次于市场领导者的地位,应该说有相当的实力,但要保证每次挑战成功,必须在选择挑战对象和挑战策略方面过细斟酌,不可随意行动。

1. 选择竞争对象

向市场领先者进行挑战是首选目标。由于对手实力雄厚,竞争力强,故与之竞争风险最大。为了保证挑战成功,应深入研究领先者企业的优势和弱势所在。最好能以本企业的优势对付领先者企业的弱劣。在战略时机运筹上紧紧抓住大企业某些失误而大举进攻,如在短暂的时间内,突然研制出超过领先者企业的新产品,迅速抢占市场,常常可以奠定竞争的胜利。

二战后,日本有些产业界中一流企业和二流企业的市场占有率发生长期倒置的现象,很耐人寻味。二流企业之所以获得这一成功,应归功于他们在设备投资方面领先一步。由于受战争破坏的影响,日本经济陷入不景气。可是不景气时期会很快过去,经济需要快速恢复。这时领先者企业按原先的规模从事生产,即使加班加点生产也满足不了市场需要。然而,处于第二位、第三位的厂商由于抢先进行了大规模的设备投资,在竞争能力上已发生了巨大的超越。当领先者企业发现大势已去时,已无法改变既成局面。而那些尚未满足需求的客户,当然源源不断地把订单转向了原先的那些二流企业。市场占有率发生变化以后,再想恢复到原先的格局是十分困难的。集成电路领域中的日本电气、啤酒行业中的麒麟啤酒、轮胎行业中的布里吉斯顿、便是因为适时地在设备方面进行了大量投资而打了翻身仗。

向实力相近者发起挑战。挑战者的目光并不永久盯住第一流的领先者企业,向实力相近者发动攻击也是常用策略之一。把这类企业当做挑战对象风险要小得多,因为他们反击的力量有限,取胜的把握更大些。这样竞争的结果显然比不上同领先者企业竞争获得成功所取得的成果。发起挑战的时机依然要精心选择，尤其是当竞争对手经营发生亏损时，常有希望一举拿下他们的部分市场。

向小企业发起挑战。市场挑战者在许多方面平时都远胜过小企业。向小企业发起挑战是指向小企业特有的强势，如超过自己的产品和服务等有关方面展开的市场争夺。把原属小企业的顾客拉过来，甚至夺取小企业本身。向小企业发起攻击，虽然风险不大，可也需要慎重行事，有周密的计划安排，忌带随意性。

2. 战略选择

市场挑战者的战略选择可有五种类型：

其一，正面进攻。即公开地向竞争对手主要方面（常常是对手的强势）发动全面进攻。这种硬碰硬的战略难度大。要保证竞争成功，就必须在产品、广告宣传、价格、促销网络等主要方面均有超过对手的实力。为此，实施正面进攻战略需要投入大量研究经费，使产品成本降低，建立起可靠的竞争基础。

其二，侧翼进攻。向竞争对手未加重视，实质具有重要意义的市场区划发起销售攻势。或者是表面上看起来同对手是在区划A进行争夺，实质上却把主要力量放在另一市场区划方面。形成常见的佯攻正面、实攻侧面或背面的竞争。例如，前几年计算机产业中一些企业向计算机产业巨人IBM公司发动的挑战，就是在一些被IBM公司忽视的中小城市建立强大的分支机构，开展地域性销售攻势，趁IBM未加设防之际取得成功。

其三，围堵进攻。挑战者如果拥有大量的且优于竞争对手的资源时，则可以加紧生产、积极营销，一举夺取对手大片市场。

其四，迂回进攻。避开竞争对手的锐利锋芒，不与之正面交锋，却向其发动间接进攻。如实施产品多样化发展，与竞争对手产品看似无关，但实质存在着利益关系；以新产品替代现有产品，由同行产品转为替代品实施竞争；以现有产品进入新的地区市场，使对手失去一块本可占领的"绿洲"。

其五，游击进攻。通常这是针对小企业采用的战略。如发动局部的促销战或价格战，弄得硝烟四起，损耗竞争对手的力量。

四、追随者战略

与挑战者不同的是,追随者不会向市场领先者发动攻击,并谋图取而代之,它只是追随市场主导者后面,造成市场的共处局面。追随者的这种自觉维持共处局面有其背景。在资本密集且产品同质的行业(如化工、冶金)中,维持这种共处局面对追随者是有利的。这种行业中,产品差异性很小,价格敏感性很高,随时可能发生价格竞争。一旦互相削价,弄得两败俱伤,对谁都没有好处,对追随者损失更大。因此,为了相安无事,这些行业的厂商自觉地不去争夺客户,不以短期的市场占有率为目标,防止对手进行报复。于是一些厂商只是效法领先者,提供类似的产品和服务,市场占有率相当稳定。正是在这种情况下,追随者的市场地位有其稳定的必要性、可能性。

对追随者的战略必须加以研究。追随者战略要考虑的问题是:在每个市场面上如何保持自己现有的顾客;在维持老顾客的前提下如何争取一定数量的新顾客;如何设法从自己的目标市场中获得更多的利益或特有的利益;如何尽力降低总成本而又保持较高的产品和服务质量。解决这些问题的方式不同,形成了市场追随者三种不同的战略:

1. 紧密跟随。

这是追随者战略中最典型的一种,其战略思想是全面追随。无论在各个细分市场还是在市场营销组合的各个方面,都尽可能地仿效主导者,几乎是亦步亦趋。有时看起来像是挑战者的行为,但与挑战者本质不同的是它决不侵犯主导者的利益,不与之发生直接冲突。

2. 有距离的跟随。

与主导者始终保持一定的间距。即只是在若干主要方面,如在目标市场、产品创新、价格水平、分销渠道等方面追随市场主导者,但在另外若干方面保持经营的灵活性,与市场主导者有所不同。这种战略基本上也不会同主导者发生竞争,不会改变自己作为追随者的市场地位。

3. 选择性跟随

从跟随面来说，只是在某些认为合适的方面跟随主导者，而在另外许多方面则自行其是。从战略意识来说，不愿意盲目跟随，它只采取择优跟随，在跟随主导者的同时积极发挥自己的创造性。采取选择性跟随战略的企业很可能在适当的时机作出战略转换。翅膀硬了就要飞，有可能发展成为市场挑战者。

五、补缺者战略

企业竞争力量大小不同，各行各业都存在补缺者。他们努力发挥自己的经营特色，服务于市场的某些细小的部分，某些特定的市场区划（这些市场区划常被通俗地称为市场空隙、夹缝、利基）。补缺者战略便是通过专业化经营，占据某些市场局部的战略。补缺者战略是许多小企业的首选战略，但一些中型企业，甚至一些大企业的事业部或某些部门，也需要积极寻找既安全又有利的市场空缺。

不是任何市场空隙都是有利可图、都可以作为补缺者的战略目标的。作为有价值的市场空隙应具备五个条件：

(1) 有足够的市场潜量，即具备相当的购买力；

(2) 向该空隙开展市场营销利润有进一步增长的可能；

(3) 对主要竞争对手不具有吸引力；

(4) 本企业占领这一市场位置拥有必要的资源和能力；

(5) 即使遇到个别竞争者，企业可以依据自己的信誉对抗并取胜。

实施补缺者战略的主要途径是专业化经营。因为搞了专业化面就狭窄。大多企业不愿这么干，就可能在夹缝的经营中获得可观利润。可供选择的专业化经营方案有：

最终用户专业化，即为特定的最终用户服务；

服务层次专业化，为生产——分销渠道中某一特定层次服务，如某制铜厂专门生产铜锭而不生产其他制品；

客户规模专业化，专门为某种规模的客户服务；

顾客专业化，如专门为大众提供某种配件；

地理区域专业化，专门为寒带机械厂提供低温润滑油。

实施补缺者战略，可以为小企业提供生存发展机会，发现一片市场空缺，其实就是发现了一个别开生面的天地。但是钻市场空隙不能死钻，也要注意争取多重市场位置、多种经营，以减少风险。企业规模小，通常可以选择两个或更多的有利位置开展专业化经营，以确保企业的生存和发展。

第五节 产业特点与竞争战略

一、新兴产业的竞争战略

高新技术的不断出现，带来了大批新的产品；由于新的需求的出现以及其他社会和经济的变化，将某种新产品或服务提高到了一种潜在可行的商业机会的水平，使得新兴产业相继产生。新兴产业是指刚刚形成的或重新形成的产业。

新兴产业的最大特征是没有成熟的规范。产业政策往往不完善，产业内外部竞争没有可以遵循的规则，即使有了某些竞争规则，新介入的许多企业也没有时间了解和熟悉。这样，对于许多企业来说，既是巨大的风险，又是巨大的机会。随着新兴产业的发展成熟，要求有关产业竞争的全部规则和政策都必须建立起来，以使企业可以遵循。

1. 新兴产业面临的限制

俗话说，万事开头难。这话同样适用于产业发展。新兴产业在其发展过程中，会不同程度地受到以下四个方面的限制：

第一，来自原材料、零部件供应方面的限制。有的新兴产业的发展常为关键性的零部件的缺乏而发愁。关键零部件的生产能力成为产业发展的瓶颈。如80年代，我国彩电产业因彩色显像管缺乏，严重影响彩电产业发展。后来不得不大量从国外进口彩色显像管生产流水线以解决这个问题。电子游戏机也曾因芯片所需材料的缺乏，使电子游戏机产业发展受阻。再则，供应者看到需求旺盛，迅速提高关键零部件和原材料价格，一些新兴产业的企业不得为此孤注一掷。

第二，来自基础设施的限制。新兴产业一当投入运作，各方面的基础设施便需一应俱全，不可缺一。分销渠道、服务设施、训练有素的经营销售人员,这些在短期内都难以满足产业发展需要。如高科技产业需要大量科技人才,娱乐业要有符合要求的经营场地,都是令人困扰的问题。

第三,顾客的困惑。新兴产业的发展必须及时得到顾客的理解和认同,面临着如何使社会公众和顾客迅速认识新兴产业的问题。这个认识有一个过程。在没有认识之前,便会对该产业存有种种疑虑。某些新兴产业提供的产品,如果在工艺技术上不稳定,质量有波动,则更是自我反面宣传。即使这一切都十分顺利的话,对于新兴产业来说,还需要在广告宣传上付出大量代价。否则,在当今令人眼花缭乱的商品市场上,很少有人会把目光专门投到新兴产业的产品和服务上来。

第四,被威胁者作出反应。随着新兴产业的崛起,必有一些经济实体受到威胁。这将迫使他们顽强地作出反应。一种手段是作出不利于新兴产业的宣传。如电力公司竭力反对对太阳能产业进行补贴,他们反复强调太阳能不会满足高峰用电需要。另一种更为强硬的手段是他们在成本战略上全力以赴降低成本,准备同新兴产业开展价格竞争。

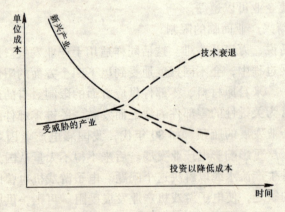

图 5-5　新兴产业与受威胁产业的竞争

2. 战略选择

新兴产业制定战略前,应对产业发展的风险性和不确定性有充分评估和预测。这些风险和不确定性表现在：对未来的竞争规律扑朔迷离；产业结构尚未确定；对竞争者几乎不了解。另一方面，新兴产业制定战略时，战略自由度也最大，一个正确的战略选择在经营业绩上的表现也最佳。因此，处于新兴产业中的企业应该：

第一，尽快塑造产业结构。即通过探索、选择，迅速建立生产方针、市场营销方法和价格策略体系。企业应在所受到的约束范围内，寻求并适应产业法则，力争使自己长期处于最有利位置。这是头等重要的事情。

第二，要处理好对新兴产业的倡导与追求自身利益的关系，在这两者之间作出平衡。一方面，在产业新兴阶段，企业的成功在某种程度上依赖于产业中的其他企业，亦即依赖产业整体，需要共同努力，吸引第一批顾客。企业应该积极促进产业标准化，帮助某些厂商在产品质量方面达标，在顾客、供应商、政府与金融机构面前结成统一阵线，为做好这一系列工作，应充分运用产业大会或产业协会开展有效工作。

另一方面，产业中的各个企业又有各自的利益，每个企业要为自己的利益而竞争。因此产业间各企业的合作内容是什么，合作到什么程度常常是个使企业两难的问题。人们有一个经验性的总结可供参考：即当一个新兴产业开始实现重要突破时，在产业前途和企业前途之间的平衡应向企业的方向转化。换言之，当产业发展已有所突破时，作为新兴产业中的企业应开始更多地考虑企业的利益、企业的前途。有些作为产业代表的企业，始终以为自己代表着整个产业，没有及时转变过来，最后竟落到了其他企业的后边。当产业成熟时，被远远甩到了后面。

第三，及时转换战略。处理好坚持既定战略与及时转换战略的关系。有的企业在产业发展之初，违心地遵循某种战略。出于产业发展的需要进入某一细分市场。这些行动对于产业发展可能是必要的，但对于企业却并非始终那么必要，这是产业相对于企业所显示的一种外在性特点。所以在产业得到发展以后，企业应及时获得其自主位置的自由，不能再拘泥于原来的约束，实现战略转换。

由于产业规模发展了,企业在产业中的社会地位提高了,企业的价值被社会所认清后,无论供应商和销售商对企业的态度也会随之大变。供应商将会积极供应,希望能满足企业某些特殊需要,如保证产品质量,服务要求,保证按期供货等;销售渠道乐意经销,还能为企业产品进行广告宣传和其他促销活动。对于这些有利于企业的"态度转化",企业应做到及早发现,充分利用它作为战略转换的杠杆。

第四,处理好率先进入与早期进入的关系。何时进入新兴产业,这是进入时机的选择。一般地说,进入新兴产业越早,风险越高,但遇到的进入障碍也少。相反,风险虽有下降,但进入壁垒也越来越高。下面对宜早期进入和不宜早期进入的情况汇总如下:

进入新兴产业时机的选择 表 5-2

宜 早 期 进 入	不 宜 早 期 进 入
1. 顾客十分重视企业形象和声望	1. 企业早期发展和晚期发展基础不同,企业可能面临高昂的转换成本
2. 在该产业中通过实践、摸索、积累的经验具有重要意义,且不易被别人模仿	2. 开辟市场代价昂贵,而开辟市场的利益又不为企业所独有(如技术开拓、顾客教育等)
3. 不会因为技术更新换代,而使经验过时	3. 遇到众多小企业强有力的竞争,而后这些小企业将被另一些竞争对手所取代
4. 顾客对企业和产品的忠实度具有重要意义,先进入可以拉住顾客	4. 早期技术投资很快过时,晚期进入者可能因拥有最新工艺而获益
5. 能通过供应者、分销渠道的承诺,带来总成本绝对领先	

第五,处理好对竞争者作出反应与联合竞争者共同发展的关系。虽然处于新兴阶段,对竞争者作出有力反应可能是适当的,但不必为此付出过多的精力,更不能把全部精力都放在对付竞争者身上,应该把重点放在建立自身的力量和发展产业上。由于"蛋糕"很大,每个人都可能得到相当不错的一块。因此即使鼓励某些特定企业进入也是适宜的。

按照产业新兴阶段的特点，企业经常可以从其他企业进攻性地销售本产业产品，积极开发本产业技术的行动中获得好处。所以，企业与其想保持很大的市场份额，还不如接受竞争对手，共同推进产业发展。

当企业面对一个新兴产业，作出进入与不进入的战略决策时，不能因为新兴产业发展迅速、因为现有企业都有丰厚盈利，或因为最终产业规模很大而贸然进入该产业。进入新兴产业首先要考虑利润率应高于平均利润率，而企业进入该产业后又能建立起长期性的稳定地位。如果一个新兴产业具备这两个条件，对企业是具有吸引力的。

二、成熟产业的竞争战略

所谓成熟产业（包括向成熟期转化的产业）是指产业经历了从高速增长转化为稳步增长，这一时期通常称为产业成熟时期。这是产业演进过程中一个必然阶段。不同产业各自在不同时期达到成熟，如70年代的中后期是集成电路产业的成熟期。

产业成熟不应看成是产业发展过程中某一个固定点，也不全然就是一次性地向成熟期转化，它可以因为技术发明创造或其他原因被推迟或被提前。当产业有重大战略性突破时，成熟的产业可能重新高速增长，经历不止一次地向成熟产业转化。

为了便于讨论，我们这里所讨论的产业成熟期是指不可能出现老树发新芽的产业成熟期，而阻止产业向成熟转化的因素已经被排除。

1. 向成熟转化的产业面临的问题

首先，由于向成熟期转化的产业增长放慢，各企业会为提高市场占有率展开剧烈竞争。企业为了维持其增长速度，必然把注意力转向产业内部，无情地夺取其他企业的市场份额。为此，竞争变得富有攻击性。过去那种联合竞争者共同宣扬产业、发展产业的协调行动不复存在。有的甚至连续不断地爆发价格战、促销战，企业间相互警惕与猜疑，产生错觉，于是经常表现出非理性报复。

第二，产业中竞争的内容有所改变。客户对产品已经十分熟悉，有的客户已是多次购买过某一企业的产品。由此，客户的注意力是否购买某个企业的产品转向对不同品牌之间的选择。作为企业于是更加注重品牌竞争，时时不忘记牢牢地抓住那些偏爱本企业产品的老客户。于此同时，强调降低成本，力争继续获得稳定的盈利，提高服务水准，争取客户。

第三，产业的生产能力和人员产生过剩。这虽然是不好的兆头，但却日益明显地摆在人们面前。产业利润开始下降，有时是暂时现象，即下降了还可以回升，但有时却是永久地下降，回升无望。

第四，生产商利润下降的同时，使中间商的利润也大受影响以致于明显下降。产业中许多企业不得不为争取中间商而进行竞争。在这种情况下，中间商的议价竞争力得到增强。

第五，虽然一个产业的新兴与成熟在各个国家不是一致的，但是，在当今世界市场一体化形势下，产业兴衰转化常常以明显的国际化竞争的出现为标志，国际竞争加剧是产业成熟期的一个特点。

2. 产业转化中面临的问题

产业向成熟期转化，代表着产业基本结构的可能变化。因此，经常可能出现一些特殊的战略问题。这些战略问题往往并不具有普遍意义。

处于产业成熟期中的企业，由于竞争环境的压力，迫使企业不仅在大的战略选择上不能失误，即使在相应的职能战略及策略体系上也要慎之又慎，尽量使之符合总体战略的需要。如保证产品组合合理化、正确制定产品价格、加紧成本分析等问题变得日益重要。

应以增加现有客户购买为重点而不是以寻求新客户为重点。许多企业成功地实践着的经验已经证明了这一点。因为在成熟产业中获得新客户便意味着要从竞争者那儿把客户夺过来，所花的代价必然是昂贵的。

在产业成熟化期间，很可能出现一些企业经营不景气，难以维持，这时有实力的企业可能用很低的价格把这些企业购买下来。购买不景气企业的资产或购买破产清偿资产的战略可以改善企业利润,可在技术变革幅度不太大的情况下创造总成本领先地位。

处于产业转化期中的企业,对三个基本竞争战略的选择(即总成本领先、特异化、集中战略)要求更高,难度更大。当产业增长时期,即使战略选择稍有误差,其利润最终也能有所增长,这会使人感到本企业的战略抉择是高明正确的,产业发展势头带来的利润掩盖了战略选择上的错误。可在产业转向成熟阶段,这种好事再也不会出现。一旦战略抉择失误便不可收拾,战略选择的错误将立即被充分显示出来,并迫使企业作出第二次战略选择。

在产业成熟期,企业在成熟市场上可以考虑接受某些特殊的客户,即承接某种特殊类型、而定货数量又很少的产品,这便是常说的"炒小锅菜",这种特殊情况下的生产有可能成为低成本的制造商,即以相对较低的成本进行生产。国外把这种专门生产特殊产品而同时又可取得成本相对领先优势的战略称为集聚战略。能否实施集聚战略,关键在于对特殊加工的成本曲线的掌握。由于在同一个产业中,各个企业生产的成本曲线并不是唯一的。除了典型的成本曲线以外,企业生产可以有新的成本曲线。如图5-6所示。

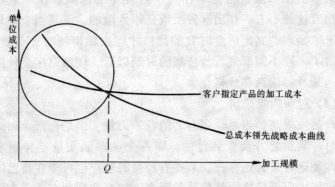

图5-6 集聚战略的成本曲线

企业通过巧妙地设计制造加工过程，灵活快速地完成生产准备，满足小批量定货。而其所花成本相对于大规模生产厂商完成这批定货来说具有明显优势，在这种情况下（即图5-6中圆圈部分），接受定货是可行的战略，即集聚战略。运用这一战略的公司被人们称为"集聚工厂"。

3. 战略陷阱

竞争战略同企业一定的战略能力相对应。向成熟期转化的产业，由于内外条件发生变化，企业还可能以为过去的战略依然是适用的。于是固守早已过时的战略，不是引导企业走向成功，获取盈利，反倒使企业遇上逆境，客观上帮了竞争对手的忙，人们称这些为战略陷阱。常见的战略陷阱有以下几种：

(1) 投资陷阱

在成熟、缓慢增长的产业内，为创造市场地位而继续进行现金投入，这是甚为不明智的。因为一个成熟的产业不再可能长期提高利润，保持利润。这时应该做的是回收现金投资。然而，有的企业感到企业的市场地位并不很强，想在成熟的市场上为争得更高的占有率而进行投资。这样做获得成功的可能性极小。

(2) 非价格竞争陷阱

对价格抱怨恨情绪，为此作出不理智的反应，如说什么"我们不在价格上竞争！"甚至有人将价格竞争看作是不体面或有失身份的事，把回避价格竞争作为一种神圣的原则。在产业转化期，抱着这种心态，作出这种反应是很危险的。尤其当企业只有采取进取姿态，制定适合时宜的价格才能占领市场时更是如此。在经过了一段不需要进行价格战的时期以后，便难以接受价格竞争，这是片面崇尚非价格竞争。

(3) 过头质量陷阱

产品质量高，当然是强有力的竞争力量。但是在产业向成熟转化时，质量差并会受到侵蚀，即各企业产品质量差异越来越小。即使这种差异还存在，某些有经验的客户也可能在自己的熟悉的市场中以低价格去替代质量因素，使企业那些在质量方面的努力可能成为过头质量。如果以高质量为借口，而不去适应竞争对手富有攻击性的削价和促销行动,这便是过头质量陷阱。但有时,很难使这些企业很快认识到自己正往陷阱里跳,从而放弃对过头质量的追求。

(4) 虚假形象陷阱

企业在上升时期,不断树立企业形象、提高自己的竞争能力。为此做过一些工作的企业可能自我感觉良好,对产业的前景也充满乐观情绪。有的甚至自以为"我们的质量处于行业领先地位!""我们的服务是一流的。"不错,这种感觉在过去形成竞争战略的阶段起到过积极的作用。可随着产业的走向成熟,竞争对手对战略环境早已作出了新的反应,顾客也已对各家的产品在经过仔细比较之后重新作出了购买决策。这时,那些使得企业常感自我陶醉的客观条件早已不复存在,他们对产业现状、竞争对手、客户和供应的评价分析也与实际相差甚远,过去的所谓良好形象反而成了他们作出正确战略调整的陷阱。然而要使他们清醒过来,同样并非易事。

三、衰退产业的竞争战略

产业发展中固然存在着波动,但这里所说的衰退产业不是指一般的产业波动。衰退产业是指在经过若干时间以后,产品的销售量持续地绝对下降的产业。产业衰退期的到来,不是由于经济周期性波动或一些短期性的偶然性的事件造成的,它是产业生命周期的必然性的结果。对此,应及时考虑制定产业的终局战略。

就整个社会经济发展来说,每个阶段总有些产业处于衰退期,有些产业又处于新兴生长期,如同生物的兴衰更替一样。尤其在世界经济缓慢增长、专业成本快速增长、新技术迅猛发展、产品更新换代加速时期,产业衰退更是普遍的现象。

衰退产业的竞争战略尤为复杂。不同的产业具有显然不同的竞争方式。一些产业中各个企业竞争并不激烈,大家从容度日;另一些产业中的各企业则你争我斗,大家都弄得疲惫不堪。一些企业对衰退产业大量再投资,力图使之枯木逢春,使生命周期曲线由颓势再度上扬,采用使其业务领域再度变成为企业的摇钱树的战略,而另一些企业则迅速撤出、转移阵地、不参与夺取最后的成果。

1. 战略选择

衰退产业的竞争战略可归结为四种：

第一种，坚持成为最后的领导者。

把企业的目标确定为产业中仅存的一个或几个企业之一，即要从某类衰退产业中刮取最后的膏腴。一旦实现了这个目标，企业就转而执行保持既有地位的战略，或有控制的收割战略。实施这种战略的条件是这类产业中的企业有潜力获取超额平均利润。企业在最后的较量中可以获得领导地位。

企业既然想留在产业内成为最后的领导者，那么战术上就应该坚定自己留在产业内的决心，壮大自己留在产业的力量。同时驱动别人快点离开，为准备离开产业的竞争力量提供力所能及的方便。在战术上常用的手段有：以公开的言论和行为表明自己全力以赴留在行业中的决心和投入。通过竞争，显示自己超群的优势，打消竞争者继续抵抗的决心。

在定价、市场营销或其他建立市场份额的领域进行投资，采取抢逼围等攻击性的竞争行动，逼迫其他企业的生产能力从产业中撤出。

以优厚的价格（竞争者从其他途径得不到的价格）收购竞争者，或者购买其生产线，既扩张了自己的市场份额，又降低了竞争者的退出壁垒。购买竞争者同时放弃竞争者的生产能力，这样做既可降低竞争者的退出壁垒，又可使竞争者的生产能力不被其他有力的竞争者购买了去而留在产业内成为自己的竞争对手。

第二种：局部领导战略

有的企业，限于实力，不能在产业中建立起领导地位，但是他们可以在衰退的产业中，在某个市场面建立相对稳定的领导地位，以争取在这个市场区划中继续盈利。

局部领导战略的实施成败关键在于对市场进行细分，对需求状况作出准确的分析。他们寻找的市场区划应该是需求稳定（或呈缓慢下降趋势，不至于迅速下降而无利可图）。可以适当对这一细分市场采取领导战略的某些行动，设法为竞争对手消除退出障碍，为他们退出这一细分市场提供必要的服务等。

当实施局部领导战略不利时，可迅速转换实施收割战略。

第三种：收割战略

基本上不再作新的投资，且节约一切开支，即使广告和研究费用也已被削减甚至取消。把业务资金用到最有价值的地方。从业务所拥有的任何残留优势上谋取利益，以提高价格销售或从过去的商业信誉等无形资产中获利。

实施收割战略的企业必须具备一定的条件：企业过去确确实实存在过某种优势，在产业竞争中不至于处于不利地位。若企业不具备任何令人艳羡的优势，又要采取提高价格、终止广告宣传活动的做法，那销售额岂能不大幅下降？

在所有衰退战略的选择之中，收割战略可能是最受欢迎的，因为它最容易激励员工士气，树立供应商和客户的信心，所遇到的内部阻力也比较小。

第四种：迅速撤资战略

迅速撤资战略是指把企业的业务卖出去，使企业从出售业务中获得尽可能多的价值。这里所说的"迅速"二字指的是时机，要求当机立断，不能犹豫不决。

对撤资时机要考虑周到。在某些情况下，在产业开始衰退之前或者当产业尚处在成熟期内，就可以考虑以业务蜕资。因为一：一旦产业衰退趋于明显化时，那时再考虑撤资，产业内外的资产购买者讨价还价能力将大大增强，必然卖不出个好价格，二是如果撤资过早，那时对产业未来发展形势究竟如何尚难确定。虽然可以根据情报资料作一些预测，但距离未来的实际终究太远，在心头总是一个不小的问号。万一后来的事实证明预测失误，出售资产是不明智之举，则又悔之莫及。所以早期出售会遇到预测被证伪的风险。一般地认为：企业只有在产业衰退的早期出售业务方能使净投资的回收取得最大价值。

2. 战略陷阱

衰退产业中的企业可能遇到以下三种战略陷阱：

（1）缺乏明显优势，强行实施收割战略。

除非产业结构对衰退中的某些企业极为有利。否则，缺乏明显优势的企业采用收割战略往往以惨败告终。因为营销或服务上的滑坡和价格的上扬，会把客户推向另外的业务领域。

(2) 迷恋干拼消耗。

由于大家退出壁垒很高，那只好被迫与竞争对手在狭小的领域竭力竞争。对手不肯轻易退出，只好背水一战，作出有力的反应。

第六节 不树敌战略

不树敌战略可以看成是竞争战略的特例。它的含义是不把竞争对手当成敌手，也努力不使竞争对手成为敌手。这种战略同人们对商场观念的改变相联系。旧的观念认为商场是战场，商场是竞争中的企业、企业各部门以及更广义地说是顾客、销售商等一系列人与人之间的矛盾冲突；而新的商场观念认为商场是生态系统，企业由各种生态关系构成，其目的在于开拓创新，不断发展。不树敌战略是在这种共生关系思想指导下形成的。

一、回避

要做到不以对方为敌手，可有回避、分隔、联手三种方式。各占一方、相安无事便是回避战略。为了避免纠缠，企业可选择竞争少的领域，选择与竞争对手不同的市场面，你争你的岭南，我闯我的塞北，相互没有利害冲突。

1. 开发新领域

开发新领域，成功地开发潜在需求，其他企业又无法在短时间内追赶上来，这个领域便成了自己割据的一方天地，能尝到最大的甜头。通常一家公司的成功，必然会招徕许多公司垂涎，但是在渗透激烈化之前，开拓者依然能保持住自己的优势，还能获得市场主导者的丰厚利润，所以不必把别人当作敌手看待。

1950年初，当阿尔伯特·斯迪尔接管百事可乐瓶装饮料公司时，百事可乐公司只勉强占据美国软饮料工业的15%市场，在经营价格上也是最低的。他接任后，做出了一个不在可口可乐势力范围竞争的战略决策。尤其不在可口可乐产地竞争,而是建立地区市场和老人饮料市场,在实施他们的战略决策过程中,阿尔伯特·斯迪尔果断地把力量集中到其他方面,并继而建立起自己特有的优势。

2. 钻竞争空隙

把市场进一步细分化,你就会发现若干市场空隙。巧妙地在竞争对手难以占据的细分市场发展公司产品。日本的汽车制造厂在美国市场上面对通用、福特、克莱斯勒三巨头,发展小型车,当时就不以任何人为敌手,也不得罪任何人,成功地钻了市场空隙。

日本的小松叉车公司在日本行业内位居第二(市场占有率25%),和位居第一的丰田(市场占有率35%左右)差距较大。小松的战略是不以丰田为敌手,他们以充实小型机种,扩大蓄电池叉车产量,求得发展。这种做法避免全面的攻坚战,确保市场占有率。

要注意各占一方,相安无争是暂时的。无论是开辟新领域或是钻市场空隙,一当获得成功,便等于是向人们宣告那是一块令人神往的淘金之地,企图挤进来的企业就会越多。所以各占一方、相安无事获得成功的时候,就要作好多手准备。应该做好以下几件事:

实行以顾客为中心的市场细分化。通过市场细分化可以发现新市场面的线索。"跳出三界外,不在五行中",方能悟出成佛的真谛。站到行业外,常能审察到本行业的发展趋势,发现新的市场面、市场领域。日本人从美国同行中得到新的启发,发现这个国家在产业发展中不同的动向。

要摸清那些看似很有前途的领域为什么无人问津?那些领域仅仅是没有被人们发现吗?其实,许多场合并非如此简单,而是因为存在着妨碍这个领域发展的深层次的原因,犹如路边的酸枣树无人采摘一样,因为那是酸枣。对这些领域在没有克服阻碍人们进入的不利因素之前,先不要盲目行动,否则将招致失败。

尽量推迟竞争者拥入的时间。使自己尽量充分地获得创业者利润。同时采用阻止竞争者挤进来的战略——从一开始就注意选择那些竞争者难于挤进来的领域。及时准备好根本性的竞争武器，积蓄雄厚的优势，尤其是无形资产的优势，迎接未来的竞争。

二、分隔

分隔战略的实质是构筑竞争壁垒或障碍。由于壁垒的存在，竞争便难以进行。

竞争壁垒形态不同，构筑它的手段也有不同。竞争壁垒可分为两种形态：第一种是巨大的资源壁垒。即抢先控制事业活动所不可缺少的仅有的资源；抢先获取熟练劳动力、优秀的技术员等，掌握不可用金钱购买的无形资产；抢先与原料供应商签订长期供货合同、原材料供应的优先保证等。第二种制度上的障碍，如利用专利、外资限制、进口限制、行业行政干预所造成的障碍。

在了解这些壁垒的基础上，加以巧妙地运用，才能在不树敌的竞争战略中发挥分隔作用。如在制度上设置障碍，不是依靠企业本身的力量就能实现的，它要通过企业开展积极有效的政府公关，利用企业的影响，促进某些制度的形成。如日本50年代制订了外资限制法，对于同行外国企业进入日本参与竞争就起到了制度上的分隔作用。至于在资源上设置竞争障碍重点应考虑积蓄资源，形成优势，造成差距，尤其是无形资产的差距。无形资产拥有量的差距所造成的障碍比一般资源的障碍更难克服。不仅要注意在眼前与竞争对手造成分割的障碍，还要注意到竞争对手能力的增长；不仅考虑本公司如何获得这些必要的资源，还应关注如何不使竞争对手获得这些资源。

不树敌战略，并非从根本上消除竞争，而是推迟竞争的到来。问题不在于会不会出现竞争和新的竞争者，而是在什么时候出现。尤其今天世界技术革新速度如此之快，潜在的竞争对手可能来自想象不到的产业界，使那些本来很管用的竞争壁垒一下子土崩瓦解，毫无作用。

三、联手

联手,即与竞争者协调行动,这常是对双方都有利的事情。这里的联合行动,不是指那种简单的价格联盟,从顾客身上榨取更多利润(当然价格协定也是联合行动的方式之一)。这里的联手行动还包括与竞争对手统一制定产品标准制式;在维持行业内部秩序方面采取统一行动,相互通气;在销售方面采取联合行动,扩大本公司的销路,减少行业内部的盲目行为。

协调行动,不仅消除了竞争敌手,还能使双方得益。技术方面、产品规格方面的协调行动,可以扩大公司产品销路,减少行业内部的盲目性、杂乱性。例如技术含量高的产品最好要有统一的制式,否则不谙这些专业方面知识的顾客会深感头痛。原来 1/2 英时的室内录像机有两种制式,由于不统一,造成无意义的竞争。VTR 界吸取这一教训,在生产 8mm 录像机时,全世界有 100 家以上的厂家聚会,统一成一种制式,大大方便了室内录像机的购买者。其结果促进了销售。

还有,企业通常是利用专利保护自己的知识产权,使之不被别人模仿,侵蚀自己的一部分市场。这是对的,但也不是绝对如此。在某些情况下,将技术提供给竞争对手,在技术上和对手协调行动,可有如下好处,第一,可以实现规格标准化,有利于规格统一,有利于顾客认识商品、刺激需求。结成阵营的日本胜利·松下电器的 VHS 和惯于天马行空、独往独来的索尼 BETA 制式之间,在销售方面形成巨大差距,前者远胜过后者,便是联合行动带来的好处。第二,将技术传播给对方,有利于技术传播。多一个协作者,多一份传播力量。在国际轿车市场竞争十分激烈的形势下,美国通用汽车公司在世纪之交,在向中国大量投资的同时,也向中国输出技术正如该公司一位高级主管所说的:"我们在向上海输出整车生产的同时,更注重输出技术,培养中国自己的汽车研究设计人员,这是符合双方利益的。……有个朋友总比有个敌人好。"第三,提供技术给对方,使他人也能使用自己的技术,有利于技术的改进、提高。

总之,作为本节的结束,应该强调,竞争战略不光是考虑赢得竞争对手(当然赢得竞争对手是不可忽视的),如果把视野放宽些的话，我们就会发现还有更广阔的进退空间。不战而胜，或协调行动，都应该经常列入我们的视野。

只有当协调行动还是不能解决问题时，那时再付诸竞争也不迟。

第六章 市场营销战略

市场营销战略，是指企业在其经营思想的指导下，通过对企业的外部环境以及内部条件进行综合分析，确定市场营销的目标，再对企业市场营销的诸多要素进行最佳组合，并据此制订出为最终实现企业市场营销目标的长期方针和策略。

由于市场营销战略涉及到企业发展的全过程，因此具有全局性、规律性的特点。市场营销战略的选择和调整将直接影响到该企业的成败乃至生存。

第一节 市场机会与市场风险

任何企业生产的产品都必须经过市场才能实现其自身的价值。现代企业营销观念认为产品是指为市场所接受、适销对路的使用价值与价值的统一体。由于市场是不断发展变化的，激烈的竞争使市场蕴藏着丰富的机会，同时也使市场处处布满了风险。因此，对市场的机会与风险的分析就成为市场营销战略研究的起点。

一、市场机会与企业机会

市场机会，就是能使企业获得比竞争对手有更多利益的营销时机。在市场上，当一个企业所具备的相对优势比竞争者更能适应客观环境需要的时候，这种客观环境便能变成企业的市场机会。

只要市场存在需求，就意味着市场机会的存在。但是，对一个企业来说，该企业由于其产业的特殊性等原因，某种市场机会的存在并非就是该企业的机会。换言之，市场机会与企业机会二者并不是等同的概念。二者的关系是：只有那些适应企业内部条件的市场机会才有可能是企业的机会。当然，企业也可以通过自身的努力，创造条件来适应市场，利用市场，把特定的市场机会转变成企业的机会。

一个成功的企业善于通过对市场的分析和研究来把握企业的机会。首先，要把分析和研究的出发点建立在认识自我的基础上，如对企业的生产能力、技术水平、员工素质、产品质量、管理水平的认识等等。其次，对同类相关企业的竞争能力进行研究。通过分析比较，本企业的优势何在？劣势又如何？最后，通过综合，判定某种市场机会是否与本企业的自身条件相适应？与竞争者相比是否更具备差别优势？若答案是肯定的，那么就意味着市场机会可以转变成企业的机会。

再进一步分析研究，市场为企业提供的机会一般有两种类型，即现有的机会和潜在的机会。

1. 现有的市场机会

现有的市场机会是指消费者的需求可由现有的产品和服务得到满足的市场。分析现有的市场机会，可以从分析市场规模和竞争条件入手。市场规模可以按照消费人口、消费者的收入水平和消费水平以及产品结构和消费量等因素进行预测。竞争条件是指企业的竞争能力与同类竞争者相比之下，在产品、价格、广告、销售等诸方面的评价。综合研究市场规模和竞争条件，从而找到企业的市场机会。

2. 潜在的市场机会

潜在的市场是指消费者对产品和服务的欲望、爱好和需求的预期，因而是指将要出现的市场。一旦当企业为市场提供了这样的产品和服务，潜在的市场便可转变为现有的市场。开发潜在的市场，在于把握潜在的需求和机遇。一个成功的企业应该具备发掘潜在的市场机会的能力，并根据本企业的技术特点和经营优势制定和实施能满足市场潜在要求的战略方案，变潜在的市场机会为现实的市场机会。

二、市场机会与风险并存

在市场经济运行过程中，市场风险总是与机会并存的。从某种意义上说，一个成功的企业应该把市场风险作为市场机会的成本来考虑。如果说机会是企业成功的源泉，那么风险就是成功的代价。而且，机会与风险可以相互转化。因此，市场机会与市场风险既是一对矛盾，是对立的，又是相互依存的，是辩证统一的关系，二者不可偏废。事实上，有不少成功的企业，往往就是从市场风险中发掘、把握企业机会的。

由于正确地分析市场风险对一个企业来说是至关重要的，因此，首先要科学地研究产生市场风险的原因。主要有以下几个方面：

1. 来自市场发展变化的因素

市场规律的特征就是始终保持变动的状态，而且这种变化的趋势常常是出乎意料的。90年代初，上海的房产市场十分热闹，几乎任何上市房产都能成为热销楼盘。但时逢90年代中期，几乎任何上市房产都成为滞销楼盘。究其原因，供求矛盾变化使然，虽出乎意料又在情理之中。因此，企业必须随时注意市场变化的细微动向，特别是在市场繁荣时，更应保持清醒和警惕，及时采取规避风险的有效措施。

2. 来自竞争对手的威胁

多变的市场环境使竞争对手以及力量对比时常发生变化和错位，风险时刻存在。例如，上海的家电产品，无论在产品质量、品牌知名度和市场占有量等方面都曾经处于全国领先的地位。但随着四川长虹、青岛海尔、江苏春兰等这些后起之秀的崛起，上海的家电企业未及时采取有效的措施，缺乏竞争的意识，优势便渐渐劣化。市场竞争，遵循的是优胜劣汰的客观规律。这就要求企业随时密切注意市场的变化趋势，以及竞争对手的目标和策略，及时地调整对策。

3. 其他非市场因素的风险

任何市场都不是孤立存在的，市场所处的外部环境也会对市场带来种种变化莫测的风险，也会直接或间接地对市场造成一定的影响。诸如国际、国内的政治风险，以及战乱、天灾、人祸等非经济因素造成的市场风险。因此，重视市场外部环境的变化，防患于未然,对企业的生存和发展亦是至关重要的。

第二节 市场细分化和目标市场的选择

一、市场细分化的标准

市场是一个极其错综复杂的综合体,从企业的营销角度来看,市场首先是由多层次、多元化的消费者所构成的集合体。根据消费者的需求特点、购买力等不同的因素,可以把市场分割成若干个消费者群,即把市场分解为若干个子市场,这就是对市场进行细分化。

市场进行细分化目的是确定各市场的特征,分析、研究企业的市场机会,选择适合本企业的目标市场,以便集中财力、人力和物力,开拓、发展对本企业最有利的市场,达到最大的销售效果。同时,企业通过对市场细分,在时间和空间上为企业的生存和发展提供客观的根据,并以此为基础,来制订和调整市场营销策略。

对市场进行细分,必须依据特定的标准,并根据这一标准来设计市场细分化模型。不同的企业,不同的市场,不同的产品,不同的时期,选择市场细分化的标准当然也是不同的。但若以企业的产品或服务的对象来划分,有两个最基本的大类,一是以消费者个人为对象的消费品市场;二是以行业团体为对象的工业品市场。两大类市场细分化的一般标准如下:

1. 消费品市场细分化的一般标准

首先是地理因素和人口因素,这是消费品市场细分化的自然标准。地理环境、气候条件的不同直接影响到消费者的生活方式,因此对商品的需求不同。人口因素包括种族、宗教信仰、文化程度、年龄、性别等等,各种不同类型的消费者对商品的需求也是不相同的。

其次是购买心理和行为因素,由于消费者的个人性格、喜好等心理因素的差异性,造成了他们对商品的需求不同。消费者的行为因素主要是指其购买商品的行为特征,包括购买动机、购买能力以及购买方式等因素。

2. 工业品市场细分化的一般标准

首先,根据用户的行业特征,可以将市场细分化为重工业或轻工业、制造工业或加工工业等。根据不同工业用户的生产规模又可以划分为大、中、小等不同的类型。根据用户的不同生产周期,也可以在供货时间上作出相应的区分。

其次,用户的地理环境、气候条件、生产力发展水平、国别、法律、政治、人文、历史背景和风俗习惯等因素会导致他对所需产品的不同要求。因此,也可以作为工业品市场细分化的标准。

二、市场细分的方法和程序

市场细分的方法,较常用的不外乎三种,即单一变量法、综合变量法和系列变量法。

单一变量法,这是根据影响市场需求的某一方面因素来进行市场细分的方法。比如:生产洗衣粉的企业,可根据洗涤不同质料衣物的要求,来生产不同的产品。

综合变量法,通过综合分析影响市场需求的至少两个以上的因素,然后再进行市场细分的方法。比如:儿童服装产品,就可以按性别、年龄、尺码、适应季节等多个因素进行分类。

系列变量法,这种方法首先排列出影响市场需求的各种各样的相关因素,然后根据相应的影响程度,逐步进行市场细分。比如:房产开发,对选址和房型设计就必须狠下一番功夫。除了要满足用户在地段、交通、舒适、功能等方面的要求外,价格承受、付款方式等因素都有相关作用。必须对一系列变量进行综合的市场分析。

市场细分的程序,一般以实际价值为出发点。即细分市场的规模要大到足够使本企业获利的程度。然后,再考虑目标的可能性。即本企业的实际能力,以及细分市场的可进入性和相对的稳定性。只有满足了上述的条件后,才能根据细分市场变量的规律,逐步分析,设计标准,完成市场细分。

在市场的培育和发展过程中,市场的变量因素并不是永恒不变的，因此，任何企业对市场的细分也不是一劳永逸的。

三、建立市场细分化模型

在对市场进行细分的基础上，结合本企业的特点，建立市场细分化模型，才能确定企业的目标市场。

由于市场细分的标志随着市场情况的改变和时间的推移而变化，比如消费对象的年龄和收入水平等就不是一成不变的，这些变化必将影响消费心理和购买行为，从而影响企业的营销。但是，若是根据每一个具体因素的变化立即作出反应，就可能会构成无数个细分市场，然而，并非所有这些细分市场都有实际的意义。

市场细分化模型是对具有同类属性和特征的细分市场的概括，是科学抽象的结果。因此，市场细分化模型具有相对的稳定性和有效性。建立动态的、多样化的、综合性的市场细分化模型，对企业才有现实的意义，才能作为企业确定目标市场的根据。

四、目标市场的选择

市场细分化这一手段是企业确定目标市场，制定市场营销战略的前提。进行市场细分化就是承认市场之间有差异性的存在，任何企业都不可能用同一品种的产品来满足所有消费者的要求。因此，目标市场的确定又称为市场定位。

1. 确定目标市场的作用

任何企业都不可能拥有全部消费者群，而只能选择其中的一部分作为其经营服务的对象。这一部分消费者群就是企业在一定时期的目标市场。60年代初，欧、美市场的年轻消费者对肥皂品种的单一性表示不满。美国的宝洁化学公司及时推出了高价的弱碱性肥皂，并强调其护肤作用，结果大获成功。但是，宝洁公司并没有满足于一时的利益，而是投入大量的资金和科研力量，开发、研制并生产了各种系列的洗涤产品。以不同的产品去满足不同的消费者群，从而使宝洁公司获得了最大的市场份额。

确定目标市场的作用首先在于：有利于企业发掘新的市场机会。其次，有利于企业扬长避短，在同类企业中获得竞争的优势。再次，有利于企业针对特定的目标市场制定恰当的营销方案,并使定价、促销等手段更适合目标市场的特点。

2. 确定目标市场的条件

通过将市场细分,制作市场细分化模型,从中选择最有利于本企业长期发展的目标市场。这种目标市场的选择要从企业的市场机会和本企业的优势这两方面来考虑。目标市场的选择首先要看市场的需求是否已经形成或正在形成,其次要看本企业是否具有满足市场需求的优势。

具体说来,该市场应该具有较强的消费需求,足够的销售总额和发展潜力,就本企业来说,投向目标市场的产品质量和价格及营销手段,与对手相比有较强的竞争能力,还要有可靠的产品资源,以保证本企业在目标市场的充分供应量。

3. 确定目标市场的策略

通常,企业在确定目标市场的策略时,可以有三种不同的基本选择:

(1) 无差异性的市场营销策略

这种策略是把市场的共性放在首位,即强调购买者需求的共性,忽视个性差异,为市场提供单一的标准化产品,制定单一化的营销方案。

采用这种策略的企业往往是使用大规模的生产方式,统一的广告、宣传和销售模式。以期在广泛的消费用户中取得认同,长期树立起商品和企业的形象。特别是在商品经济的早期,不乏成功的例子。比较典型的要数可口可乐公司,该公司曾以单一的口味,标准的包装,统一的广告宣传等手段,长期称霸世界饮料市场。我国的解放牌汽车也曾以统一 4t 的载重量,单一的绿色外观,长期作为我国汽车市场的最主要产品。

这种无差异性的市场营销策略的优点在于生产、销售的成本比较低。因为产品单一,产量大,投入产出的比率高,生产、储运、广告等费用省,同时也相应地减少了市场调研、产品更新等所带来的额外开支。

但是,市场的激烈竞争使这种无差异性市场营销策略的缺陷充分暴露出来了。这是由于广大用户之中的确存在着不同的喜好和要求。实际上,这种无差异性市场营销策略使企业把未细分化的大市场当作自己的目标市场。当丰厚的利润引来众多企业追逐这一目标市场时,竞争就会非常激烈,而个性化、有差异的、细分化的市场需求却得不到满足。例如,由于百事可乐公司的崛起,可口可乐公司被迫改变了原来无差异性市场营销的策略,转向差异性市场营销的策略。

(2) 差异性的市场营销策略

这种策略是把市场细分化后,针对各细分市场不同的特点和需求,设计、生产适应这种不同的产品,并制定相应的广告、宣传和销售策略,以满足不同的消费需求。

差异性的市场营销策略,增强了企业的市场竞争能力,扩大了市场份额。但同时,由于同类产品的品种、牌号不断增多,广告、宣传方式的多样化,以及销售渠道的扩大等因素,营销的成本上升。由于上述种种原因,企业在采取这种策略之前,一定要慎之又慎,保证该目标市场需求的可靠性,并且有一定的容量,再经过细致的成本核算,然后作出切实可行的决定。

(3) 密集性的市场营销策略

这种策略的理论依据是,与其在整个大市场中占有很小的份额,倒不如控制或独占一个或几个子市场最大限度的占有率。

企业采用密集性的市场营销策略,集中力量,迅速占领目标市场,可以节约人力物力,投入产出的效率高,就能获得较高的市场利润率。但是这种策略的风险较大,由于企业把力量和资源集中在一个或几个子市场中,一旦这些市场出现危机,就有可能使企业陷入困境。因此,采用这种策略的企业,必须随时密切关注市场动向,分析市场需求和商品价格的变化趋势,了解竞争对手的情况,把握产品更新换代的技术发展等,并在此基础上充分考虑各种各样的对策和措施。

第三节 市场战略的制定

制定市场战略的意义在于有计划地建立起在产品、价格、销售等各个方面的差别优势或整体组合优势,巩固和提高市场占有率,有效地促进销售额的增长。

企业在市场竞争中能否成功,往往取决于该企业的经营管理能否与市场环境的发展、变化保持着创造性的适应。

一、制定市场战略的指导思想

市场战略的指导思想是指导战略制定及实施的基本思想。就企业的整体市场营销活动来说,我国企业市场营销战略的指导思想,就是"以适销对路的产品或劳务、适当的市场营销战略,去满足社会和人们不断增长的要求,并为国家和企业获得较好的效益。"这一方面是由社会主义企业的本质所规定的,另一方面也是现代化企业市场营销活动的基本要求。

不同的企业或同一企业在不同的时期,应将上述市场战略的指导思想具体化,明确企业的战略目标、战略方针、战略重点、战略步骤等,形成企业在进行战略决策时应遵循的一系列准则。

二、市场战略的类型

1. 发展战略

市场发展战略是指企业在现有市场的基础上,以谋求开发新的市场作为基本的战略目标。针对现有的市场可以通过新产品的开发来巩固并增加市场份额。针对潜在的市场则可以通过小批量、试探性地介入来对市场进行导向,由点到面地逐步推进、占领并扩大市场占有比率。

确认企业采取市场发展战略,一般以追加投资、扩大生产为标志。随着劳动生产率的提高,生产成本的降低,在营销策略上往往以加大广告投入、合理的降价竞争等手段,力争挤垮竞争对手。

2. 收益战略

当企业为获取最大限度的利润,特别是最大的短期利润,往往风险较大,为追求利润的最大值,就不得不扩大生产规模,因而力不从心,有些企业常常因资本有限或资金来源的一时困难,而陷入困境。同时,当实际利润率过高于市场平均水平时,必然招致激烈的竞争。因此,确定适当的收益指标十分必要。著名的法国家乐福超级市场将收益指标订得较低,真正实现了薄利多销,从而最大限度地占有市场份额。

3. 收缩战略

当发现本企业的产品已处于市场衰退时期,或缺乏市场竞争能力,就应果断地采取收缩战略。因为在这种情况下,市场风险在不断积累,随时随地会出现突变,收缩战略的目的就是为了规避风险,使企业能及时转变发展方向。

美国惠而浦公司是著名的家电企业,自70年代起就先后与我国多数地区合资生产电冰箱、空调、洗衣机、微波炉等家电产品。由于种种原因,电冰箱、空调等产品在我国家电市场所占的份额很小,缺乏市场竞争能力。1997年10月惠而浦中国公司果断地停止了在我国的电冰箱、空调等家电产品生产线。

三、市场战略的制定及实施步骤

一个企业的产品要适应市场的需要,要得到市场的认可,其本身的因素无非是产品的特点和制定正确的营销策略。在明确企业经营目标的基础上,首先要对企业的战略环境进行仔细的分析,遵循科学的程序,拟定出若干个备选方案,再对这些备选方案分别作可行性论证。最后,从中选出切实可行的最佳方案,作为企业市场营销战略的决策方案。

从企业市场营销战略方案的制定到具体实施还要经过一系列环节。一般要经过四个步骤。

1. 部署战略方案的具体实施计划

制定战略方案的具体实施计划,对战略的实施做出时间、资源等具体措施的安排。首先,把战略的目标和任务分解为各个阶段,并在时间上作出周密的安排。其次,根据战略重点的不同,落实到各个单位或部门,并给予相应人力、物力和财力的分配。再次,还要制定出战略实施计划的责任范围和考核标准体系。总之,制定战略方案的具体实施计划,要具体、细致、周密,要量化,要具有可操作性。

2. 管理、执行计划的过程

战略方案的实施过程也就是战略管理的过程。是企业营销战略的执行过程。因为即使有了上佳的战略方案,但是,如果管理不善,就无法实施战略方案,也不可能实现预期的战略目标。战略管理的工作必须抓到实处,层层落实。必须从总体战略的要求出发,具体落实诸如产品、定价、促销等主要环节,并注意在长远目标和短期效益之间做到谐调和平衡。

3. 检查、修正和控制

在实施战略方案的过程中,必须定期检查、分析和控制。对效果和进度要随时做到心中有数,当出现偏离或差距,要及时修正。对战略方案的原则,在贯彻的过程中要灵活应用。对阶段性的战略目标,要分轻重缓急,控制节奏。总之,检查、修正和控制只是手段,目的是为了更有效地实施战略方案,并促使企业更有序地发展。

4. 反馈与战略调整

企业营销战略是企业发展的总体设计,具有长期性、稳定性的特点。但是,由于市场处于不断变化的状态之中,稳定只是相对的。因此,战略方案的实施过程中就必须根据市场的变化进行调整。

企业营销战略是否适应市场的客观环境,只有通过信息反馈和实际效果来看。市场战略的开拓目标、利润指标等等,主观愿望与客观实际如何相一致,只有在实践中不断地调整。当然,战略方案的调整,可以是局部的、渐进的,只要市场的基本特征依旧,还是要保持战略方案的相对的稳定性。

第四节 市场营销战略的综合运用

一、传统市场营销组合

市场营销组合,是指企业为满足实施企业市场营销战略的需要,综合运用各种可能的营销手段和策略,组合成一个系统化的整体方案,以实现企业的市场营销战略目标。

传统的市场营销组合手段和策略大致可归纳为四项:产品(Product)、定价(Price)、分销(Place)和促销(Promotion),取四个英文单词首写字母,简称为4P。

1. 产品策略

企业为目标市场作出的开发产品的计划和决策。主要内容是:根据顾客需要设计产品的功能,包括必要功能和特殊功能,产品的质量标准,产品的特性,产品的商标和品牌,产品的包装设计,销售服务和质量保证。现代企业特别强调产品的售后服务,企业在开发产品实体的同时,必须注意产品售后服务的开发,并把服务作为产品质量保证的主要手段。

2. 定价策略

定价必须符合目标市场的实际情况,即目标市场的竞争能力。首先应考虑产品的生产和销售成本,市场的供求关系。其他参照产品的比价关系,国家的物价管理政策,消费对象的收入水平和价格承受能力水平等等。总之,定价策略的基本原则在于,既能为目标市场所接受,又能为本企业带来更大的利益。

3. 分销策略

在现代市场上,大部分产品都要经过分销中介机构流动。即通过分销渠道把产品或服务提供给市场。执行这种功能的机构主要有:买卖中间商,如进出口商、批发商和零售商等;代理中间商,如中介经纪人、代销商等。

4. 促销策略

企业为扩大产品销售,提高市场的占有量,必须采取多种形式的促销手段。包括广告宣传,人员推销,营业推广,公关策划等等。有效的促销策略对企业的营销作用很大。

市场营销组合的四大策略是一个整体。强化了营销的功能,扩大了市场营销活动的范围,使企业获得最大限度的市场营销整体效益。

二、大市场营销组合

大市场营销组合理论,又称为现代市场营销组合理论。是80年代后出现的,相对于传统市场营销组合理论的新发展。

1986年,美国著名学者柯特勒发表《大市场营销》。专门研究了企业如何打开封闭性市场或受保护性市场。文章认为:市场经济发展到现阶段，种种迹象表明，世界贸易保护主义抬头，贸易壁垒和贸易摩擦加剧的情况下，企业试图运用传统市场营销观念4P，已很难进入某些特定的市场。即使勉强进入，也会困难重重，很难取得预期的成功。

柯特勒主张在传统理论4P的基础上，增加2个P，即：政治力量（Political Power）和公共关系（Public Relations）。组成由6P构成的现代市场营销组合观念。现代企业必须同时施用经济、政治、心理、文化以及公共关系等综合手段，取得对象市场的主管政府部门，以及方方面面的支持和合作，才能打开市场封闭的局面，才有可能进一步施展各种营销策略。

例如，日本的国内市场对于外国企业而言，大部分是封闭市场。这是因为外国企业一旦试图进入日本市场，不仅会遭遇政府的高关税，而且会受到日本工商同行的种种抵制行为。美国摩托罗拉公司为了向日本销售电讯设备，一方面对产品重新设计，以适应日本市场的严格要求。另一方面通过美国政府向日本政府施加压力，最终获得产品准入许可。

相对传统市场营销组合观念，大市场营销组合理论的积极意义表现在两个方面：

1. 否定了环境因素不能控制的传统营销理论

传统营销理论一般都认为：企业营销的环境因素，特别是非经济的环境因素是不可控制的。企业对环境因素只能顺应，不能改变。

大市场营销组合理论更新了这一传统观念，强调了企业自身的主观能动作用，认为企业面对营销的环境因素，不是消极、被动地适应它，而是把它看作大市场的一个有机的组成部分。并且，企业可以通过自身的努力，创造条件和时机，使环境因素向有利于本企业营销战略要求的方向转变。

大市场营销观念对传统营销理论关于市场活动的界定给予必要的充实和扩展。比如通过院外活动、立法活动、公共关系、参政、议政、谈判、协作、联营等综合手段，在某种程度上使环境因素发生变化。

2. 发展、强化了市场营销的功能

大市场营销组合理论扩大了市场营销活动的范畴。传统市场营销组合的四个要素，即4P的功能只是指导企业以消费对象的要求为中心，生产适销对路的产品，施行价格、分销、促销等手段，协调各个环节，实现使产品尽快销售的目的。

大市场营销组合理论不仅强化了这一功能，而且使企业营销活动的功能扩大到可以对政治、法律、文化、思想、风俗、习惯等多种因素施加影响，并促使这些因素发生一定程度的变化。由此可见，大市场营销涉及的范围十分广泛，突破了传统营销的局限。从而给现代企业以新的启示，同时也开阔了营销人员的视野和思路，提供了更多谋略和手段。

必须指出，任何事物都是一分为二的。大市场营销组合理论的提出，既有积极意义，亦有消极作用。如某些发达国家的大企业，利用国家机器向其他国家施加压力，是大国霸权主义的表现。在我国，计划经济向市场经济转轨的过程中，时常出现的种种不合法的竞争，权钱交易等现象，往往也是打着营销手段的幌子，模糊了是非界限，干扰了正常的经济秩序。

我们借鉴现代市场营销组合理论，应采取扬弃的态度，吸收其积极的部分，摈弃其消极的部分。

市场营销战略不只是理论的范畴，更是实践的范畴。市场营销战略是企业综合实力的体现，并且，市场营销战略自始至终地贯穿于企业的一切活动之中。因此，成功的企业，只有在市场营销的实践中，不断地总结经验、教训，才能逐步驾驭市场规律，提高企业的市场营销能力，实现企业的整体效益。

第七章 企业科技发展战略

在当今市场的激烈竞争中，最大的竞争力，源自于科技进步。科技进步带来了经济结构的调整和生产方式的变革，为生产力的发展开辟了广阔的途径。可见，科学技术作为第一生产力对企业的生存与发展至关重要。但是，企业的科技发展之路不是一朝一夕走出来的，它必须通过制定企业科技发展战略，并坚持不懈地加以贯彻实施才能越走越通畅、越广阔。

第一节 企业科技发展战略概述

一、企业科技发展战略的含义

企业科技发展战略属于功能性战略，即它的任务是把企业的人、财、物，与企业的科技研究与开发的因素结合起来，以发挥企业的整体优势。企业科技发展战略的主体内容是研究与开发（即 R&D, Research and Development）。

研究可分基础研究、目的基础研究与应用研究三类。纯基础研究又称纯学术研究，这类研究没有使用目的，仅以探讨和实现科学认知为使命，如基本粒子研究、宇宙起源研究等。目的基础研究是带有一定应用目的的研究，是为获得一定使用前景而提供科学原理的基础研究。如核聚变反应堆的等离子体的研究就属于目的基础研究。应用研究是为获得技术，如新产品、新工艺、新方法、新材料等的技术基础和技术原理所进行的研究，是一种具有特定商业目的的研究。它运用基础研究所获得的知识，探寻有实用目的的新知识和可能的新的技术途径。

开发是指运用已有的基础研究和运用研究知识，把它们与技术知识结合起来的技术活动。开发活动是以获取商业价值为直接目的的创造新技术成果的活动,诸如新产品、新工艺、新方法、新材料的开发等等。开发活动的基本特征不是追求新科学知识,而是能够用于商业化生产或提供企业化服务。

在企业科技的研究与开发中,核心是技术创新。因为科学技术对经济发展的作用主要是通过技术创新来实现的。

二、企业科技发展战略的重要性

1. 制定以科技创新为核心的企业科技发展战略,是提高企业科技水平,实现科技进步的重要手段。

2. 制定企业科技发展战略,是实现社会经济增长、企业生存与发展的强大推动力。

美国经济学家肯德里克(John W. Kendrick)根据其所作的数量分析指出,从1929到1978年50年中,美国生产率增长有40%是由于技术创新取得的,而仅有15%是由于劳动者人均资本量的增加取得的。目前,发达国家技术创新的贡献率已高达60%以上。

3. 制定企业科技发展战略,是增强企业国内外市场竞争力的重要途径。

一个国家的贸易地位及其工业在国内国际的竞争力,在很大程度上取决于工业企业的技术创新能力,其中包括技术创新的活跃程度和强度,技术创新战略的正确性,创新机制的有效性,创新环境是否良好等等。人们发现,在二次大战后的国际竞争力格局的重大变化中,技术创新能力的强弱构成了一个极其重要的因素。同样,一个企业、一种产品能否在市场竞争中取得优势,也在相当大的程度上有赖于技术创新能力的提高。

4. 制定企业科技发展战略,特别是加强高新技术的开发与应用,是提高企业经济效益的重要途径。

现今国际竞争的一个特点,是高新技术产品独领风骚,不但销路畅,而且卖价高。80年代初,日本三菱公司首先将第三代压缩机———旋转式压缩机用于电冰箱,取得了突破性进展,极大地扩展了自己的电冰箱市场。接着,日立公司在1984年推出了第四代压缩机——涡轮式压缩机,并将其用于空调机与电冰箱。这种新型压缩机零件数更少,重量更轻,噪音更低。虽然机械加工精度要求高,但有着显而易见的节能降耗的优点。所以产品在市场上不但竞争力强,而且卖价也高,可以极大地提高经济效益。

三、制定企业科技发展战略的基本原则

1. 以技术创新为核心

企业的科技发展必须以技术创新为核心,只有创新才有生命力,才有活力。技术创新有广义和狭义两种理解。狭义的技术创新仅限于产品创新和工艺创新,广义的技术创新,既包括产品和工艺的创新,也包括组织体制和市场开拓,以及经营管理上的创新,即既包括软技术,也包括硬技术。只有两者有机结合,才能充分发挥作用。

2. 以市场需求为导向

企业的科技发展,应该是技术开发同技术有效应用的统一。技术的有效应用要求所开发的技术必须符合市场的需求。企业科技发展的主要原动力来自于市场,无论如何,即使是非常先进的科学技术,如果不同市场的现实需求或潜在需求结合起来,是无法取得经济和社会效益的,也不可能在市场上取得成功。因此,市场既是企业科技战略的出发点,也是科技发展的一个基本落脚点。

3. 科技发展战略规划的长远性

企业的科技发展是一项战略性、长期性的工作,企业的科技研究开发不是一朝一夕能够完成、立见成效的,所以,在制定科技发展战略时应该避免鼠目寸光,具有长远性。

4. 系统性

制定企业的科技发展战略应考虑系统性。即所制定的企业科技发展战略应具有明确的目的性,同时,它与企业的其他战略必须相辅相成,互相配合,以求发挥企业的整体优势。

第二节 企业科技发展战略的类型

当今企业在经营过程中所面临的环境日益复杂,变化迅速。在微观层面上,反映为市场需求日新月异,市场竞争日益激烈;在宏观层面上,科技、经济、社会、文化发展迅速。在激烈的市场竞争中,科学技术的作用也日益增强。在过去的 1/4 世纪中,科学和技术在世界范围内取得了飞速的发展,从超高速计算机、超导技术、生物工程到材料技术的突破性发展,使技术在竞争中的重要性得到空前提高。为此,企业想要在竞争中取得优势,必须制定具有前瞻意识和竞争意识的企业科技发展战略。

立足于企业竞争的科技发展战略的类型有:

一、领先战略

即企业的科技开发以达到本行业领先地位为战略目标。这种战略要求企业投入大量资金。采用这种战略的企业一般是实力雄厚的企业,它们通过独立研究、协作开发、技术引进等种种办法,力求采用最新技术,通过技术的领先求得市场占有率的领先。日本 SONY 公司的"随身听"(Walk-man)微型音响、美国微软公司的"视窗"(Windows)软件等技术与产品的全球畅销就是典型的例证。

二、跟随战略

即企业紧紧跟随在领先型企业后面采用新技术,但是,并不是单纯的模仿,而是对别人采用的新技术进行一定的改进与提高,同时在降低成本与拓展市场方面多下功夫。这种企业有一定的技术实力,但并不着眼于技术创新,而是推出比领先企业产品"性能-价格"比更好的产品。其主要目的一是可以节省大量的研究开发费用,另一方面也可以通过观察领先企业的创新技术的市场表现,取长补短,以期后发制人。一般而言,当领先型企业刚推出一种新产品投放到市场上,处于产品生命周期的投入期时,在设计上可能存在一定的缺陷,生产规模有限,生产成本较高,产品质量不稳定,在消费者心目中的影响力较小。此时,若跟随企业能抓住时机,迅速作出反应,成功的可能性较高。

三、模仿战略

企业自己不搞新技术开发,而是通过购买技术专利或专有技术,进行仿制。这种战略一般适用于科技开发能力相当薄弱的中小企业。

四、钻隙战略

几乎在各行各业中都有许多小企业为市场的某些部分提供专门的服务,在所涉及的领域中,他们拥有特定的技术、技能和资源。但该领域可能由于某些原因被大中型企业忽略或放弃。他们的主要目的是避免与大中型企业直接冲突。这些较小的企业占据着市场的小角落,他们通过专业化为那些可能被大企业忽略或放弃的市场进行有效的服务。

五、综合战略

随着企业经营领域与规模的日益拓展与壮大,有相当多的大中型企业的主体技术及相关技术不是一项、两项,而是有多项。针对不同的技术领域的特点与发展趋势,以及企业的总体经营战略,企业可以考虑采取不同的战略,把领先战略、跟随战略、模仿战略、钻隙战略有机地结合起来,形成综合战略。

第三节 技术创新战略

一、技术创新与企业科技开发战略

技术创新起源于美籍奥地利著名经济学家熊彼特于1912年提出的"创新理论"。技术创新是一个经济学概念,基本含义是指与新产品、新工艺、新装备的开发及商业化应用有关的技术经济活动。关于"创新"的内容,熊彼特认为可以包括以下五种情况:

1. 引进新产品,即产品创新;
2. 引进新的生产方法,即工艺创新;
3. 开辟新的市场,即市场创新;
4. 控制原材料的新供应来源,即开发新的资源;
5. 实现企业的新组织,即组织管理的创新。

从上述创新内容可以发现,企业科技开发战略的核心就是技术创新。它的主要特征就是具有创造性。

二、技术开发战略

1. 技术生命周期

技术如同产品一样也具有生命周期。技术生命周期是指从技术原理发明、设计构思到商品投放到市场的时间长度。随着新技术革命的兴起,新技术开发生命周期越来越短,新技术出现的时间间隔越来越短,新技术的更新换代速度在加快。技术生命周期的演变,一方面取决于技术自身的发展规律,另一方面,也是受市场需求的拉动。一般情况下,产品P、技术T、需求D的寿命周期关系如图7-1所示:

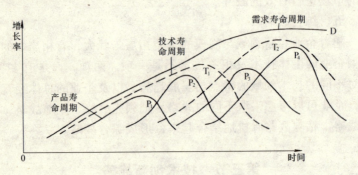

图7-1 需求拉动创新的时效

技术的进展和市场的需求共同决定了特定产品的市场实现。随着需求D与技术T_1决定的产品P_1进入投入期后,P_1开始逐渐成长,然后渐渐地被进一步改良的产品P_2取代,从而P_1进入衰退期逐步被淘汰。P_2也是如此,随着革新技术T_2的出现,又会出现新的产品开发机会。由T_2和市场需求D决定的P_3进入市场,并逐步取代替代品P_2;同时,技术T_1也由成熟期进入衰退期,最终被T_2取代。只要产品需求能够继续延续下去,产品P和技术T就会照此继续更新换代下去。

正是由于技术和产品一样也有生命周期,所以,任何一个企业都必须在制订科技开发战略时把技术创新与改造放在一个相当重要的位置上。

2. 技术战略

技术战略是一个企业开发和运用技术的目标和途径，它是企业战略的基本组成部分。技术战略在其制定过程中，既要保持它和企业战略的一致性，又要保持它的独特性。它们之间的关系是相互影响、相互印证、相互协调的动态反馈关系。

技术战略主要包括以下三大方面：技术的选择、技术地位的选择、技术获取方式的选择。

（1）技术的选择

技术的选择就是对什么技术进行开发的选择。而技术选择同产品开发、市场开发的协调经常会有人提出这样的问题：是产品开发重要、市场开发重要还是技术开发重要？对这个问题的回答是，在不同的情况下，可以有所侧重。一般说，一个企业选择了技术开发，其指导思想应该是对企业整体战略贡献最大的技术，而且应该是开发成功率最高的技术。但从总体上说，它们都是企业总体战略的组成部分，需要把它们协调起来。在大多数情况下，技术的选择要适应产品创新和市场开拓的需要。但技术的发展有其自身的规律，需要有近期和中长期技术发展的适当安排。

（2）技术地位的选择

技术地位的选择，即企业是要追求技术领先地位还是要处于技术跟随地位。

技术领先，即指企业通过率先创新而在竞争对手中处于技术"排头兵"地位。具有明确科技战略的企业，无论采用技术领先战略还是采用技术跟随战略，它们都是一种主动的战略，两者的差异仅仅是追求领先和情愿跟随的选择问题。不论是技术领先，还是技术跟随，都有可能用于支持企业基本战略。决定企业应该作为技术领先者或技术追随者的基本因素有以下四个：企业核心能力、率先创新优势、率先创新劣势和技术领先的持久性，这四个因素相互影响并决定了技术战略的权衡选择。

①企业核心能力

企业核心能力是识别并提供竞争优势的知识集，它对企业能否及时发现创新机会并获得创新成功具有决定性意义。

作为企业核心能力的知识集包括四个相互关联的子集，它们分别是知识和技能、技术体系、管理体系、价值观念与行为规范。

体现在企业员工身上的知识和技能是最常提到的构成核心能力的要素，它包含了企业特有的知识与技能状况、包括了对科学技术的理解。此要素与新技术开发具有最明显的相关性。

技术体系指经过多年的积累与选择，经过编纂整理建立起来的技术知识系统。

管理体系指正式的或非正式的使用知识和创造知识的控制系统。例如监督与激励、责任与权利、分权与集权、报告制度等。

价值观念与行为规范是融合于前三种要素之中的，它是企业文化的一种表现形式，它反映企业内部对于知识的内容和结构，获取知识的方法的偏好和评价标准。

构成核心能力四个要素往往都反映了企业基于历史的经验积累、行为与信念。核心能力的一个显著优点就在于它是特定企业的独特继承物，不易被竞争者轻易模仿。

一个企业能否正确评价并培育自己的核心能力，是能否及时识别创新机会并提高创新成功概率的关键。例如日本的卡西欧公司曾率先推出只有名片大小的微型收音机，它之所以能把一台收音机放到一块芯片上的原理变成现实，是因为它具有独特核心能力，能够成功地把微型化技术诀窍、微处理机设计以及材料科学和超薄精密件等各种技术、技能结合成协调一致的知识流。正由于这种核心能力的存在与发展，它又将同样的知识运用到微型卡片式计算机、袖珍式液晶彩色电视机和数字式手表上。

核心能力四要素对于不同企业具有不同的表现形式，所起的作用大小不尽相同，正确认识企业自身的核心能力的优势所在，有助于企业在创新选择中扬长避短或扬长补短。

②率先创新优势

一个企业如果率先创新并能够实现领先者优势，技术领先选择就是一种正确的选择。

率先创新的优势通常主要来自信誉优势、法规优势、专有学习曲线优势、利润优势和经营资源优势。

信誉优势。率先创新成功的企业，如果能够为消费者提供独特产品和优良服务，与消费者建立起忠实可靠的信用关系，加上广告宣传和其他宣传媒介，就可以建立起开创者的形象和领先者的信誉，这种信誉是潜在竞争者的障碍，同时也有助于领先者获得长期的形象利益。

法规优势。率先创新者可以通过专利保护自己的利益，可以得到政府为鼓励企业创新而实行的优惠政策，以及政府推广重点科技成果的种种利益。率先创新者可以先行确定技术标准并迫使后来者采用，从而力图把后来者的技术纳入自己的轨道上。如当今日本和欧美各国积极研究开发数码声像设备即是一例。

专有学习曲线优势。如果率先创新能够产生一个波及竞争者的专有学习曲线，率先创新者就能借助它所创造的新学习曲线和率先降低学习曲线之利而获得成本优势或差别化优势。如果它能保持这种专有曲线及其排他性（如可口可乐的秘密配方），就能确定长久的企业优势。

利润优势。率先创新者在某些情况下可以至少得到早期的高额利润，特别是当率先创新者能够迅速扩大市场需求的时候。

经营资源优势。率先创新者可以利用至少在早期缺乏有力竞争者的时机，在获取优越的经营资源方面取得优势，如物质资源、人力资源等。

③率先创新劣势

率先创新者的劣势主要来自于两个方面：一是创新成本；一是率先创新者优势赖以存在的条件变化所造成的损害。

创新成本是指创新过程中所发生的一切成本。完整的创新过程种的成本包括研究开发、设计制造、产品营销的各种成本等，如研究开发的各种资源投入，制造中的原材料、新型机器设备的投入，培训和服务设施、开发市场即教育买主的投入等等。创新成本的构成，因技术创新的不同有所不同，但率先创新者往往都要承受巨大的创新成本，这是毋庸置疑的。

率先创新者优势赖以存在的条件变化所造成的损害相对于创新成本而言要复杂得多。一般而言，率先创新的优势所赖以存在的条件会由于技术自身发展的不确定性和市场需求的不确定性而发生巨大的变化，从而使原先所拥有的优势瓦解。

同时，如果所开发的技术和产品一开始就显示出极好的市场业绩的话，这往往会有相当多的跟随者。而他们一般要比创新者具有明显的成本优势，这使率先创新者处于不利的市场位置。特别当跟随者是一些实力雄厚的企业时，率先创新者的劣势尤为明显。

④技术领先地位的持久性

技术领先地位的持久性主要取决于其技术的不可复制性和后续创新速率。技术的不可复制性首先与技术来源有关，即它是来源于企业自身还是来自企业外部。一般而言，当技术主要来自外部（如供应商或用户）时，保持技术的领先地位就比较困难。技术的不可复制性的强弱还取决于技术的专有性。技术的专有性越强，具有独特性的专有技术越多，技术的不可复制性就越强。技术的专有性并不完全取决于专利保护。一项技术，越是具有难观测性和难解析性，其专有性也就越强。

后续创新速率。在新产品基本创新完成之后，能否快速进行各种渐进性的产品创新和工艺创新，对企业能否占据领先地位往往具有决定性意义。后续创新很快的企业可使技术领先得以持久。

(3) 技术获取方式的选择

技术获取方式的选择主要取决于成本、时间、技术能力培育、可行性和风险性等因素。一般地，企业获取技术的方式主要有以下几种：

①自主的研究开发

这种类型是企业通过市场调研、技术发展及市场需求预测，由自己的研究机构，开展基础理论及有关新技术、新材料等的研究，探讨新产品的原理与结构，从而研制出本企业独特的新产品或更新换代产品。它一般经历基础研究、应用研究和开发研究三个阶段，多为实力雄厚的大中型企业所采用。

②技术引进

这是指在技术转移过程中买进技术。技术引进包括"硬件"引进与"软件"引进。所谓"硬件"是指有形的技术实体，如成套设备、单套设备、生产线和零部件等；"软件"是指技术专利、技术诀窍、技术数据、聘请专家、引进先进管理等。"硬件"的引进可以快速形成生产能力，迅速地生产出产品，但引进方在购买硬件的交易中得不到技术专利和专有技术。软件引进不能直接形成生产能力，往往需要同本企业的已有技术相衔接，并与本国设备或制造能力相匹配。

日本企业技术进步速度之快，成效之显著，是举世公认的不争事实。日本企业的技术乃至产品，大多是从别国"拿来"的，但这种"拿来"是建立在自主开发基础上的，并且十分注重消化吸收，从而真正掌握引进技术。在实施"拿来"战略中，他们特别注重软技术的引进。不少企业认为，比起购买先进设备来说，购买专利更有利于掌握先进技术。在引进技术后，日本企业并不满足于消化吸收原有的技术，而是坚持举一反三，加以创造，强化产品的创意和独特性，并进而取得国际专利。国内外的经验表明，硬件引进特别是成套设备的引进固然有比较安全快捷之利，但它不仅需要花费巨额资金，而且不利于培养自己的研究开发能力，不利于自己的技术积累。从长远看，我国企业总体上应由以往的硬件引进为主逐步过渡到"软硬结合"和"以软为主"。

同自主研究开发相比，企业选择引进技术的部分或全部，这种做法的优势主要体现在以下三方面：节省时间、节省费用、减少风险。

技术引进是实现企业长期战略的手段。因此，企业不应满足于技术引进的短期效应，而应注意能够促进企业技术发展战略的实现，以便更好地服务于企业战略。这就需要在技术引进基础上，考虑它的消化、吸收和再创新。从技术引进到自主创新一般可分为五个阶段：第一是操作阶段；第二是维护阶段；第三是修理阶段；第四是模仿阶段，包括完全模仿、进步改良和综合改良；第五是自主创新阶段。许多企业的经验表明，能够达到模仿阶段是极其重要的，它表明企业已经具备了技术模仿的六个前提：技术积累、材料和能源、机器设备、人员、管理及市场。在模仿过程中往往会出现改良，从小的改良到局部改良再到综合改良，知识积累到一定程度就会为自主创新准备条件。日本企业在世界上的迅速崛起并处于领先地位，与他们重视技术引进，特别是软件技术引进，重视引进技术的消化、吸收与再创新是分不开的。

③引进与革新相结合

这种结合方式有多种，主要有以下几种：

A. 通过引进关键设备，或对原有设备进行改装利用，并采用现代化的测量、监视与控制技术，使操作科学化，生产工艺达到最佳化。

B. 在某些生产工序之间采用一些新技术、新设备、强化工艺过程，使生产流程合理化，并为连续生产创造条件。

C. 充分利用原有企业厂房与外围设备，拆旧换新，引进先进设备替换落后设备。

D. 以技术引进带动技术改造，加速技术革新的步伐。

E. 提高折旧率或采用快速折旧法，促进设备革新与技术改造。

三、技术改造战略

1. 企业技术改造的含义

(1) 企业技术改造的定义

所谓技术改造就是以满足市场需求为出发点，在坚持技术进步的前提下，把科学技术成果应用到企业经营的各个领域。不断地用先进的技术代替落后的技术，用先进的工艺和设备代替落后的工艺和设备，用先进的管理组织代替落后的管理组织。实现以内涵为主的扩大再生产，提高产品质量，促进产品的更新换代，节能降耗，获取较高综合经济效果的动态过程。

(2) 技术改造的内容

企业技术改造的内容相当广泛，围绕满足市场需求这个中心，主要包括以下几个方面：

①生产工艺、装备的技术改造。生产工艺的改革是企业技术改造的基础，包括工艺方法、工艺流程、操作手段的研究和革新；工艺装备的技术改造与工艺改革密切相关，包括设备和工艺装备的更新和改造，产品试验、检测手段的更新改造。对设备的技术改造重点在对工作母机的更新和改造上。

②产品的改进、更新换代和新产品开发。根据产品寿命周期理论，在产品的成熟期，产品的需求趋向饱和，市场竞争十分激烈。企业为巩固已有的市场份额和进一步扩大市场份额，延长成熟期，以便获取高额利润，那么进行产品的改进和更新换代是企业主要的策略和手段。进行产品的改进和更新换代包括：改进产品质量，注重改善产品的功能特性，如耐用性、可靠性等；改进产品的式样，增加产品的用途，注重于增加产品的新特点，扩大产品的多功能性、多用途、安全性或便利性等。同时通过对先进技术和当代科学技术成果的应用，开发新产品以更好地满足市场的需要。

③企业劳动设施和生产环境的改善。按照企业安全生产、生产技术组织和管理的要求，来合理地规划与布置工作场地，对厂房和生产劳动设施进行必要的改造；根据环境保护的要求，改善企业的劳动环境，对企业的环境污染处理装置进行必要的更新和改造。

④提高企业的经营管理水平。改善企业的管理组织，采用先进的管理手段和方法，建立相应的管理秩序和规章制度，以保证技改的新工艺和新设备投产后，能有节奏高效地制造出优质产品。

上述各项内容在技改中经常是有机地结合在一起的。某一企业的特定时期可能对其中的某一方面有所侧重，但切不可把技术改造单纯理解为设备的更新改造。

2. 企业技术改造的战略实施

为了确保企业技术改造工作取得成效，企业的技术改造战略

中主要应做好以下几方面的工作:

(1) 选好主攻方向

技术改造的主攻方向也即企业技改的重点。选择好的主攻方向是技术改造活动取得理想成效的关键保证。企业的技术改造应以市场需求为导向,以产品为龙头,以质量为中心,以提高社会综合经济效果为宗旨。所以必须针对国内外市场需求上质量、上品种、上水平、上能力的要求,围绕名、优、特产品进行改造,努力开拓新市场、新产品、新领域,提高企业的竞争能力和应变能力。

在对主攻方向的确定上,可与企业的价值工程活动有机地结合起来。通过对企业中的产品、服务以及技术、管理工作等方面展开价值分析,根据价值=功能/成本,优先选择那些功能与成本费用不相匹配,价值偏低的对象作为技改的首选目标对象。

①企业技术改造的重点

对一般企业而言,企业技改应重点解决的问题包括:

A. 影响产品质量的基础零部件、基础机械、基础工艺的改造;

B. 围绕发展名、特、优、新产品的改造;

C. 大力研究和改造节能、节材的产品;

D. 以技术进步为主旨,围绕技术创新和科技成果的转化应用开展技术改造;

E. 围绕新资源、新技术、新工艺的开发利用开展技术改造。

②以产品为中心的技改方向

以产品为中心的改造重点是产品设计的改革。因为产品设计不仅从技术上决定了产品的适用性、产品的前途,而且决定了产品的生产工艺、生产设备、生产周期、生产成本和使用新元器件,决定了减轻产品重量、简化产品结构和加工工艺及其费用。产品设计改革的主攻方向是:

A. 采用新原理、新结构、新技术,提高产品的技术含量,提高产品的功能,形成高新技术产品;

B. 运用新技术、新工艺、新材质,降低物耗和能耗,降低产品的生产成本;

C. 运用新的设计理论和方法,提高产品安全性和可靠性,降低产品使用费用;

D. 进行美学设计,改变产品的外观,使之更符合现代人的审美需求;

E. 运用最新科技成果,增加产品附加价值,降低产品成本,提高产品价值。

企业要根据自身的技术、设计能力,选择适宜的设计方法,促使产品设计改革。当前行之有效的方法有:

A. 优化设计方法,此法是通过技术(精度、质量、重量、结构、工艺)优化,经济(成本、价格、规模)优化,综合效果优化,使设计的产品在一定的技术经济条件下达到最理想的目标。

B. 价值工程法,此法是以功能分析为核心,通过科学的功能与成本及其关系的分析,使产品具有高价值。

C. 计算机辅助设计(CAD/CAM/CAE/CAPP)

D. 虚拟技术和智能设计技术等。

③工艺技术的改造方向

工艺是实施产品改革的保证。技术改造应坚持产品技术与工艺技术并重的原则,坚持以提高工艺水平为基础的原则。

现阶段工艺改革的主攻方向是:

A. 适应产品改革的要求,尽可能采用国内外先进的工艺方法和工艺流程,如采用精密成型技术、柔性生产系统等;

B. 注重工、夹、量、模具等附件的改造,以提高工艺装置的整体效果;

C. 注意改进产品所需检测方法和检测手段,使之高效化和自动化,如采用现代测控技术等。

(2)切实制定全面规划

企业的技术改造工作是一项具有战略性的工作,必须制定规划,以明确改造的目标和重点,分清改造项目的轻重缓急,落实进行改造所需的各项条件,从而保证技改工作的顺利进行。

技术改造规划应以市场调查为前提,面向市场需求,确定合理的改造方向和资金投量；面向信息市场，减少投资风险；面向技术市场，为改造项目选择先进、成熟的产品技术和工艺技术；面向资金市场，注重拓宽技改资金的来源渠道。企业的技改规划，既要有总体规划，又要结合行业特点的规划。根据企业的中长期经营目标和规划，结合产业、行业结构调整的要求，在规划中明确规定企业在一定时期内技术改造的规模（投资额）、改造项目、内容、方法、资金筹措、经济效果、时间和日程安排等。企业的技术改造经常是分阶段进行的，因此，既要有体现长期目标的长期规划，又要有体现近期安排和技术组织措施的短期实施计划，既要有总体改造计划，又要有单项改造计划，做到大小项目结合，长短计划衔接，使技术改造活动能够有计划有步骤地进行。同时，要注意，企业的技术改造活动不仅与产品、技术部门有关，事实上它是企业各个部门、各个环节共同参与的事业。所以，技改规划应全面制定，除确定负责部门外，还应明确各部门的配合要求，做好技改规划与其他各专项计划的综合平衡。

(3) 加强组织管理和队伍建设

技术改造的工作过程的组织与管理，可借鉴质量管理的 PDCA 循环（P 指 Plan，即计划；D 指 Do，即执行；C 指 Check，即检查；A 指 Action，即处理）来进行。

技术改造活动作为企业的一项经常性工作，建设一支技术素质良好，能够胜任技术改造工作的队伍是当务之急。企业职工最了解企业的生产经营和技术水平，他们是技术改造工作的主力军。为提高职工素质，企业应加强以下几方面工作：加强企业职工的业务培训，努力培养一批具有复合型知识结构的人才；提倡群众性的提合理化建议活动，并把它同职工的切身利益挂起钩来；充分调动企业全体职工，特别是科技人员的积极性。

第四节　新产品开发战略

一、新产品的概念

新产品是指在原理、结构、性能、材质、用途等一方面或几方面有改进或全新的产品。显然,新产品的这一定义决定了新产品是一个相对的概念。

新产品可从不同的角度进行分类。

1. 按产品的创新程度进行分类:

(1) 全新产品。指采用新的科学原理、新结构、新技术、新材料制成的产品,也称绝对新产品或无可置疑新产品。

(2) 换代新产品。只采用新材料、新元件或新技术,革新了原有产品的工作原理或性能,使产品的性能有显著提高的产品。又称为部分新产品。

(3) 改进新产品。指对产品的结构、材料、花色品种等方面作出改进的产品。严格地说是对老产品的改进,它是由基本型产品派生出来的改进型。

(4) 仿制新产品。指企业仿制市场上已有的新产品,但是企业首次生产的新产品。

2. 按产品的地域特征进行分类:

(1) 国际新产品。指在世界范围内第一次生产和销售的产品。

(2) 国内新产品。指在国内第一次生产和销售的产品。

(3) 地区或企业新产品。指本地区或本企业第一次生产和销售的产品。

二、新产品开发的途径

新产品开发的途径很多,归纳起来有如下三种类型:

1. 自行研究和设计制造新产品

自行研究和设计制造新产品,是新产品开发的一种重要途径。这种途径又可分为:

(1) 从基础理论研究开始,经过应用研究和开发研究,直到试制成功新产品,并投入市场。采用这种途径开发新产品,一般需要花费大量的人力、物力和财力,而且时间比较长。所以,只有那些技术力量比较强和资金比较雄厚的大中型企业,才有条件采用这种方式开发新产品;或者是由国家投资,集中人力、物力和财力,来开发某些重要的新产品。通过这种方式开发出来的新产品,可以使企业在该领域里较长时间保持技术优势。因此,可在竞争中处于领先地位。

(2) 利用已有的基础理论,进行应用研究和开发研究,直到试制成功新产品,并投入市场。采用这种方式开发新产品,比前一种难度要小,所需的人力、物力和财力也比较少,时间也比较短。一般的大中型企业都有条件采用,有条件的小型企业也可以搞。

(3) 利用已有的基础理论和应用研究成果,进行开发性研究,直到试制成功新产品,并投入市场。采用这种方式开发新产品,所需要的人力、物力和财力不多,不仅大中型企业可以搞,有条件的小企业也可以搞。

2. 技术引进或移植生产

引进先进技术或移植生产是新产品开发的又一重要途径,也是技术经济比较落后的国家赶超世界先进水平的一条成功经验。

移植生产的方式很多,它可以与外商签定许可证协议,将国外的先进产品引进到国内来生产;也可以从国外购买先进的样机,通过测试,取得各种数据,进行仿制;还可以将科研部门、大专院校的研究成果或样品,通过技术市场,转移到企业进行生产;还可以购买其他单位的图纸或技术资料进行生产等。

3. 合作开发式

合作开发是指企业与科研部门、大专院校联合开发新产品,推进产学研一体化。把高校、科研单位和企业的科研力量,通过多种方式有机融合起来,进行实用技术的攻关,使科研课题切合企业实际,研究出来后能立即在企业运用,实现其自身价值。如利用科研部门或大专院校的技术力量搞研究,利用企业的设备和其他物资力量搞实验,把两者的优势结合起来,对加快新产品的开发有显著作用。象日本的一些有心计的企业,还把科研的触角伸向国外,纷纷与外国高校、科研院所的科技人员进行松散型、阶段型联合,利用他们的智慧共同研究新技术、开发新产品。

4. 仿制

企业通过仿制市场上畅销产品,以达到迅速进入市场的目的。采用这种方式生产新产品,最大的好处是可以节省研究开发费用,同时,不用承担市场风险。

三、国外大企业新产品开发的特点与趋势

1. 产品开发管理的主要特点

(1) 注重壮大研究开发机构,研究机构本身的作用与地位也在发生变化。

(2) R&D 的投入巨大,比如日本大企业对 R&D 的投入占总销售额的 5%～8%,我国则不到 1%。

(3) 广泛网罗人才。

2. 产品开发趋势的主要特点

(1) 产品开发的速度加快。如软件的寿命一般不超过一年。

(2) 产品开发的目标越来越高,如日本松下公司提出了"550"战略,即技术水平要高出别国 5%,生产成本要低于别国 5%,不合格率为 0。

(3) 产品开发的层次越来越深。

(4) 由于产品开发的风险越来越大,促使国际合作加强,竞争与合作并存。

3. 产品开发方向的主要特点

(1) 高能化与多能化并进。例如,开发能听懂 16 种语调、会 120 种款式的声控缝纫机等。

(2) 向大型化和微型化延伸。如超大屏幕彩电与超级微型彩电的不断问世。

(3) 节能化与美观化并举。如日本研制出的太阳能手表,光照 2 分钟可用 10 天。

(4) 标准化与系列化同步。

四、新产品开发策略

1. 产品组合策略

所谓产品组合,是指企业生产经营的所有产品线与产品品种的组合方式,也即企业全部产品的结构。其中,产品线是指密切相关的一组产品,这些产品能满足类似的需要或必须在一起使用,销售给同类用户群。在产品目录上列出的每一个产品都是一

个产品品种,具有上述密切相关性的产品品种就组成了产品线。产品组合由三个要素:广度、长度和关联性。产品组合的广度,是指企业内由多少条不同的产品线。产品组合的长度,是指每一产品线上平均拥有的产品品种数。产品组合的关联性,是指各条产品线在最终用途、生产条件、分销渠道等方面相互关联的程度。

在研究与开发新产品时,必然要考虑到产品组合,考虑到企业需要多少产品线和产品品种数目。产品组合策略,主要有:

(1) 宽产品组合策略

宽产品组合策略,是指企业生产多个产品线产品,同时,每个产品线又有多种产品品种,即产品组合中的广度和长度都大的一种策略。宽产品组合策略的优点:产品线和产品品种多,可以充分利用企业的现有技术、工艺和装备,以及分销渠道。技术力量强大的企业,可采用宽产品组合策略。新产品的试制、生产困难相对较小,成本较低。同时,产品多,可服务于多个市场,从而降低风险。

(2) 窄产品组合策略

窄产品组合策略,系指企业只有一、二个产品线,每个产品线中也只有一、二个产品品种,即产品组合的广度与长度均较小的一种策略。采用这种策略,可以使企业集中有限的人力、物力和财力,搞好一、二个新产品。这种策略对于各方面能力有限的中小企业来讲,不失为一种开发新产品的良策。

2. 最低成本策略

新产品在市场上是否有竞争能力,价格是一个主要因素。要使新产品的价格具有竞争力,就必须大力降低新产品的成本。采用这种策略的企业,需要研究和改进工艺能力以及具有较高的劳动生产率。这样,才有可能使新产品在价格上具有竞争能力。

3. 差异化策略

差异化策略的精髓是产品的独特性。这种独特性主要体现在技术特征、功能特性、产品质量、分销渠道、品牌形象等方面。企业开发新产品,以产品差异化为前提,借助雄厚的科研开发力量,不断推出设计新、功能新的产品。同时,致力于向用户提供及时周到的服务,在竞争中独树一帜。如通过完善的分销渠道和服务网点,建立起能提供高质量服务的组织,以及在交货期、支付方式、售后服务等方面提供比竞争者更优越的条件等。

五、新产品开发的决策过程

新产品开发的一般决策过程如图7-2所示:

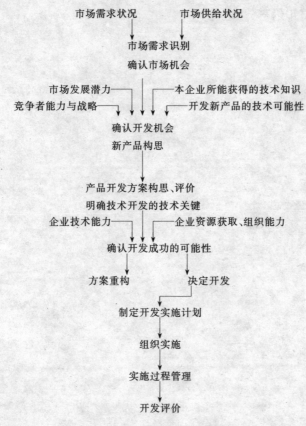

图 7-2 新产品开发决策过程图

任何一种新产品的开发,无一例外的必须根据市场需求状况来定。通过对市场需求的分析和预测,以及对本企业自身的技术、资源等条件的考察，确认这是否是本企业的开发机会。若是，则进入新产品开发程序，通过产品方案构思，形成产品概念，明确相关的关键技术，在此基础上进行新产品开发的可行性论证。在确认开发可行并作出开发决定后，就要制定并组织实施开发计划。内容包括组织安排、研究实验、设计、试制、样品鉴定、生产技术准备、试生产、市场实验等。根据市场实验的结果，进行开发评价，从而作出是否投入正式生产，以及如何进入市场等营销决策。

第八章 质量战略

"质量第一",是每一个现代企业家、经营者需要牢固树立的观念,应该以战略眼光不断地探索、研究适合我国企业环境的质量战略模式。随着我国市场经济体制的确立,改革开放的不断深入,科学技术尤其是高新技术的日益发展,都使我们的企业面临着一个强手如林的国际市场,同时也面临着一个前所未有的竞争激烈的国内市场。如何在竞争激烈的市场中争得一席之地,产品质量是企业提高竞争力的重要支柱。现代企业应以质量开拓市场,占领市场,以优质取胜,求得生存发展,在竞争的环境中常胜不衰。因此,质量战略是现代企业战略中的一个重要组成部分。

第一节 质量战略及其意义

一、质量的定义

质量有广义和狭义之分。广义的质量是指产品、过程或服务满足规定要求的特征和特性的总和。根据这一定义,质量可以分为产品质量、工序质量和工作质量。产品质量是指产品适合于规定用途,满足社会和人们一定需要的特征。工序质量(或工程质量)是指工序能够稳定地生产合格产品的能力。工作质量是指企业的管理工作、技术工作和组织工作对达到质量标准和提高产品质量的保证程度。狭义的质量是指产品质量。产品质量包括:内在质量特征,如产品的结构、性能、精度、纯度、物理性能、化学性能等;外部质量特征如产品的外观、形状、色泽、手感、气味、光洁度等。质量特性可概括为产品性能、寿命、可靠性、安全性和经济性五个方面。

从20世纪初的至20世纪40年代的单纯质量检验（SQI）到现在的ISO 9000系列标准象一股旋风席卷全球。这说明所有企业不论规模大小，不管是制造业还是服务业，都需要制定一个长远的质量战略，使自己的企业能够达到世界级的质量水准。本章我们就从狭义质量来讨论质量战略。即产品质量战略。

二、质量对企业的意义

1. 产品质量是企业的生命

"以质量求生存"，在我国众多企业中，已是一种司空见惯的提法。这是无数企业在长期的生产经营实践中的经验总结，是在总结成熟经验的基础上逐步形成的一种共识。从国内外掀起的愈演愈烈的"ISO 9000现象"，都表明世界上所有的企业都已意识到，质量是企业的生命。《世界经理人文摘》1995年10月曾载文指出："谁需要ISO 9000呢？答案是所有公司"，文中还列举中国工业500强之一的南海油脂有限公司自实行全面质量管理后，原油、中间制品和最终产品的利润都大幅度提高。

我国《企业法》明确规定企业的根本任务是："根据国家计划和市场的需求，发展商品生产，创造财富，增加积累，满足社会日益增长的物质文化生活需要"。这种需要不仅仅是"量"的增长，而且包含"质"的提高。随着人们生活水平不断提高，人们收入的增加，人们对产品的要求也更加丰富，更加严格。数量的增长必须以质量为保证。没有质量也就没有数量。企业如果不能向社会不断提供质量优良的产品，就无法实现企业的根本任务，也就失去了存在的意义。王氏电子有限公司是亚洲一家电子设备厂商，90年代初，电子行业经历了一场大动荡，许多公司关门大吉，连IBM和菲利浦也大幅度地裁员。正当企业面临生死关头，王氏电子公司制定了一个重大的质量战略，即推行一个质量项目，以此倡导重大变革，从而使王氏电子公司在动荡竞争的环境中生存了下来，并取得了非凡的成功。

一个企业在经营上有没有后劲，有没有自我生存、自我发展能力，最主要取决于它能否向市场及时提供符合用户需要的产品。否则企业的生存必然受到威胁，更谈不到兴旺发达了。

2. 产品质量是企业的形象

所谓企业形象一般是指社会公众心目中对一个企业最重要的印象或评价以及要求或标准。良好的企业形象是一个企业最重要的无形资产。而产品质量是企业形象的窗口。众多的用户或顾客如何才能全面了解和正确评价一个企业，最重要的是产品质量的优劣形成他们个人对企业的印象，再通过顾客之间的交叉传播逐步形成一种公认的企业形象。

一个企业的形象如何，可用"知名度"和"美誉度"两项指标来衡量。所谓知名度是社会公众对一个企业知晓和了解的程度。美誉度是表示公众对一个组织的信任和赞许的程度。这两项指标的高低，往往是通过对企业质量的了解和赞赏间接地得出的。企业的质量体系通过国家认证机构认证注册，比在广告上宣传某企业的管理和技术水平要有用得多。产品的认证标志和质量体系的注册证书已成为企业不是广告的广告，是附在产品上的信誉证明。企业质量水平全面提高，并获得质量机构认证后，便会得到各个国家的承认。具有质量"知名度"和"美誉度"的优势，这大大有利于企业在激烈的国际国内市场竞争中取胜。因此说，产品质量又是树立企业美好形象的媒介。

目前，由于我国商品经济不够发达，生产力比较落后，各地区发展不平衡，各企业之间生产技术和管理水平参差不齐等原因，致使产品质量差异较大。国内许多企业已经认识到，应通过不断提高企业的质量，充分利用质量的"窗口"、"媒介"作用，建立自己的美好形象。厦门华侨电子企业有限公司在获质量认证合格证书后，公司的"知名度"、"美誉度"得到显著提高。众多国外客商慕名而来，宁可花高一些价格定购该公司的产品。1993~1994年，外销订单纷沓而至。

3. 质量是不断提高企业经济效益的重要条件

企业生产，从原料到成品的转移，既是使用价值形成过程，又是价值形成过程。只有当产出大于投入时，才产生经济效益。如果产品质量低劣，粗制滥造，废品成堆，必然会加大成本，同时会引起销售不畅。销售不畅必然加大成品的库存，从而增加了资金的占用,势必造成企业经济效益的下降。

企业只有生产出优质产品,以优取胜,才能提高产品市场占有率,才有可能提高企业的经济效益。企业实施全面的质量管理,建立 ISO 9000 质量体系,企业内部实现自动化管理,各环节、各过程得到有效控制,对产品质量形成全过程的各技术、管理和人员因素提出全面控制的要求,减少了返工、返修和废品。使得生产成本下降。另外,由此产生的高合格率意味着效率和产量的提高,因不合格而被索赔的风险大大降低。

第二节 产品质量战略

狭义的质量就是产品质量。所谓产品质量,就是适合社会和人们需要所具备的特征。由产品内外部质量构成的产品质量特性可以概括为产品性能、寿命、可靠性、安全性和经济性五个方面,产品质量战略应围绕产品质量特性逐一展开。

一、产品性能战略

所谓产品性能是指产品满足使用目的所具备的技术特性。产品性能优劣是产品质量优劣的决定因素。产品质量是通过产品性能表现出来的。因此,产品性能战略是制定产品质量战略中的重要内容之一。

随着现代科学技术的突飞猛进,推动着产品性能的提高,但同时也对产品性能提出了更高的要求,需要将现代科技与产品性能紧密地联系在一起,才能在高速发展的竞争社会中求得一席之地。由于各个企业生产的产品不同,所处的地域不同,环境各异。因此,我们要根据企业或产品的具体情况分别采取不同的战略。

1. 高性能战略

现代科学技术日新月异的发展已经达到了每一天都有新的技术发明,都有新技术应用到产业中去的程度。要赶上、超过或接近当代世界的先进水平,就必须采用高技术从根本上提高产品性能。提高产品高技术含量,进而提高产品的性能,这是产品质量战略首先要考虑的方面。青岛海尔电冰箱厂一直重视产品的高性能战略，注意高技术的转化与应用。率先在全国推出变频式空调器，达到世界先进水平。使海尔冰箱的市场占有率保持全国第一，并出口到国外市场，与国际名牌展开竞争。

2. 适用性战略

适用技术是指一个国家、地区或企业为了达到一定的目的，在可能采用的多种技术中，选择最符合本国、本地区、本企业实际情况，经济效益和社会效益最好的一种技术。通过采用适用技术，对现有产品进行改造，使产品性能得到改善，以适应一个国家或地区在一定时期内的质量要求。例如，上海的洗衣机厂家普遍认为小容量洗衣机的市场占有率很低，但青岛海尔看准现代上海人换洗衣服勤，每次洗衣量少，住房面积小，采用适用性战略，推出"小小神童"洗衣机，一举占领大半个上海洗衣机市场。等上海某些洗衣机厂家意识到这一战略高明之处时，市场已失去大半。

3. 可靠性战略

产品可靠性是指在规定的时间内、规定的条件下，完成规定功能的能力。从一定意义来讲，它是产品性能的延伸和实现条件。企业应根据不同产品的具体要求，在降低故障率、平均修复时间、维修度、有效度等方面采取相应的策略，保证产品可靠性的提高。日本有一家企业提出故障率为零的口号。采用故障率、不合格率对每项产品、每项工作进行考核，提高产品可靠度，从而提高产品质量。

二、产品使用寿命战略

一般来说，产品使用寿命的长短，是产品质量好坏的重要标志之一。同样一种产品，产品使用寿命长，就意味着产品的质量好。产品的使用寿命，一般可以从不同的方面，针对不同产品的特点采取相应的战略措施。

1. 改进产品设计和整体结构以延长产品使用寿命的战略。
2. 改善零部件质量以延长产品使用寿命的战略。
3. 使用优质材料，改进加工工艺，以延长产品使用寿命战略。

延长产品使用寿命战略对大多数企业是适用的、有效的。上海轮胎橡胶股份有限公司生产的"双钱"、"回力"轮胎,改善原材料质量状况,采用先进工艺,延长使用寿命,使得"双钱"、"回力"轮胎在沪宁高速公路上国际国内轮胎品牌的大战中,以使用寿命最长赢得了声誉,深受用户好评。

三、产品经济性战略

产品的经济性是产品寿命周期总费用(总成本)的大小。它是指整个产品寿命周期内开发设计成本、制造成本和使用成本。如图 8-1 所示。

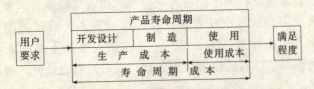

图 8-1 产品寿命周期总费用

产品经济性战略的基本指导思想就是有效利用资源,尽量以最少的资源消耗,满足用户对产品质量的要求。一种成功的质量战略,应该是既能改善产品质量,又体现经济性的要求。唯其如此,方能提高社会效益和企业的经济效益。

从图中我们可以看出,产品的经济性战略主要有两种:

1. 降低生产成本战略

生产成本主要包括了产品开发、设计及制造费用。因此,在设计时要尽量考虑采用先进技术(运用技术)和先进工艺,从根本上保证产品的先进性和适用性。在产品制造过程中,应努力提高机械化、自动化水平,提高工人技术操作水平和工效,降低制造费用。

2. 降低使用成本战略

产品使用成本一般包括存储费、运输费、维修费等。随着科技发展,产品的技术性能越来越高,相应的使用成本也不断提高。因此,应大力降低产品的存贮费、运输费。再通过降低能源消耗以降低使用成本。关于降低维修费用，可采用一次性消费战略，使维修费用等于零。企业还可以采用零配件更换战略，这既方便了用户，又降低了维修费用。

四、产品外观战略

在市场上众多同类产品中，当产品内在质量又大体相同的情况下，外观质量如何，常常影响购买者的决策。因此，外观质量如何对于企业打开销售渠道、扩大销售量起着重要作用。产品外观质量也是产品质量战略的组成部分。

1. 改变产品造型

产品造型是产品外观质量的基础。现在产品造型更向可观赏、可摆设、使用方便的方向发展。

2. 改进产品色彩

俗话说：货卖一张皮。企业应不断改进产品的外观设计，以适应顾客的需要。例如现在的手机市场，为迎合顾客对不同色彩的需要，阿尔卡特公司推出了七彩手机，连一向稳重的摩托罗拉公司也推出了七彩手机，以求通过改善外观占领更大的市场。

企业在采取外观战略时，要特别注意时代特点、民族习惯、不同层次顾客的观点，以防弄巧成拙。

第三节 质量管理战略

广义的质量是指：产品、过程和服务满足规定要求的特征和特性的总和。根据这一含义，如前所述，质量可分为产品战略、工序质量和工作质量。制定质量战略，要从全面、全过程实施质量管理。所谓质量管理是指最经济、最有效的手段进行设计、生产和服务，以生产出用户满意的产品。

一、全面质量管理战略

全面质量管理是指企业全体员工及各个部门同心协力，综合运用管理技术、专业技术和科学方法，经济地开发、研制、生产和销售用户满意的产品的管理活动。包括设计、研制、制造、辅助生产、使用过程的质量管理。

(1) 设计、研制过程的质量管理

设计、研制过程是质量管理的关键,对产品质量的形成起决定性作用,包括调查研究、产品设计、工艺设计、工装设计、制造样品与试制鉴定等环节。

(2) 制造过程的质量管理

制造过程是产品质量的直接形成过程。为此应抓好以下几项工作:提高工艺质量、严格工艺纪律、均衡组织生产和文明生产、组织技术检验、加强对不合格产品检验管理、及时掌握质量信息进行分析,运用质量控制方法,搞好工序质量控制。

(3) 辅助生产过程的质量管理

企业辅助生产过程主要包括物资供应、工具供应、设备维修等内容。搞好辅助生产过程的质量管理,为制造过程实现优质、高产低耗创造必要的条件。

(4) 使用过程的质量管理

使用过程是考验产品实际质量的过程,是质量管理的"归宿点",又是企业质量管理的起点。必须抓好以下工作:积极开展技术服务,进行使用效果与使用要求的调查,提高售后服务,变"三包"(包修、包换、包退)为"三保"(保证向用户提供优质产品、充足的配件、良好的服务)。

二、全面质量管理的特点

(1) 管理的范围是全面的,即实行全过程的质量管理。要求从产品的设计、试制、制造、辅助生产到使用全过程都进行质量控制,以便全面提高产品的质量。

(2) 管理质量方法是全面的、多样的。我们在质量分析、质量控制上都必须以数据为科学依据,以统计质量控制为基础。全面综合运用各种质量管理方法,实行组织管理、专业技术、数理统计三结合,充分发挥它们在质量管理中的作用。

(3) 质量管理的对象是全面的。不仅要管好产品质量,而且要管好产品质量赖以存在的工作质量,实施全过程质量管理。

(4) 参加管理的人员是全面的。它要求企业各部门、各环节、全体员工都参加质量管理。

三、实施 ISO 9000 系列标准

ISO9000 系列标准,是在总结工业发达国家质量管理经验的基础上,为适应发展国际贸易的需要,于 1987 年 3 月正式颁布的一整套国际性质量标准体系,具有较强的指导性和实用性。

ISO9000 系列标准是通用的,并得到世界各国的普遍承认。ISO9000 系列标准共分为 5 个组成部分,即 ISO9000、ISO9001、ISO9002、ISO9003、ISO9004。

ISO9000 是系列标准的选用指南,并为其他标准的应用建立了准则。它主要阐述了几个质量术语基本概念之间的关系,质量体系环境的特点,质量体系国际标准的分类,以及在质量管理与合同环境中质量体系国际标准的应用。

ISO9001 是开发设计、生产、安装和服务的质量保证模式标准。

ISO9002 是生产安装的质量保证模式标准。

ISO9003 是最终检验和试验的质量保证模式标准。

ISO9004 是质量管理和质量体系要素的指南,是非合同环境中用于指导企业管理的标准。

实施 ISO9000 系列标准,可以促进我国质量管理水平的进一步提高,提高企业竞争力,使我们在国际经济活动、进出口贸易中处于有利地位,从而推动我国商品顺利进入国际市场,参与国际竞争。

第九章 品 牌 战 略

第一节 品牌的概述

现代商业竞争,并不在于商家在其工厂中生产什么样的产品。只要有社会需要,企业尽可生产人们需要的产品。但是,其产品如果要符合市场要求,并占有大的份额,则要看其产品有多少附加价值。

产品是物质的。被加工制造出来的产品式样外观是否新颖,其包装是否美观,其产品的质量、使用特点和功能,企业为客户提供的服务,产品的品牌,这些都不是纯粹的物质性的因素,却构成了产品的附加价值。从特定意义上讲,品牌是产品价值和产品附加价值的最集中的代表,因为它是整个企业形象的一种观念上的概括。

一、品牌的概念

品牌,也是常说的商品牌子,都是商标的一种俗称。商标或者称品牌、牌子,是商品的一种标志、标识,是商品生产企业或销售企业为了使自己生产的或销售的产品,在市场上同其他生产企业或销售企业的产品相区别而采用的一种标志。

商标一经向政府工商管理部门注册登记,就成为注册商标。一个企业生产和销售的产品,一定要有商标。当然,开始时可以是非注册商标。但是,任何一个有前瞻性的企业,都应该为企业生产或销售的产品进行商标注册,注册商标受国家法律保护,享有使用的专有权。

为了使商标的概念更加清晰,有几个问题必须明确:

第一,商标和商号的区别。商号,指的是企业名称。企业名称有的是同商标分离的,有的是同商标同一的。不管是何种情况,商标是要注册的。商号也须到政府工商管理部门进行登记,才享有专有的使用权。

第二,所谓产品,包容是很广泛的,既指有形的物体,也包括服务、咨询、组织、策划等行为,都可以构成产品。产品是指人们为社会生活需求和消费所提供的一切东西。一只茶杯是产品,这许多人都理解。但一份策划书或论证报告、一项旅游活动项目、一项理发服务也都是产品,对这一点也许有的人感到不好理解。就以旅游来说,事实上就是一种特殊的商品,这种商品由设施、服务、资源等之大元件组合而成:设施,指的住、吃、行是否舒适、便捷、安全、齐备;服务,指的是服务人员是否友好、热情、周到、信用;资源,指的是人文景观、自然景观资源的丰富程度。

第三,生产企业和销售企业,也都要有自己的商标。对生产厂家来说,制造出来的是实体性的产品,需要有自己的商标,主要是为了区别别的生产厂家的产品。似乎作为销售企业只要有商号就行了,因为他出售的是各个生产厂商的产品。应该说,制造商的品牌在市场上是占主导地位的,但不等于说销售商不需要品牌。近来,在美国大型的零售商和批发商已开发自己的品牌,象"西尔斯"轮胎和"J.C.彭尼"轮胎已和制造商品牌"固特异"、"固特里奇"和"燧石"轮胎同样出名。上海的"华联超市"这一商号,也已作为品牌,在食品架上可以看到。前者,销售企业从名牌厂商进没有加商标的轮胎,贴上自己的销售企业商标,以降低成本。后者,也许可能拥有自己的加工企业,但他的产品只在自己的超市出售。

二、商品的标识体系

商品的标识体系主要包括两大部分,一是商标,二是附加标识。这两部分均是不可缺少的。

商标——包括品牌的名称和标记。名称是商标中可以读出声来的部分。这一部分有的是同商号是同一的,有的是同商号不同的；标记是供识别的符号、图案、色彩，一般这只是视角识别，不能读出来的。当然，有时也会有例外，如果标记采用的不是符号、图案，而是汉语拼音字母或汉字，自然可以读出声来，但最重要的是他是视觉识别。

附加标识——包括企业名称标志、产品产地标志、产品等级标志、质量认证标志、产品保证标志、生产许可标志、产品警告标志、销售企业附加标志等。此外，还有包装和说明书，也都可以视为产品的附加标志。

企业名称标志，是产品生产厂家的区别标志，写清是什么厂家生产的，往往同时写明地址，有的还要写上联系电话。

产品产地标志，是指厂家生产的产品使用同一注册商标，却是有不同产地的，要注明是甲产地还是乙产地。这种情况在跨国公司或合作生产的企业产品中，常常看到这种标志。

产品等级标志，是表明产品的成份、规格、型号、等级的区分标志。在衣饰上，这种标志往往还有尺码标注。

质量的认证标志，是对产品质量的认定标志。如进口食品的卫生检疫、进口商品进口验证、纯羊毛标志等。

产品保证标志，是厂家对消费者的附加服务标志。这里通常指的是维修、安装的保证卡，食品的保质期和使用期等。产品的防伪标志，也可以视为保证标志的一种。

生产许可标志，是特殊商品的区别标志。特别是关系到人民生命安全的药品、保健品、食品，专卖商品的烟、酒之类，都要有行政管理部门认定的许可生产标志。

产品警告标志，是危险商品的区别标志。对毒品、危险品等，政府主管部门都有特别规定的醒目的标志。

销售企业标志，是销售企业的区别标志。这是大型、实力雄厚和信誉卓著的销售企业所常采用的一种标志。标志上往往有销售企业的标志、名称、地址、电话等。他表示销售企业对其销售的产品负责。

商品的附加标识，是要根据产品的类别和工商管理部门、卫生检疫管理部门的规定而决定需要使用的标志，当然厂家和商家可以决定保证标志和销售标志的设定。

作为附加标志,不必每一种产品都要有齐全的标志,这完全要根据法规的规定和实际需要。同时,也不必每一种标志都设一个标签。因此,现在的商品包装和说明书,都成了附加标志的载体,成为商品的组成部分。在这种意义上,就要求商家对商品的标贴、包装、说明书的设计须精心、细心,给商品增加美观实用、新颖的外型。

三、商标的本质属性及法律地位

经注册的商标、服务商标、商号、产地标记等,和专利、实用新型、工业外观设计,都属工业产权,是知识产权的重要组成部分,是厂家和商家的无形资产,并享有专用权。这就是商标的本质属性。因此,法律对经注册的商标实行保护,对任何侵害注册商标的不正当商业竞争,实施法律制裁。

我国的第一个有关商标法规是1963年4月10日国务院公布的《商标管理条例》。在1982年8月23日第五届全国人民代表大会常务委员会第24次会议通过的《中华人民共和国商标法》并于1983年3月1日实施之后,《商标管理条例》同时废止,但以前的注册商标仍然有效。1998年1月国务院批准修订、并由国家工商行政管理局发布的《中华人民共和国商标法实施细则》,都是有关商标的主要法律和法规。这两个文件对商标注册的申请、商标注册的审查和核准、注册商标的续展、转让和使用许可、注册商标争议的裁定、注册商标专用权的保护等内容,都作了明确的规定。我国还在1984年第六届全国人民代表大会常务委员会第八次会议作出决定加入《保护工业产权巴黎公约》(1967年斯德哥尔摩文本),1985年3月19日正式成为会员国。1989年,我国加入《商标国际注册马德里协定》等。这些文件规定,商标在国际注册的要求和保护,以及注册商标优先权、商标拥有者在缔约国之间的国民待遇等。此外,我国还公布了许多有关商标注册和工业产权保护的法规,这对规范市场起了很大的作用。

根据《保护工业产权巴黎公约》中的共同规定,缔约国的商标主管机关,认定了该国的一项商标在"该国已成为驰名商标,而另一商标构成对驰名商标的侵权,各缔约国有义务给予保护。1996年8月14日,国家工商行政管理局专门发布了《驰名商标认定和管理暂行规定》。上海为了倡导创名牌,并引导商家向驰名商标方向努力,上海市工商行政管理局于1996年8月14日发布了《上海市著名商标认定与保护暂行办法》。国家驰名商标和地区(注:指有地方立法权的地区)著名商标不是谁都可以认定的,只有国家和省(市)工商行政管理部门才能组织评审和认定,其他机构无权作出认定。我国自1989年至1996年认定的驰名商标19个,1997年认定的23个,共计42个。1997年上海首批认定的著名商标34个。

驰名商标和著名商标的认定,大致有以下几个方面的条件:产品和服务的质量、产量、销售量,销售的国家和地区的广泛性,注册商标的使用历史,商标在国外的注册情况,商品在国内市场的覆盖面和占有率,宣传广告的力度和影响等。

第二节 商标的特性和作用

商标具有区别性、代表性、文化性、价值性、吸引性、聚集性、辐射性和长久性。严格地说,区别性、代表性、文化性是所有商标的特性,但价值性、吸引性、聚集性、辐射性和长久性只有著名商标和驰名商标才具有的特性。产生一个商标也许是不难的,这不应是一个优秀企业的目标,而争取创造著名品牌,并最终被政府主管部门承认为驰名商标,这才是目的。总之,一个商标成为著名商标,进而被政府主管部门认定为驰名商标,就足可佐证该企业具有优秀的企业形象,就能够产生具大的社会效益和经济效益。

一、注册商标的共同特性

1. 区别性

商标或者商号,如果简单地去理解,确实是再简单不过的东西。它是一种符号、名称,只是用来区别企业与企业的不同,区别产品的生产者或经营者的不同。也可以说商标具有排它性,不允许有相同或相近的商标的存在。

2. 代表性

商标，作为企业或商品的区别标志，又是企业在生产经营过程中积累的物质财富和精神财富总和的代表。这时，商标不再仅仅是标识和字义上的表征，而包含着企业的整体实力，如设备资金、人才科技、管理水平、产品质量、服务质量、员工素质等等。一个经营有方的企业，它的产品和信誉被广大公众所接受和确认，其品牌就成为名牌，其企业也就成了名企业。

3. 文化性

现代的企业，因为要使商标、商号（或标志）能够通过各种媒体广为宣传和广告，反复刺激公众的感官，加深对品牌的认识和了解，总是要经过精心设计的。因此，商标、商号（或标志）不仅要好看，而且要好听。同时，许多企业还要求在商标、商号（或标志）中蕴涵着企业的理念和追求，意味着企业的祝愿和目标，表示着企业的内容和特色。因此，商标又是最富有想象力的艺术创作。这都是商标、商号（标志）的文化特性。

二、驰名商标和著名商标的特性

1. 价值性

商标，在成为名商标之后，它是一笔无形的资产。进而被国家确认为驰名商标之后，它无论在国内还是国际上使用，均会得到所在国法律的严格保护。商标在成名以后，是企业的无形资产的重要组成部分。当然，无形资产还包括企业的专利技术、专有技术、商业信誉、营销网络、著作权和特许权等。那么，一个驰名商标（包括无形资产的其它要素）值多少钱？外国仅举几个公众熟知的品牌如：1994年排名前4名（据《解放日报》1995年2月14日）可口可乐值359.50亿美元、万宝路330.45亿美元、雀巢115.49亿美元、柯达100.20亿美元。国内的也仅举几例:红塔山320亿、青岛啤酒25.4亿、长虹87.61亿、海尔42.6亿、春兰40.32亿。(据北京一资产评估机构研究的1995年中国最有价值品牌研究报告,转摘自《社会主义市场经济下企业形象问题》)。

2. 吸引性

商标,在成为著名商标进而后又成为驰名商标时,它就是企业的质量、信誉、水平、素质的代名词或等同标志,成为优秀的企业形象代名词或等同标志。它就会成为象名人、名家、名星一样受到崇拜和追求,具有极大的市场吸引力。著名商标、驰名商标都是顾客购物决心的催化剂。

3. 聚集性

著名品牌或驰名商标,就象一面旗帜。具有这种商标的企业自然具有良好的企业形象。它能得到合作者,如金融界、原材料供应商、零配件供应商、粗加工厂商、销售商以及股东的充分信任,在经营中能得到最充分的协作,保证企业的良好运营。同时,它又是同行的排头兵,一些中小型厂家就会愿意受兼并,在著名品牌或驰名商标的统帅下,接受其严格管理,遵从其严格的质量标准,无形中护大了著名企业的资产和生产能力。三枪集团在两年中兼并了6家企业,就是例证。

4. 辐射性

正因为著名商标、驰名商标对顾客的吸引能力、厂家的聚集能力,使企业的整体实力大大加强,又具有进一步扩展市场的强大支撑力。在当今信息高度发达的时代,一个具有好名声的企业,一个获得好名声的品牌,不径而走,蜚声海内外。如果加上企业的宣传和广告,就能跨越地域、跨越国界,占有更多的市场份额。

5. 长久性

商标、商号和企业标志,一经注册,并成为著名商标、驰名商标之后,它往往是长寿的。说是长寿有两个原因,一是说明它经营得好,在市场竞争中能立于不败之地,具有长久的生存能力。二是万一市场风险导致企业失败或经营的意外事故使企业破产,其原有资产和著名商标仍有实际价值,企业可以易主,但商标仍可以使用下去。所以,一个名商标、一个名商号可以延续长久,南京路上的"老字号"有的经过几个历史时期,不管多少次易主,商标、商号却一直沿用下来,有的在百年以上,就是这个道理。

三、商标、著名商标和驰名商标的作用

1. 注册商标的作用

第一，便于生产管理和销售管理。由于商标的区别性，在处理各种商务往来的活动中，有品牌作为指认识别，就不容易出现差错，万一出现差错，也容易寻索和发现问题。

第二，对产品的特点和专利等工业产权能起保护作用。注册商标的专用权是受到法律保护的。可以防止不法厂商的仿制和假冒，有效地制止不正当竞争。

第三，有利于生产和销售商细分市场。有的生产厂商对不同使用对象的产品是使用不同的商标的。如上海友谊羊毛衫厂，高档的羊毛衫采用的是"企鹅"商标，大众化羊毛衫采用的是"幸福"商标。生产厂家对品牌的不同定位，销货商就可以据此推向不同的细分市场。

第四，为顾客提供质量识别。商标的代表性清楚地表明，人们在从长期的消费中认识了品牌，能够鉴别哪些品牌是有质量保证的名牌。

2. 著名商标和驰名商标的作用

如果被国家工商行政管理部门认定为驰名商标，被省（市）工商行政管理部门认定为著名商标，其作用是很大的，正如在前节所叙述的，具有价值性、吸引性、聚集性、辐射性、长久性的特点，归结起来就是能产生质量保障效应，商誉保证效应，名品崇拜效应，吸纳扩展效应，市场占有效应，地域辐射效应。是巨大的无形资产。

第三节　塑造名牌的充分必要条件

商标、商号一经注册使用，它就具有区别性、代表性、文化性。注册的商标、商号成著名商标和驰名商标，就具有价值性、吸引性、聚集性、辐射性和长久性等特征。企业拥有著名商标、驰名商标，就有了在市场竞争中制胜的法宝。国家有了众多的著名商标、驰名商标的企业，国家就等于有了在国际市场上竞争的

国宝。因此,企业要十分重视营造自己的著名商标。将一个商标(或通俗地说一个品牌),建设成一个著名商标(或品牌),实际上就是创造优良企业形象的过程。

一、设计是先导

企业在确定商标时,要先导入设计。当今,国内企业已开始重视企业形象设计了,商标设计是企业形象设计的重要组成部分。关于商标、商号、企业标志,有的企业是统一的,有的企业是分离的,这两种方式各有利弊。但不管采取什么形式,都要认真设计。

商标设计总的要求是构思独特,图案美观,内涵丰富,贴近对象。商标的要素构成也是多种多样的。有连字法,即将汉字或拼音连缀而组成;有组字法,将名称的头个拼音字母的组合;有字形法,即将名称的汉字或拼音的头个字母变化为图形;有抽象法,用抽象的图形表示意义;有象形法,将实际物体简化概括成图案;有图画法,直接用形体图画表现,甚至用完整的美术作品来作商标。当然,也可以用上述的两种以上方法的组合。

这里要强调的是商标、商号的设计要有文化内涵,要贴近对象。所谓文化内涵指的是商号、商标象征的、隐喻的、包含的内容要积极、健康、吉祥,要有意义的联想。有段时间,一些商号竟用充满匪气、霸气、流气和帝气的名称。甚至酒店冠名"路易十八"、美容院叫"赛金花"、夜总会称"戈林",刽子手和妓女都出台了。这种不良的文化倾向,应该反对和制止;所谓贴近对象,要尽量获得销售对象的喜欢和记忆。冠生园的大白兔奶糖是出名的,其诉求对象是小朋友,它的商标是令人喜爱的活泼小白兔,自然会成为小朋友的朋友。南华公司的"老蔡",卖的是酱油、调料、酱菜,同千家万户的"马大嫂"(买、汰、烧)关系密切,于是用自己的名称的俗简称作招牌,简明通俗好记,加上在注册商标旁边还印上憨厚的老板自己"佛"像,也容易取得"马大嫂"们的信任,这都是成功的例子。

二、质量是基础

名牌是要以产品的质量为基础的。一个产品的质量没有保证，就什么也不是。晚清商人胡雪岩创办的胡庆余堂药店，对外的广告是：道地药材，对内的警告是：戒欺。这实际上，都代表了一些"老字号"名店的质量观。上海上菱电冰箱总厂对员工的质量警告是："1% = 100%"，意思是100台冰箱如果出1台次品，对企业说次品率仅为1%，但对买了这台次品的用户，却是100%的损失。青岛海尔集团的青岛空调器总公司的质量验证措施延伸到用户，它的质量观是：空调器在工厂检验合格不是真正合格，用户使用3个月后确无问题才算真合格。这一制度化的措施，使海尔空调的服务投诉率、服务遗漏率、服务不满率都低于十万分之一。杏花楼做月饼有16个工序，每道工序有1位名师傅把关，它将16个工序的全面质量管理概括成一句话：一票否决制。即上道工序加工不合格，下一道工序的把关师傅就可以一票否决，让上道工序返工重来。这些拥有名牌的名店都明白这样一个简单的事实：没有质量就没有名牌，没有名牌就没有市场，没有市场就没有企业的一切。同时，面对这个简单的道理都采取非常严格的措施，形成了质量保证体系，才使他们获得成功。

三、技术是支撑

名牌的含金量在技术，技术是名牌不可或缺的支撑，犹如高层建筑一样，质量是基础，技术就是它的上部结构体系。熊猫电子集团公司是中国第一个电子行业的驰名商标，也是中国第一个在国际上注册的电子名牌商标。美国著名的《国际先驱论坛报》是这样评论熊猫发展势头的："中国熊猫公司正在全球电子业的激烈竞争中崭露头角"。熊猫成为驰名商标，主要是熊猫集团自建立时就重视产品的技术发展和开发。60年来，创造中国电子工业发展史上的许多第一：第一台国产化的收音机、第一台短波单边带台机、第一座卫星通讯地球站、第一套国产化不间断电源、第一台国产自动化电视插件机、第一条录像机生产线、第一台16×9宽屏幕彩电、第一套稀路由卫星通讯系统等40多项。熊猫集团把"科技就是生产力"的箴言作为信条，明确地提出"科技创牌"的口号。为了实现这一目标，每年要投入数亿资金进行技术更新、改造和新产品开发，拥有众多的研究所和600位高级专家,包括 5 个国家级研究中心。这正是企业集团持续发展的力量所在。

大企业要依靠科技,小企业也同样要依靠科技。上海华生化工厂,从 2000 元起家,经过 14 年的努力,资产积累已达 8 亿。它生产古象牌涂料成为油漆店的摇钱树。华生厂近年来每年从利润中抽 20% 作为产品开发经费,先后开发了聚氨脂高级彩色涂料、亚光涂料、耐磨水晶地板漆和聚脂系列产品,新产品率达 80% 左右。

四、人才是依靠

企业要创造名牌,一定要依靠全体员工。人是生产力因素中的最为活跃的因素。企业三个层面的员工都肩负着企业创名牌的责任。领导层,要善于用人、决策和管理;技术层,要善于追赶技术潮头,应用新技术研制并转化为产品;生产层,要具有主人翁精神,自觉地按标准和规范加工产品。

以生产"三川"钢带而闻名的上海十钢有限公司(原上钢十厂)曾在 80 年代夺得"上海优秀企业"桂冠,其产品在国内市场占有率达 40%,年创利 7000 多万元。90 年代初上任的厂长,不会用人、不善管理,参与"群蛀",将一个名企业变成亏损大户。1996 年初更换了新厂长以后,新厂长强化了权力影响,加强销售,严格管理。同时,也强化了非权力影响,以身作则,关心职工。短短的 9 个月就扭转了亏损,创利 458 万元。可见,一个企业的领导者和领导层对企业的成败是起关键性作用的。

技术在创名牌中的作用,前面已经说到了。这里再举一例,就是 60 年代后期和 70 年代初期,首先研制成功世界上最小的家用小型录音机的索尼公司,被后来的松下赶超了。究其原因,就是松下的技术力量雄厚。松下有两个人才集中的研究所,一个是研制新产品样机的中央研究所,一个是将样机用多快好省的办法将其转化在生产线上制造出来技术研究所。

生产层的第一线员工,也有众多的人才。企业要善于发现和发掘员工中的英模,作为榜样,以提高整个员工队伍的素质,这对创名牌有不可忽视的作用。安徽淮北的芦岭煤矿实施"名牌"

职工工程,该厂为获得全国职业道德"十佳"标兵赵克华、煤炭部劳模刘忠江等树碑立传,设立了精神文明奖励基金,重奖了100个"名牌"职工,引起全矿的强烈反响,创造了塑造"名牌"职工的气氛,凝聚力增强了,生产自觉性提高了,生产力也就上去了。上海中百一店的"王牌"服务员马桂宁,其徒弟遍布大江南北所有商场,甚至跨越了20多个行业,他的名牌效应就成了中百一店这个名牌商店的组成部分,其效益绝不在名企业家之下。

五、商誉是桥梁

商誉是企业的品质和操行的表现。商誉是企业在社会环境交往中发生的,是同政府、社区、企业、股东、顾客交往中获得的信用评价的总和。企业同社会的关系主要是商品的交换,而围绕这一活动的是人,因此,企业的商誉明显具有人格化特征。

企业同社会发生关系,都必须作出承诺,包括质量承诺、利益承诺、服务承诺、营销承诺和合作承诺等,当然也还有向政府的纳税承诺。在众多的承诺类型中,除了附加的服务承诺之外,都是有法可依的,因此遵守法规是企业获得商誉的最基本的条件。服务承诺既有受法律约束的内容,也有受道德约束的内容,当前社会上一些单位推行的服务承诺,只要不是敷衍的,多数指的是附加的服务。企业在作出附加服务承诺时,一定要一诺千金,不惜代价去兑现,不然商誉的损失比不作承诺还来得严重。

商誉也是无形资产的组成部分。三九集团贸易公司在与法国塞利保集团贸易公司的一项合作项目中,诚实地通知对方少收了7万法郎的应收款,赢得了对方的信任,对方主动追加了在合作中的两项优惠条件:一是今后法方向我方供货一律不收定金,并可在货到半年左右再付款。二是法方向本国政府申请买方信贷2.3亿法郎,供三九集团创建中法合资分厂使用。塞利保集团总经理希尔说:"这是付给'三九'人诚实的报酬。"松江的上海云间商厦向顾客作出"不满意就退货"的两条附加服务承诺:买商品用过之后,感到不满意的可以退货;发现"三无"产品,除赔偿之外可获奖金。商厦敢于作出这样的承诺,基于两个原因:一是相信绝大多数的顾客是可以信任的。二是商厦能绝对兑现承诺。事实证明，作出承诺的一年多时间里，按规定退、调、修货物631笔，合计金额达30.32万元。但言必有信，却赢得顾客，它开业第一年完成销售额8612.7万元，实行承诺以后即开业的第二年，销售额猛然跃升至1.954亿元，增幅高达126%，1996年还曾创下日销售206.8万元的郊县商场日销售的最高纪录。可见商誉是桥梁，使企业同各种社会关系，路路通畅，融洽和谐，为企业的生存和发展创造了良好的环境。

六、管理是手段

要创造名牌，只有通过严格管理这一手段。企业形象管理包括生产管理、思想管理和信息管理，生产管理是基础，思想管理是保证，信息管理是依据。生产管理的严格才能保障产品的质量，这是企业形象的基础，也是造就著名商标的基础。

上海氯碱化工股份有限公司的产品是我国氯碱行业获得第一个ISO9002质量认证证书的产品，1995年该公司还荣获上海市质量管理的最高荣誉——上海市质量管理奖。该企业的质量管理突出表现在四个方面：法制教育与技术培训结合，使《产品质量法》、《标准化法》、《计量法》深入员工人心，也成了企业质量管理人员手中的依据；贯彻和推行国际质量认证标准，将20个体系要素、88个质量职能、237个质量活动，层层分解落实到各部门，形成了完整的质量结构体系；强化质量信息管理，组建了严密的质量管理信息网络，及时反映、反馈、跟踪各部门的质量状况；将保证和提高实物质量与创名牌相联系，提出和跟踪世界名牌的赶超具体目标。正是管理保证了氯碱的产品质量，也赢得了知名度。该产品于1996年被上海市评为名牌产品。

青岛的海尔电冰箱股份有限公司是以质量赢得了海内外著名品牌的美誉的，它的质量保证同样是建立在严格管理上才实现的。据说在几年前，在一次检测中，发现有76台电冰箱有质量问题。当时有三种不同的处理意见：一是廉价内售；二是削价销售；三是彻底销毁。当时的厂长，现为海尔集团的董事长却首先扣除了自己全月奖金，然后给质量事故的每位责任者发一把大锤，要他们当众砸毁这76台冰箱。这是一种精神惩罚，比经济惩罚更有警醒作用，目的就是为了唤醒员工的质量意识。

七、宣传是灌输

创名牌除了质量、技术、人才、信誉和管理之外，还要通过宣传，广告扩大企业对社会的影响，扩大品牌的知名度、信誉度和美誉度。

宣传广告的重要性，对推销和创造名牌的作用是不言而喻的。总的说，我国著名商标企业，特别是国有企业在广告上的投入严重不足。1996年10月5日《新民晚报》有一则报导，说及上海南京路上的户外广告牌，有4位记者从静安寺逐一向外滩数过去，发现有85%是泊来品和中外合资的"洋"品牌，国产品牌广告甚少，反差强烈。1996年6月8日的《解放日报》披露，上海的小包装润滑油已被美孚、壳牌、埃索等洋油占据三分之二的市场。上海炼油厂的"海牌"润滑油质量是优秀的，16年出厂合格率100%，1995年通过ISO9002国际质保体系认证，是上海著名商标，却在短短几年内失去大半江山，主要原因就是不善包装和不舍得广告。可喜的是人们已经在延安路上看到海牌灯箱长廊了。我国的国产电池，如"南孚"（又称"雷电"）、"白象"（含"天鹅"、"大无畏"）的性能大大优于泊来品，却在市场竞争中处于劣势，究其原由除了产品包装意识淡薄、销售手段落后之外，广告少是其中一个重要的原因。

广告也是一门学问，在宣传和广告时，一定要突出优异性，强调针对性，提倡情感性。产品的优异性是影响力，有促进消费者试一试的作用。宣传广告的针对性，具有诱导力，特别在我国冒牌货多，可以消除消费者的疑虑，引导识别。情感性是宣传广告致力于追溯人们新的向往，如舒适、安全、环境、公益、健康等目标，注入情感因素，让产品与消费者贴近，增加吸引力。

第四节　著名商标的发展战略

企业的产品商标（或商号）经注册使用，并经建设和发展成为著名商标（或商号）以后，仍要进一步巩固和发展，创造成为国家认定的驰名商标,使企业立于不败之地,长盛不衰。成名之后,企业就要依据品牌的特性,实行更大规模的发展战略。可惜目前我国企业的商标意识薄弱,以上海为例,有效注册商标 3.2 万件,平均 10 家企业才有一个注册商标。在第一次申请著名商标中,只收到 119 件,实在太少了。

一、名牌的载体选择策略

一个有实力的企业,它所生产的产品绝不会是单一品种和单一规格的。为了使品牌成为名牌,一定要仔细研究,选择名牌产品的生长点,集中企业的优势力量,以保证其产品的知名度、信任度、美誉度,然后再让名牌覆盖其它产品。也就是说,创名牌要在产品推出的过程中,审时度势地寻找细分市场,给产品以合理定位,再集中力量,优化组合,保证品牌建设的必要和充分条件,促成其生长并让其牢固地树立起来。

上海的杏花楼和嘉兴的五芳斋都是中华老字号,都属于经营餐饮业的,都很出名。但是,随着烹调技术的普及和交流,各大菜系的特点互相交融和借鉴,突出的特色菜肴很难独有。在这种情况下,企业不思对策,老字号也风光难再。有 70 年历史的杏花楼已经有 40 年制作月饼的历史,因此选择月饼作为它保护名牌的新载体,根据传统的制作经验,规范成 16 道工序,从进料、加工、制作,层层把关,精心细作,定价适中,面向大众。而且采用新技术,使月饼保留长时间也不变硬,馅芯不加防腐剂也能防霉,改用方糖降低甜度,适应新口味。因此,杏花楼月饼在每年中秋时节不仅在上海卖得"疯",也在江、浙、京等地有大市场;同样具 70 年历史的嘉兴五芳斋做了 70 年粽子,它没有给冒牌货挤垮,而是集中力量作了两次大改革,1985 年,改变了传统的前店后作坊的生产方式,整个生产工艺不同程度实现了机械化和半机械化,实施了企业质量标准的量化管理。1993 年建造了新的生产厂,年产量比 1990 年增加了 10 倍,在江、浙、沪设立了销售中心,开设了 120 个连锁网点,并远销日本。据评估"五芳斋"的无形资产达 1.239 亿元人民币。月饼成为杏花楼、粽子成为五芳斋 70 年饮食名店的新的增长点,使名牌得到延续和壮大发展。

二、名牌的注册防卫策略

企业家一定要有产品的商标意识,及时进行注册登记,并在市场开拓中运用法律对商标进行防卫。我国的许多商标在成为著名商标以后,向国外市场扩张时,往往才知道商标已在国外被抢注了。据《北京青年报》1996年6月5日的报导,我国在澳大利亚有150多个牌子被抢注,48个牌子在印度尼西亚被抢注,100多个牌子在日本被抢注。"红塔山"在菲律宾也被抢注册。中国商标在海外注册时,约有15%均遇到这种麻烦。在国内也存在这种情况,有的企业想起将商标注册时,早已由别的企业注册在先,不得不花巨款买回。

1994年12月16日《文汇报》刊登了一长篇采访,名为"'大白兔'觉醒记",文章内容确实对企业的商标注册和防卫有很大的启发。米老鼠品牌的奶糖在1949年前就存在,比美国迪尼斯的米老鼠诞生要早得多,后这家小糖果厂并入冠生园并继续生产此品牌,1956年冠生园又推出了大白兔奶糖。1983年广州的一家小糖厂到冠生园取经,并借走一米老鼠品牌,两年后冠生园进行商标注册登记时,广州这家小厂却注册在先。以后又传来消息,这家小糖厂仅以4万美元的低价将品牌卖给了迪斯尼公司。冠生园才大梦惊醒,赶紧将大白兔品牌注册,并采取了一系列的注册防卫策略,比如:将大白兔的商标和整个包装分成8个注册商标,使糖果纸和糖果袋都有法律地位;在主商标周围又加注了10多个近似的大灰兔、大黑兔、大花兔、小白兔、金兔、银兔等等商标;包装装潢又申请了外观设计专刊;冠生园还对企业将来可能延伸的服装、家具、自行车、钟表等行业,甚至餐饮、通信、银行、保险等行业也注册了大白兔商标;在将近100个国家也获得了大白兔的注册。这样大白兔作为我国唯一的糖果类驰名商标,构筑了立体的、辽阔的保卫体系。这一策略对所有企业均有借鉴意义。

三、名牌的产品延伸策略

企业的某一产品的商标成为著名商标以后,就要利用名牌效应,延伸其产品,形成类型系列。或者应用新技术,推出新产品,形成不同型号系列。以进一步巩固和强化自己的品牌。延伸的方法可以是完全依靠自己的力量,也可以利用名牌的无形资产,先寻找够格的合作伙伴,进而形成集团力量,把著名商标推上新台阶,争取发展成为驰名商标。

康派司实业总公司是从原康派司衬衫厂发展起来的,它生产衬衫已有50年的历史,质量有口皆碑,1956年开始出口,从未发生过质量问题,是一个著名的品牌。1994年,康派司实业总公司开始向市场推出了康派司牌羊毛衫、裘皮时装、西装、皮鞋等新的延伸产品。它采用的方法就是利用自己的品牌,采取别人定牌生产的方式。它在实行这种办法时,掌握了三条原则,一是康派司的主体产品衬衫始终抓在自己手里;对愿意承接定牌加工的厂家进行考察,技术、工艺、设计、管理都是好的企业才放牌加工;定牌生产的产品成熟一个,发展一个。所以,它获得了初步成功。假若这种伙伴关系能巩固和发展,合作双方都有意向将资产优化组合,就有希望组建成实力雄厚的集团公司。

这种不是依靠自身力量(包括技术、管理)的产品延伸,是会有风险的。中美合资的利居男食品公司和上海利居男食品公司共同拥有"利居男"品牌,1996年中秋节前,正当中美合资公司总经理在内贸部领取被授予的"质量信誉商品"奖状时,由于上海利居男为赶任务将500公斤月饼的加工发给了并没有生产月饼经验的非联营厂,被判为不合格,并曝了光,城门失火殃及鱼池,中美合资利居男给突如其来的退货弄懵了。元祖食品公司在1995年也有类似的经历。这都是名牌企业在拓展时要引以为戒的。

四、名牌的跨行业经营策略

企业在创造著名品牌以后,有了实力,在延伸产品的类型系列和型号系列以后,就应该利用名牌从生产型向生产型和经营型转变,从单一行业向多种行业跨越,以便在市场竞争中形成各业互相支援格局,建成在波涛中颠簸而不沉没的巨舰。一个企业的产品延伸和跨业经营有两种品牌策略:仍沿用统一品牌,使其在不同行业扩散;用不同品牌,保持相对独立和距离。前者能使品牌在各行业间互映增辉，后者则当某一行业有所闪失互相影响较小。作为一个较为自信的企业，往往采取前一种做法。

申花集团前身是三灵电器总厂，1989年才成立申花电器联合公司。申花品牌的出名是它的热水器，它一问世，就以高质量、低价位、多品种、大容量和优质服务赢得顾客。同时，它主动请缨，争取到了生产国产的聚丙烯丝束的重大技术改造项目。聚丙烯丝束是卷烟滤咀材料，一直依赖进口。1993年经过艰苦地努力，第一期工程完成，其聚丙烯丝束年产量可达5000吨，产值可值1亿元。与此同步进行的，1990年在广东成立了申花珠海工贸实业公司、1991年又建申花百货商场和百货公司、1992年成立申花工贸物资公司、1993年成立申花有利空调公司、1993年底在香港注册成立申花集团香港有限公司。这样，申花集团在短短的时间内，利用名牌和自身裂变以及合作，实现跨行业经营，形成工贸并举的格局。它的目标是紧抓支柱产品（聚丙烯丝束），完善主导产品（洗衣机、热水器、工业洗涤设备），加快发展第三产业。这标志着申花集团正在跨入大型现代化企业的行列。

五、名牌的吸纳辐射策略

企业要善于利用自己的名牌所形成资产实力，包括有形的资产和无形的资产，并对资产进行经营，壮大经营规模，并跨地域、跨国界进行辐射。在具有品牌效益和规模效益以后，可以经过评估，挂牌上市发行股票。资产经营的方式很多，可利用名牌无形资产（商标、技术、专利、管理、信誉、专有权、专营权），加上有形资产的投入，进行参股和控股，扩大经营和进行辐射；可以用名牌进行兼并和收购，进行资产优化和重组，通过生产基地的转移和出让部分土地使用权和房产使用权，获得发展资金；可以利用名牌吸纳合作者的资金和技术，并仍以控股身份进行扩大经营和辐射等等。

上海白猫（集团）有限公司是从我国具有40年的洗涤剂生产厂家发展起来的。它以"白猫"这一著名品牌，吸引了香港新鸿基中国工业投资有限公司以2975万美元的投入，占股份

33.8%而成立的合资公司。它所生产的六大系列产品仍使用"白猫"品牌。1995年,白猫(集团)以品牌、技术、管理等无形资产的投入,成功地收购了一家有基础的四川企业,组建了白猫四川有限公司。它们还准备在东北或中原地区完成一个企业的收购,形成"销地中心批发"市场辐射模式。资本经营使白猫投入1美元基本能吸收2美元的内外资金。现在白猫每年都有至少三只新产品投放市场;在全国大中城市的主要商业网点中的覆盖率超过90%;产品占有全国市场的十分之一。1995年,"白猫"销售收入突破10亿元。这个例子充分显示了名牌企业的资产经营所起的吸纳和辐射作用。

六、名牌的管理增殖策略

商标在未成名前和成名后,都要加强管理。一般情况下,应该是商标在前,产品在后。或者说,商标注册在前,产品生产和销售在后。但是,据上海工商局负责人透露:至1997年上海平均每10户企业才拥有一个注册商标,可见商标意识在企业界相当淡薄,以致大量名商标被国外抢注,令人忧虑。

企业在生产发展过程中,对商标也要加强管理,如果商标标识不是自己加工,而是委托它人制造的,就要严格选择有商誉和有生产许可证的加工单位,在合同中要有防卫商标的责任条款。在企业内部的使用、保管也要既做到方便又要安全。当商标有可能成为著名商标时,企业就要有远见地委托有关事务所在潜在的国外市场进行注册,并对商标的防卫措施专事研究,进行必要的扩充注册。企业不能满足于自己的商标成为国内的著名商标,最终要将它导入国家认定的驰名商标。上海蝴蝶牌缝纫机商标曾在印度尼西亚被抢注,用了8年时间,花费20万美元,最终由于这一品牌是我国的驰名商标,受到国际上参加有关知识产权公约缔约国的共同保护,才获得胜诉。不然这一品牌将失去十分之一的国外市场。可见,商标管理是企业的生产管理中不可缺少的部分。

企业是在发展变化的,企业形象在变化,商标也应该发展,商标应该不断增殖。这种增殖包含着三个方面的内容:一是在基调不变的情况，加以发展，让新加的商标更加简炼美观，更具有识别性、区别性、观赏性；二是经过变更，使新增加的商标更符合企业的理念和企业的内容。或者是当商品跨越国界销售时，要根据当地的风俗习惯修改商标，进行注册，以免习俗不同而引起误解；三是加以系列化，以排除一切可能的相近性，构筑严密的商标防卫体系。大白兔奶糖的经注册商标已成兔子家族，蝴蝶缝纫机的注册商标也成蝴蝶王国。值得注意的是商标的增殖并不能以注销最早商标为代价的，增殖就是在原注册商标的基础上的繁衍和发展。否则，早期的成名商标就会给人冒注。

附录一：经国家工商行政管理局组织认定的驰名商标

1989~1996年期间认定的驰名商标名单

序号	商标	使用商品	商标注册人
1	同仁堂	药品	中国北京同仁堂集团公司
2	蝴蝶	缝纫机	上海协昌缝纫机厂
3	贵州茅台	酒	中国贵州茅台酒厂
4	凤凰	自行车	上海凤凰自行车股份有限公司
5	青岛	酒	青岛啤酒股份有限公司
6	海尔	电冰箱	海尔集团公司
7	中华	卷烟	上海卷烟厂
8	北极星	钟表	烟台北极星集团公司
9	永久	自行车	上海永久自行车股份有限公司
10	霞飞	化妆品	上海霞飞日用化工总公司
11	五粮液	酒	四川省宜宾五粮液酒厂
12	泸州	酒	泸州老窖股份有限公司
13	大白兔	糖果	上海冠生园食品总厂
14	张裕	葡萄酒	烟台张裕葡萄酿酒公司
15	玉立	吸排油烟机	浙江玉立电器公司
16	双星	胶鞋	青岛双星集团公司
17	熊猫	收音机 电视机 录音机	熊猫电子集团公司
18	英雄	自来水笔	上海英雄股份有限公司
19	常柴	柴油机	常州柴油机厂

1997年认定驰名商标名单

序号	商标	使用商品	商标注册人
1	灯塔	油漆	天津油漆厂
2	马利	美术颜料	上海美术颜料厂
3	美加净	化妆品	上海家化联合公司
4	金驼	电解镍	金川有色金属公司
5	张小泉	剪刀	杭州张小泉剪刀厂
6	长虹	电视机	国营长虹机器厂
7	康佳	电视机	康佳集团股份有限公司
8	小天鹅	洗衣机	无锡小天鹅股份有限公司
9	冰山	制冷设备	大连冷冻机股份有限公司
10	美菱	电冰箱	合肥美菱股份有限公司
11	澳柯玛	冰柜	青岛澳柯玛集团总公司
12	东风	汽车	东风汽车公司
13	嘉陵	摩托车	中国嘉陵工业股份有限公司（集团）
14	红豆	服装	红豆集团公司
15	森达	皮鞋	森达集团公司
16	雅戈尔	服装	雅戈尔集团股份有限公司
17	红梅	味精	沈阳味精厂
18	健力宝	饮料	广东健力宝集团有限公司
19	椰风	饮料	海南金海食品厂
20	燕京	啤酒	北京燕京啤酒集团公司
21	杏花村	酒	山西杏花村汾酒厂股份有限公司
22	郎	酒	四川省古蔺郎酒厂
23	红塔山	卷烟	玉溪卷烟厂

附录二：经上海工商行政管理局1997年组织认定的著名商标

序号	商标	使用商品
1	三枪	针织衣服
2	古今	胸衣、胸罩、紧身裤
3	开开	服装、针织衣服
4	海螺	衬衫、衣服
5	培罗蒙	服装
6	远足	皮鞋

序号	商标	使用商品
7	回力	胶鞋、鞋
8	恒源祥	毛线、针织衣服
9	钟牌414	毛巾
10	民光	被单
11	美加净	化妆品、香波
12	六神	化妆品、浴露、洗发精
13	中华	牙膏
14	白猫	合成洗衣粉、洗涤剂
15	龙虎	清凉油、人丹、西药
16	古象	涂料、各种漆及稀释剂
17	汇丽	涂料、建筑用胶粘剂
18	海狮	食用油
19	佛手	味精、调味料
20	正广和	果汁、汽水、饮用水
21	中华	卷烟
22	英雄	自来水笔
23	中华	铅笔
24	马利	美术颜料、蜡笔
25	上菱	电冰箱
26	红心	电熨斗
27	凤凰	自行车及零件
28	永久	自行车及零件
29	亚字	灯、灯具
30	白象	电池
31	东风	柴油机、内燃机配件
32	海牌	润滑油、脂、机械油
33	上工	金属切削工具
34	安字	铆钉、铆枪

第十章 人力资源开发与管理战略

第一节 人力资源概述

人力资源（Human Resources）是指一定范围内的人口总体所具有的劳动能力的总和，或者说是指能够推动社会和经济发展的具有智力和体力劳动能力的总称。经济学把可以投入到生产中去创造财富的生产条件通称为"资源"。"人力"作为一种资源虽然暗含了其作为手段的性质，但是，它同森林、矿山等用来满足人类需要的自然资源相比，其重大差异在于，人力资源作为劳动者，既是生产的承担者，又是生产发展目的实现者，即一切生产都是为了满足人的发展和社会全面进步的需要。

研究人力资源的目的，是为了有效地开发和运用"人力"。人力包括体质、智力、知识、技能四部分。体质，包括力量、速度、耐力、柔韧性、灵敏度等人体运动的功能状态，以及对一定劳动负荷的承受能力和消除疲劳的能力。智力是人们认识事物、运用知识、改造客观世界的能力。包括思维力、记忆力、观察力、想象力、判断力等。知识是人们在学习和完成活动中所掌握的各种经验和理论。技能是指人们运用知识经验并经练习而习惯化了的动作体系，或者说是人们合理化、规范化、系列化、熟练化的一种动作能力。通过这四者配比组合，形成了内容丰富的人力资源。

人力资源是一个涵盖面非常广的理论概括，它的提出开拓了社会学、经济学研究的崭新领域。

人力资源指一个国家或地区一切具有为社会创造物质财富和

精神、文化财富的人从事智力劳动和体力劳动的总称。它强调人具有劳动的能力，因而超出了劳动力资源的范围。即只要具有劳动的能力，即便是潜在的，如未到达法定劳动年龄或超出法定年龄的人均包含在内。从广义上讲，从全部人口中剔除已丧失劳动能力的人口，全是人力资源。

经济资源一般分三类：自然资源、物质资源和人力资源。与其他资源相比较，人力资源具有如下一些特征：

人力资源是一种可再生的生物性资源。人力资源是以人身为天然载体，是一种"活"的资源，并与人的自然生理特征相联系。这一特点决定了在人力资源使用过程中需要考虑工作环境、时间弹性、工伤风险等非经济和非货币因素。

人力资源在经济活动中是居于主导地位的能动性资源。人类不同于自然界其他生物。人类具有目的性、主观能动性和社会意识。人类这种能力使人在从事经济活动时，总是处在发起、操纵、控制其他资源的位置上。亦即它能够根据外部可能性和自身的条件、愿望，有目的地确定经济活动的方向。

人力资源具有时效性。人力资源的形成、开发、使用都具有时间方面的制约性。从个体看，作为生物有机体的人，有其生命周期；而作为人力资源的人，能够从事劳动的自然时间又被限定在其生命周期的中间一段；能够从事劳动的不同年龄段（青、壮、老年）其劳动能力也不尽相同。所以人力资源由于存在时效性，因而就需考虑动态条件下人力资源形成、开发、分配、使用的相对平稳性。

人力资源收益递增及其经济作用日益强化，创造资本的过程称之为投资。而资本又常常与使用资金赚取利益相联系。越来越多的工业化国家实践表明，人力资本存量的迅速扩大，质量不断提高，是一国经济发展和社会进步的越来越重要的源泉，也是构成国家财富的最终基础。在现代市场经济条件下，劳动力的市场价格不断提高，人力资本投资的收益率持续上升。在对经济增长的贡献中，人力资本收益的份额正在迅速超过物质资本和自然资源。与此同时，还出现了另一种变动趋势，即高质量人力资源与低质量人力资源的生产率差距以及收入差距都在迅速扩大。"人力资本之父"美国经济学家西奥多·W·舒尔茨说:"土地本身并不是使人贫穷的主要因素,而人的能力和素质却是决定贫富的关键"。舒尔茨认为,这种人力资源经济价值上升趋势,使劳动相对于土地和资本来说其作用日益扩大,很可能带来制度变革,并产生一系列新的经济模式。

人力资源收益递增及其经济作用日益强化,不仅仅是人力资源质量提高的结果,也是人力资源本身所具有的自我丰富特征所促成。对一般物质资源而言,其使用时间越长,使用强度越高,磨损程度就越大。而人力资源在其使用过程中,虽然也有有形损耗与无形损耗,例如,劳动者自身衰老就是有形损耗,劳动者知识、技能的老化就是无形损耗,但是,由于人力资源是一种"活"的、能动的智力型资源,因而在其使用过程中伴随着知识增长、经验积累、能力开发、个性完善等呈现出是一个自我丰富、自我强化、自我发展的独特过程。这正如一个教师连续不断的授课活动会成长为一个更加富有经验的优秀教师,而完全不同于一个录有教学内容的磁带。

第二节 人力资源开发战略

人力资源开发主要指国家或企业对一定范围内的所有人员进行正规教育、智力开发、职业培训和全社会性的启智服务,包括教育、调配、培训、使用、核算、周转等全过程。为社会提供源源不断的各类人才。

人力资源开发的基本内容是提高人的素质,使人具备有效的、参与经济运行所必备的体力、智能、技能及正确的行为模式、价值体系和劳动态度等。人力资源开发内涵相当广泛,而作为这种开发借以进行的社会组织体系和制度更是多种多样的。当然,其中最主要的是教育。

教育是人类一种自觉培训活动。其主要功能在于,将知识形态的生产力因素(科学、软件技术)一代一代传递下去,由此及彼地散播开，在时间和空间上积累起来，提高劳动力的质量。教育有两重效应：一方面，人们受教育后获得了知识，提高了技术能力，从而增加了对工作机会的适应性和在工作中发挥专门才能的可能性，这叫做知识效应（Cognitive effects）；另一方面，人们受教育后，可以提高认识事物、判断是非的能力和水准，并可增强对工作及社会的责任感，从而促进受教育者参加经济和社会活动的可能性。这叫做"非知识效应"（non-Cognitive effects）。

一、人力资源开发的途径

以科学技术教育为主要内容的初等、中等、高等教育成为人力资源开发最重要途径。

90年代，我国经济进入一个崭新的发展时期。随着社会的发展，科技的进步，特别是计算机等新技术的广泛应用，使得生产技术不断更新，产品迅速换代。所以，管理内容越来越复杂。企业新产品开发，产品质量提高，成本降低，售后服务改进等，要求企业各级人员都具有良好素质，它是企业在竞争中立于不败之地的保障。以上海大众汽车公司为例，1985年成立至今，各方面都取得了良好的进展。1990年生产轿车1.8万辆，1991年3.5万辆，1992年6.8万辆，1993年10万辆，1996年达到了20万辆。1994年底推出新一代产品"桑塔纳-2000"，国产化率80%以上。连续七年荣登最佳合资企业金榜。连续三年全国十大外商营业额第一名，出口创汇外资企业第一名。公司之所以能够取得如此辉煌的实绩，其中一个非常主要的原因得归功于公司的人力资源，公司截止1992年底职工2994人，其中外籍职工29人，大专以上占公司职工的24.3%。不同学历的人数见下表。

学 历	研究生	本 科	大 专	中 专	技 校	高 中	初中及以下
人 数	46	487	187	311	610	602	722

公司人员文化程度在国内同类企业中位居前列。同时还有完整的职工培训体系，对职工进行全方位培训教育更加保证了高素

质人力资源。80%以上职工都经过培训教育，有11000人次经企业内部培训教育，21%职工在国内高等院校学习过，2%职工出国培训过。公司平均每天有3%的职工接受培训教育。

中等教育具有双重职能。一是为高等院校输送合格的毕业生，二是为社会培养各行各业的有一技之长的中、初级技术人员和熟练劳动力。从现代化建设需要来看，不仅需要大量的工程师、设计师、专家、学者等高级专业人才，而且需要更大量的受过中等技术教育的工艺员、技术员以及熟练工人。因为先进的科学技术成果如新产品、新工艺的研制和设计，固然主要依靠高级专业人员，但把设计方案变成产品，以及产品质量的优劣，工艺水平和劳动生产率的高低等等，则主要是依靠广大中、初级技术人员和熟练技术工人。

高等教育主要是以四年制本科为主，培养设计人才以及工艺人才。二年制专科教育，主要是培养中级科技人才，约占高等教育1/3左右。还有各种形式夜大学、电视大学、函授大学等都构成高等教育的一部分。

除了中等、高等教育以及各行各业都需培训教育熟练工人之外，还要重视造就一支具有专业知识，掌握先进管理方法，通晓现代企业运行，在市场经济中擅长开拓、创新，具有良好个人品质的优秀企业家队伍。企业家有长期生活积累，平时对事物性态、过程能细微地观察，并在大脑中建立起相应的反应模式。一旦外在事物触发，则迅速和已有模式相融会，于是做出符合规律的判断。在第一次世界大战期间，德法交战，法军巧施"隐身术"，搞得德军不知所措。一天，德军一个军官从望远镜发现坟地里有一只金黄色家猫，而且以后每天八、九点钟出来晒太阳。于是德军官就分析，周围无村店、无居民，这猫肯定是从附近掩蔽部里出来的，并且一定是高层军官所养，因为下级军官和士兵无心在战争中养猫。他得出结论，前方可能是敌军指挥部，于是集中炮兵火力向该地轰击。事后查明，这是法军一个旅指挥所，里面的人全部丧命。同样在今天建设四化过程中，企业家起着不可估量的作用，对于高精产品、竞争对手和社会经济情况要经常做到心中有数。平时积累掌握的情况越多越系统,商场上,特别是在紧张复杂的情况下越沉着,便越有办法,急中生智也就有了可能。在浦东开发过程中,有一支蜚声沪上的大桥(集团)有限公司,它的领导人就说:"对企业来说,机遇是非常重要的,谁抓住了机遇,谁就在竞争中赢得胜利"。大桥(集团)有限公司从3万元起家,抓住浦东房地产开发和建筑安装业两大热点,经过十年拼搏资产增加到3.5亿,年产值达到8个亿。8年前,无锡的"小天鹅"还是一家默默无闻的洗衣机生产厂,然而8年弹指一挥间,"小天鹅"飞上了蓝天,其市场占有率达到42%。公司收入和利润分别是14.4亿和2.1亿元。在全国工业企业500强中,按综合效益排名,小天鹅排第18位。小天鹅公司老总朱德坤在市场竞争中提出"末日理论",面对今日的生产经营,迎接明天挑战,令公司每个人都时时处处想到这一观点,不断用自己产品打败自己,陆续开发出了小康型、豪华型、迷你型、超豪华智能型……太空型、克隆型洗衣机,从而立于不败之地。无独有偶,当有人问起海尔集团总裁张瑞敏为何涉足彩电行业时,他开玩笑说:"海尔名牌是'鸡',海尔产品是蛋,我不想让'鸡'闲着"。企业家见微知著、明察秋毫是一种远见卓识,不是人人可以做到的。

二、人力资源开发实践

美国,作为一个市场经济发达的国家,顺利地解决了科技发展、教育普及等许多重大问题,在人力资源开发和利用方面,也有许多成功经验。高度重视正规学校教育。还由地方和州政府、联邦政府共同出资,建立完善的初、中和高等教育体系,培养大量符合社会发展和经济建设的人才;重视职业教育和继续教育,从一般的职业培训转向全方位的培训,从传统的培训方法转入多层次的培训方法,从单一的培训模式转为交叉的多样化培训模式;注重引进国外杰出人才。美国对于吸引外籍人才到本国服务,有一系列十分完整、特殊而灵活的政策,使美国兼容并蓄了世界各种肤色、各种民族、各种类型、各种研究方面的优秀人才。美国50%以上高科技公司中的外籍科学家和工程师占公科技人员的90%，所以，美国有"世界人才之库"的说法。德国经济增长持续稳定，其产品质量、竞争能力、经济效率以及经济运行质量在世界上堪称"佼佼者"。德国人把他们的高质量、高效益归功于高质量的人力资源。职业教育、激励机制及劳动就业和劳动制度形成德国特点。在职业教育方面，德国投入了巨额资金，收效显著。几十年来，已形成从学徒工培训到中等、高等职业教育完整的职教体系和网络。其特点是理论联系实际，学生毕业后能迅速成为企业合格人才。内容广泛、形式多样的再教育，为晋升、提高业务水平不断"充电"。为特殊工种进行的各种培训教育十分繁忙，不管处于何种岗位上的人都有接受培训教育的机会；培训教育人数超过企业需求量的30%～50%，大量储备人才，保证未来经济发展不出现人才短缺。对职工的激励机制，也颇有可借鉴之处。为使职工热爱企业，忠诚为企业工作，大力倡导"大雁"理论。大雁列成V字队形可以产生激励鸟群奋发向上的精神。大雁成队飞行可以比单只大雁飞行距离远。领头大雁身强体壮，身系着全队的安危，而尾随的大雁鸣叫可又鼓励领头雁。互相激励，奋勇向前。如果一只大雁受伤或生病，那么另外二只大雁会脱离雁群来陪伴它。一个人，只能是个"人"，而如果下面另有二个人撑着，那就成了"众"。德国就业结构合理，制度严格，企业管理先进。德国第三产业占整个就业人数53%，而第一、第二产业仅占7%和40%，这种结构使劳动效率和劳动生产率大大提高。

　　人力资源开发使战后的日本经济插上了腾飞的翅膀。短短几十年时间里，日本在一片战乱的废墟上，面对矿藏贫乏、土地狭少的条件，重视人力资源开发和管理，使经济从停滞到高速发展。目前，日本国民生产总值约占全世界国民生产总值的10%左右，人均国民生产总值在3万美元以上。为了开发人力资源，日本在人口政策、正规教育、劳动结构和职业教育上做出了积极的努力。制定合理的人口政策，增加人口总量。人力资源的基础是人口资源，没有人口总量，人力资源就成了无本之源。重视教育投资，不断提高教育水平。日本实行九年义务教育，全国无文盲。中央财政中,教育经费在10%以上。地方财政中教育经费占近30%左右。日本每年投入社会新的人力资源,本科、大专生占67%以上,推动劳动结构的升级,重视高科技人才的培养,使产业结构不断向合理化、高级化演进。重视职业教育和技术教育,职工的文化素质和技术水平大幅度提高。日本的正规教育重视通才、全才教育。专业技术教育与职业教育主要是靠企业自身培养。各大公司都有培训基地,从总经理到清洁工,无一例外地要接受岗位培训。企业职业教育具有规划性。一个人从进厂第一天起,就有全过程的培训方案。在他成长、成熟的各个阶段,均有良好的科学的职业教育相随,以提高其技能。

三、我国人力资源开发战略

从某种意义上讲,发达国家和发展中国家之所以出现经济水平、人均收入上的差距,更多和更主要的是由于长期存在人力资源开发的广度和深度方面的差异。所以我们必须优先制定人力资源开发对策。

改革教育体制,调整投资方向,鼓励中等和高等院校同企业界进行合作,以追求教育与经济发展更大的适应性,促进人力资源的开发与管理由封闭型格局转向开放型格局。改变过去那种把投资重点和重心长期不变地放在投资收益率最低的高等教育方面的状况。结合我国实际情况,应把教育投资重点转移到加强中等、专科、技术教育和职业高中和技术培训方面来,这样才有利于我国经济发展,大大提高教育投资的收益率。

防止智力外流,争取本国专门人才回流。缩小我国与发达国家科技人才收入的差距,是防止智力外流的可取措施。对本国外流的专门人才,应制定特殊政策,如应用高薪、高待遇和提供良好的工作环境条件以及各种配套政策,吸引人才的回流。

大力发展职业教育,重点培养中、初级技术人才。把职业教育引入普通教育中是人力资源开发的重要途径,在普通教育中开设各种职业技术教育课程;将部分普通中学逐步改造成职业中学,让毕业生顺利进入工厂企业。

建立新体制,提高人力资源密度。我国正面临着从传统经济结构向现代化经济结构转化,需要建立人力资源形成、成长、发展的经济体制。要充分体现个体的自我实现和自我发展。如果压抑个体积极性、主动性,就会造成人力资源浪费。所以要充分激励人力资源开发的动力、活力和效率。

第三节 人力资源管理战略

人力资源是对各阶层、各类型从业人员从招工、录取、培训、使用、周转、升迁、调动及至退休的全过程管理。人力资源管理就是研究揭示这一管理全过程的规律和方法,以达到调配、使用、开发人力资源的目的,由此推动社会经济发展。

一、人力资源管理理论

1.X 理论。X 理论是由美国泰勒提出。从 18 世纪开始一直到十九世纪末,这一理论在企业中一直占统治地位。核心就是把工人看成是经济人,对工人的管理强调用强制和惩罚的方法。基本观点是:

一般人生来不喜欢劳动,他们尽可能逃避劳动。由此得出结论,必须对他们实行强制性劳动。

多数人缺乏进取心、责任心,不愿对人和事负责。因此,必须有人指挥他们,管理他们。

一般人工作是为了物质和安全需要,为了获取金钱。因而只有金钱才能使他们努力工作。所以应该采用物质刺激方法。

人具有欺软怕硬,恃强凌弱的特点,因此,必须对劳动者实施惩罚,迫使他们服从指挥。

在 X 理论指导下,管理者把人视为经济人和生产的工具,实行强制性劳动和惩罚性的管理,只以金钱物质利益作为衡量标准。此理论扼杀了人力资源本身的创造性与自主性,忽视了个人自尊、自信、自治、自律以及个人自我发展方面的需求。

Y 理论。Y 理论的代表人物是马洛斯。该理论把人看成是"自我实现的人"。20 世纪 30 年代资本主义世界不景气,给已有的人力资源管理科学蒙上阴影。管理改革和措施趋向于舍弃"苛

刻"而就"怀柔"管理,实现对 X 理论改弦更张。Y 理论主要论点是:

人们愿意用力和用心工作,这如游戏和休息一样,是很自然的事情。因此,管理上可以引导人们自觉工作。

外来的控制与惩罚,并非使人工作的唯一方法。人具有自我指导、自我控制的愿望。因而,管理上必须尊重个人意志。

在适当情况下,一般人不仅接受责任,更寻求责任,具有"自我实现"的愿望。缺乏雄心,注重安全,皆由环境造成,并非人之天性。

应用高超丰富的想象力、智能和创造力,以解决企业本身存在问题的能力,是广大员工具备的。应想方设法调动雇员这种积极性。改善环境以使每个人都发挥自己最大创造性。Y 理论是动态的;显示了人类成长与发展的可能性;强调适应个人需要,而不是单求严苛的管制方式;创造一种环境,使组织中的个人,能在其致力于达到组织目标的同时,实现个人目标。

Z 理论。Z 理论是人力资源管理中有一定代表性的管理理论,核心是"人是整体的统一"。基本论点是:

人能够相互信任。由此可以推出,公司的宗旨必须为全体职工所理解和接受。

人具有微妙性。人既可以通过沟通达成理解,又可能难以沟通而使局面陷入僵化。这表明人自身存在许多矛盾。这些矛盾处理可以得到两种不同管理后果。因此,发展人际关系,提倡人的理解和沟通,在组织上应形成一种缓慢而慎重的评价和提升制度。

人与人有亲善性,人可能会爱他人,并为他人和团体作出牺牲。因此,对人的评价必须从整体出发,提倡爱心和鼓励爱心,从而使组织结构尽可能稳定化。

行为科学理论,人们除了在金钱、物质方面需求之外,还有社会、精神、心理、人性方面的需求。因此,人属于社会的人。行为科学是一个学科群体系,它研究在一定物质和社会环境中人的行为的变化规律。基础学科包括心理学、社会学、人类学,把人的行为、社会行为和人类本身发展变化的关系和规律有机融为一体，构成行为科学理论体系。行为科学用于组织管理则构成组织行为学。组织行为学认为对人的管理不仅要依靠一定规章制度和一定组织形式，而且要保持组织对其成员的吸引力，要激励和保持组织成员的责任感、成就感、事业心、集体精神。激励是指向劳动者提供促使其产生某种行为的诱因，也就是常说的调动员工积极性的途径和措施。一个完整激励过程需要协调好三类变量之间的相互关系：刺激变量、机体变量和反应变量。刺激变量主要是指自然环境与社会环境中的刺激物、诱因（目标）等；机体变量主要是指需要、动机、内驱力等；反应变量主要是指行为的产生和改变。如图 10-1 所示。

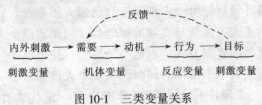

图 10-1 三类变量关系

在内外刺激下，个体产生需要。如外界一旦有满足需要的对象（目标或诱因）出现，需要就立刻转化为人的动机，引发行为向目标前进。当目标达成后又以新的刺激变量形式反馈于机体变量。或者又有新的目标出现，这样又开始新的循环。劳动效能和创造性主要取决于劳动者自身的能动性和自觉性。因此，要使企业充满生机和活力，必须针对员工的需要和工作动机，探索应当创造什么条件，使员工更愿意来工作，更愿意留在所分配的岗位上，更主动去提高工作效率，甚至会使员工把工作本身当成一种享受，从而把潜在的生产力最大限度地转化为现实的生产力。

工作激励理论可归纳为"内容型"理论、"过程型"理论和"综合型"理论三大类。

内容型激励理论主要是研究工作动机，围绕着如何满足需要进行，故又称之为需要理论，马斯洛的"需要层次理论"；赫茨伯格的"双因素理论"；奥尔德费的"生存、关系、成长理论"；

麦克利芒的"权力、情谊、成就理论"等。

过程型激励理论研究从动机产生到争取行为的心理过程。通过弄清人们对付出努力、取得绩效和奖酬价值的认识，以达到激励的目的，主要是佛隆的期望理论，洛克的目标设置理论，亚当斯的公平理论等。

综合型激励理论是把一些主要的激励理论汇合成为一个综合型激励模式。这个模式中有努力、绩效、能力、环境、认识、奖酬、公平感和满足多个变量来进行综合的心理发展过程。

二、人力资源管理决策

管理一刻也离不开决策。传统观点认为，决策只是高层人员的事，它主要是解决经营管理中的发展目标和经营方针等重大问题。目前这种观点逐渐淘汰。心理学教授西蒙（H.A.Simon）在企业管理研究中，运用控制论和决策分析方法，把古典决策理论和行为决策理论成功结合起来，获1978年诺贝尔经济奖。他提倡管理就是决策。在人力资源开发管理中，决策问题多方面并大量存在。例如，人力资源投资与收益，人力资源配置，人力资源就业与择业，人力资源供需，人力资源保护等一系列问题都需要作出合理和适时的决策。管理决策有两个重要前提：一是明确问题；二是设立目标。

1. 明确问题。问题无处不在，无时不存。企业一般存在三种错误领导因素，第一种是"过分强调个人技术第一"，以致每个成员只顾自己的专业技术，而忽视了企业的目标。这样使企业成员变成一盘散沙；第二种是"过分重视顶头上司的个人所好"，以致人人尽力讨好其主管的满意，而忽视了工作真正需要，使整个企业成为数位主管人员喜怒哀乐的应声虫；第三种是"不同层次的见仁见智观点"以致上下意见不沟通，赏罚不一，是非无标准，整个企业成为争吵、赌气、怨气的场所。要克服这三种错误因素，只有通过目标来确定努力方向，使个人行为符合整体的目标。

2. 确定目标。人力资源的决策目标是人力资源所要达到的终极目的或结果。通常可分为有条件目标和无条件目标两种。有条件目标是指带有约束条件的目标,无条件目标是指不带附加条件的目标。无论有条件还是无条件目标,都是由总目标和具体目标构成的层次复杂的体系。从上层到下层,目标越来越具体,下一级目标往往是上一级目标的手段,上一级目标又往往是下一级目标的聚合。

目标一般要包含三个要素:时间、数量和质量。时间是指完成某一任务期限。数量指要达到的数量,质量是达到某一目标的标准。

目标制定可分为四个阶段:①定义目标。指出目标的时间、数量和质量。②分析目标。收集影响目标实现的因素,如内外环境等影响目标达到的因素,把影响因素进行分析、评价,寻找切实的目标。③目标实施,每个人都应明确在实现目标中所处的位置,应负的责任。加强领导和管理,进行各级信息交流,制订实施计划。④成果评价。评价目标实现。目标制定的这几个阶段构成了一个循环周期,不断从一个阶段转入下一个阶段,从一个周期转入下一个周期,不断提高。在人力资源决策过程中,有时可能遇到多个目标及目标之间的矛盾,如果处理不当,则会影响目标确定。多目标决策已成为人力资源决策中普遍的一个问题。在这种情况下,可通过两种方法处理:一是将目标进行归并、综合,使主要的成为目标,次要的降格为约束条件;二是根据各目标在决策中的重要性进行排序,然后确定不同的权数,形成总体目标。

我国拥有世界上最丰富的人力资源,但是丰富的人力资源数量与人均占有自然资源不足、资金资源匮乏之间形成强烈反差。巨大的人力资源数量和低水平的人力资源质量又呈现不平衡状态。企业冗员走向社会是建立现代化企业制度的必然过程,但又和社会经济稳定产生摩擦。因而,我们面临着人力资源结构重新布局,面临人力资源整体素质亟待全面提高,面临人力资源体制的调整转换等一系列问题,要求我们扬人力资源丰富之长,补物质资源相对不足之短。以适应企业经营发展的需要。

第十一章 企业公共关系战略

公共关系是社会组织运用信息交流的手段，使自己与各种公众相互了解、相互适应的一种管理职能。它贯穿于企业诞生、成长、发展的全过程，与企业终生相随。可以说在企业整个运行过程中，公共关系无时不在、无处不有。因此，公共关系战略成了企业经营发展总战略的一个重要组成部分，起着不容忽视的重要作用。

第一节 企业公共关系的战略意义

一、公共关系是企业的无形资产

所谓无形资产是指一种虽不表现为实物形态，但却能为其拥有者带来长久物质利益的财富。

公共关系从广义来说，可以有静态和动态两种理解。从静态角度讲，它是指组织与公众的一种公共关系状态，即社会各类公众对该组织的联系和支持程度；从动态角度讲，它是指组织为追求某种公共关系状态所进行的活动，即公共关系的日常性活动和公共关系的专业性活动。良好的公共关系状态能使企业得到社会各类公众的理解、信任和支持，从而有利于企业开拓市场、发展业务，获得良好的生存环境，为企业带来长久的经济利益。因此，公共关系是企业的一种无形资产。

公共关系是企业重要的战略资源。企业资源有有形的资源，如企业的人才、设备等，也有无形的资源，如公共关系。公共关系作为一种无形资产，作为企业不可缺少的战略资源具有以下特点：

(1) 价值的可测性。公共关系虽然是无形资产,但它给企业带来的经济利益却是有形的、可测的。据国际权威刊物《金融世界》评出,1995年美国万宝路商标无形资产高达446亿美元,可口可乐商标为434亿美元。名牌商标就是企业公共关系状态的反映,它表明公众对企业及其产品的信任和支持程度。

(2) 不可替代性。无形资产是植根于公众心目中的企业形象,它反映了公众对企业及其产品的信赖,因此,它是不可替代的。仿冒产品那怕再逼真,从外观、商标,甚至质量也同真品相似,但消费者一旦知道内情,立即拒之门外,因为公众对产品的信赖还包含着一种深刻的感情因素,而感情是不能替代的。

(3) 不可转移性。无形资源和有形资源不同,有形资源可以转移,如设备可以转让,人才可以流动,转移后它们仍然可以发挥作用;但无形资源则不行,它是伴随企业的存在而存在的。一个企业同公众良好的关系状态,从而赢得公众对它的信任和支持,只能为这个企业享用。即使股东更换、产权易人,只要企业存在,良好的关系状态存在,无形资产也依然存在。因为它属于企业,不属于某个人。相反,产权换人、企业更名、产品换牌,那么它原有的无形资产就会丧失殆尽,因为公众对它有个重新了解认识过程,在不了解以前决不会"移情别恋"。

(4) 长久性。长久性包括两个方面的含义:一是无形资产能给企业带来长久的经济利益;二是企业要获取良好的公众关系需要经过长久的努力。

无形资产同企业共存,只要企业形象不受损,并不断把良好的关系深化,使它牢牢扎根于公众的心中,它会给企业带来长久的经济利益。

良好的公众关系、良好的企业形象不是轻易能获得的,必须经过企业长久的、不懈的努力。企业形象是企业内在素质和外在表现在公众中形成的有关知名度和美誉度的总体印象和总体评价。它由企业自身行为所决定,由公众给以正确的评价。因此它首先要求企业有良好的精神面貌、高尚的道德品质、端正的企业行为,能为公众提供他们满意的产品和服务。同时企业还必须运用公关手段加强企业同公众的沟通联系，宣传企业的政策、观念，听取公众的意见、要求，并以此不断调整企业行为，在扩大和加深公众对企业了解、理解、信任和支持的过程中逐步塑造良好的企业形象，争得公众的美誉。良好的公共关系状态离不开成功的公共关系活动。如果说公共关系的静态理解——良好的公共关系状态是企业的无形资产，那么，公共关系的动态理解——成功的公共关系活动则是获取这一无形资产的重要手段。

二、公共关系是企业科学决策的重要保障

在竞争激烈的现代社会，企业面临的社会环境是复杂多变的。企业要准确而高效地运转，首先要靠正确的决策，而科学的决策来自于对环境诸因素及其变化的科学分析、判断、把握、预见。企业决策者日理万机，不可能样样事情都事必躬亲，亲自调查了解每一个信息，这就得借助于公共关系。

公共关系有多种职能，其最基本的职能就是搜集信息，作为企业的公共关系部门，只搜集与企业自身有关的信息，但其数量和范围仍然是十分广泛的。它要搜集的信息包括：国家政策法令及其变化、市场需求、顾客心理、竞争对手的动向、金融界状况、新技术的方向、员工动态、公众对企业的评价、潜在的危机等各个方面。公关部门不仅要搜集信息，还要对信息进行筛选、分类、辨析、加工、综合、评价、提炼，成为一整套详尽的、完整的信息资料，供领导决策参考。因此，公共关系部是企业的社会情报部。

公共关系还有咨询建议和参与决策的职能。企业领导者在决策中遇到某些具体问题难以把握，公关部门可以向领导层提供可靠的情况说明和分析意见。因为公关部门将收集的信息加工制作后建立了完整的信息库，随时可以根据需要向决策者提供各种有关信息资料。决策是企业对自身条件和外界环境经过周密考虑比较所作出的决定性选择，它决定着企业运作的正确性和有效性。公共关系应发挥参与决策的作用。这一作用集中表现在它能站在公众立场上发现和纠正决策的失误，使公众的利益进入决策视野。决策问题就是企业在面临的客观现状与多种选择目标之间的

矛盾。企业领导层在决策时往往从企业的角度考虑利害得失而往往疏忽公众利益，这样的决策因其片面性而难以取得实效。公共关系强调企业是为消费者服务的，只有全面考虑公众的利益和需求，企业的行为才能得到公众的认可。把企业的利益和公众的利益结合起来，这样的决策才是正确可行的。因此，公共关系的咨询建议和参与决策职能，使公共关系部门成了企业的决策参谋部。

公共关系为企业决策提供了信息资料、咨询意见和参谋作用，从而保证了企业决策的科学性、正确性、完整性。

三、公共关系是企业运行全过程不可缺少的因素

公共关系与企业共存，它不仅贯穿企业从初创到成长发展的整个过程，还渗透到企业运行的各个阶段和各个方面。具体表现在：

企业在初创时期，必须通过公共关系向社会宣传企业的宗旨、价值观念、整体实力，使公众对企业有基本的了解，留下初步的印象。在战略制订阶段，公共关系为企业提供环境研究、前景预测，使战略决策科学化。在产品开发阶段，公共关系为企业作市场分析、产品构思、定位和产品形象设计。在生产阶段，企业运用公关手段沟通协调领导与员工之间、各部门之间的关系，激发员工的进取心、创造力，提高员工的责任心、凝聚力。在营销阶段，公共关系参与营销策略的制订，策划媒介事件，创造良好的营销环境。在企业运行过程中，公共关系还发挥它对内外环境的监测功能，及时向决策层反馈信息，以便企业根据环境变化调整企业行为。至于协调企业与各类公众的关系，改善企业形象，提高企业的信誉和知名度，更是公共关系的工作范围。

由上可见，公共关系对企业活动的参与是全方位的，从企业战略制订到实施、控制、修正的每个阶段，都体现着它的直接推动作用。

第二节 公关战略的环境要素分析

任何企业都不可能存在于超社会的"真空"里,它总是生存于一定的物质环境和文化环境之中,因此,它总会时时处处受到与之相联系的环境变化的影响。无论是国际范围的世界大战、局部战争、经济危机、物资禁运,还是国家范围的社会动乱、政策变化、通货膨胀等等,都会给企业带来巨大影响,或是提供了发展的契机,或是造成了空前的灾难。从一定意义上说,企业是一定环境的产物,即一定环境为它提供了生存与发展的土壤。当然,企业一方面受到社会环境的影响和制约,另一方面它也不是消极的、无能为力的,它可以发挥主观能动性,使自己适应环境,并在一定程度上影响和改变某些环境,以求得更好地生存和发展。企业公关战略中的一个重要内容,就是要寻求和建立企业与环境之间相对平衡的调节机制。

公共关系环境从广义理解,可以是组织置身于其中的整个社会环境;从狭义理解,它是指组织与其内外公众关系的协调状况。在一般情况下,公关环境是从狭义理解的公众环境。

一、公关环境的一般特征

公共关系环境一般有以下特征:

1. 环境的多元性。即企业在其运行中面临着各种各样的公众。这种多样性或多元性要求企业根据不同对象,采取不同的策略同他们协调关系。

2. 环境的可变性。企业面临的公关环境不是一成不变的,它始终处于不断的变化之中,这种变化往往使环境呈现一种不确定状态。因此,企业必须了解环境变化的信息,掌握其变化的规律和速度,提高企业决策者预测变化的能力,从而消除环境的不确定性。

3. 环境的复杂性。它是指与企业有关环境因素的多少与它们的差异程度。如果环境构成因素较多,而且差异较大,则环境就比较复杂,决策风险也较大。公共关系如果能考虑到环境中的所有因素和每个因素的特殊性,就能作出适应环境的正确决策。

二、环境和企业的相互作用

企业作为盈利性组织,它的生存和发展要受到环境的制约。但是,一方面环境制约着企业,另一方面,企业在努力适应环境的同时又在不断地改变着环境。而在企业和环境之间充当润滑剂,使它们减少摩擦,保持和谐的则是公共关系。

由于环境对企业制约的力度不同,有强有弱,对企业产生的影响不同,有积极的或消极的,因此形成了种种变量,即企业的环境变量。同时,企业决策机构和公关部门及其活动对环境变量又具有弹性反应,即对其具有不同程度的融力或抗力。根据企业对环境变量所具有的弹性反应,使环境变量对企业的影响力形成不同层次,可分为三种类型:一级变量、二级变量、三级变量。如图11-1所示。

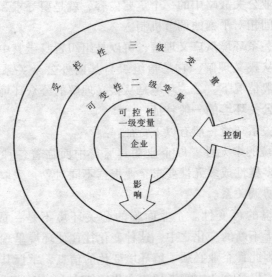

图11-1 环境因素变量

图11-1中处于三级变量的环境因素企业不能直接施加影响,通常只能在其控制范围行事。处于二级变量的环境因素,企业可能对其产生影响,使其朝着对企业有利的方向发展。处于一级变

量的因素企业行动者拥有主动权。

企业应对周围环境作科学的考察分析,即企业公关环境审视。如图11-2所示。

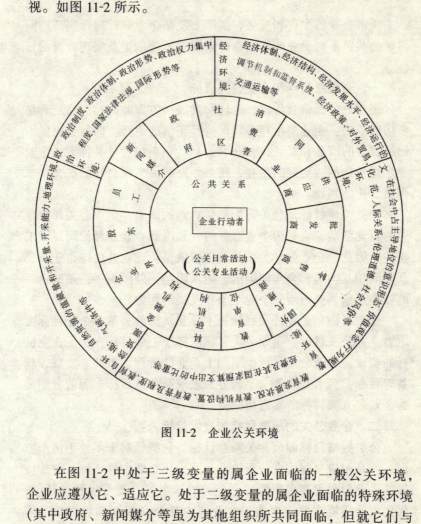

图11-2 企业公关环境

在图11-2中处于三级变量的属企业面临的一般公关环境,企业应遵从它、适应它。处于二级变量的属企业面临的特殊环境(其中政府、新闻媒介等虽为其他组织所共同面临,但就它们与企业的公关状态而言是特殊的)。企业在公关环境审视中,必须根据掌握的大量信息资料,通过科学的考察分析,作出正确的决策,调整企业的行为,并针对不同的公众对象开展公关活动,影响处于二级变量的公众行为,从而取得良好的生存和发展环境。

第三节 公关战略的目标管理

所谓企业的生存和发展,实际上就是企业目标能否实现的问题。公共关系对企业的作用总的来说就是帮助企业实现自身的目标。

一、企业总目标和企业公关目标

企业总目标包含生存、运转和发展三方面的内容。这三者是密切联系的:企业要生存必须保持其正常的运转,向社会提供人们所需要的产品和服务,并获得盈利。在市场竞争条件下,企业要求得长期的、更好的生存,还必须发展,实现自身的扩大,求得最大化的利益。

公共关系目标是公关行为期望达到的成果。企业公关作为企业的自觉活动,它是为企业服务的,是围绕企业总目标而展开工作的,因此,企业公共关系的总目标就是:建立并保持企业和公众之间相互沟通和合作的渠道,内求团结,外图发展,塑造良好的社会形象,努力增强企业竞争和发展的能力。

企业目标和企业公关目标是主导和从属的关系。企业目标决定着企业公关目标,企业公关目标服务于企业目标,保证企业目标的实现。企业公关目标也不同于企业的管理、市场、发展、利益等目标,后者是从各个不同方面表现企业总目标,而前者则要为企业各方面目标的实现而服务。

二、企业公关的战略目标和战术目标

公关战略目标即公共关系总目标。它概括起来不外乎两个方面,一是塑造良好的企业形象;二是优化企业内外环境。塑造良好的企业形象主要表现为提高企业的知名度、美誉度和信任度;优化内外环境主要表现为使企业同内外公众相互沟通、相互理解、相互支持。

公共关系要塑造的企业形象(也称企业公关形象)是指企业的整体形象,而非局部形象。它包括企业的产品形象、服务形象、员工素质形象、机构形象、管理形象和企业作为社会成员的

形象等。企业整体形象的塑造，内外环境的优化不是一时一事就可以达到的，它是经过无数次公关活动，通过对企业与环境无数次摩擦的处理才实现的，或者说，公关战略目标的实现是建立在无数战术目标实现基础上的。

公关战术目标就是每一个阶段的目标和每一次公关活动的具体目标。企业在实现自己的总目标中必然要与周围环境诸因素发生关系并引起关系的变化。关系的变化又必然会引起企业自身形象的变化。公共关系要优化环境，塑造良好的企业形象，就必须根据企业形象的演变方向确定自己的战术目标，并围绕这一目标开展活动。这就是：

1. 当企业形象发生恶性变化时，要努力促使它朝相反的方向转化，至少要阻止它继续恶化的势头。

2. 当企业形象产生良性变化时，要保持它的发展趋势，并促使它向纵深发展。

3. 在企业形象模糊不清时，要扩大宣传，建立起清晰良好的形象。

公关战术目标一般根据这三种情况来确定，至于具体内容则视企业面临的特定情况和公关活动的特定内容而定。

三、企业公关目标的定位

公共关系的战略目标是塑造形象，优化环境。这对任何企业甚至任何社会组织都是一样的。但环境要"优化"到什么程度，形象要"改善"到什么程度，则要根据不同企业期望值的高低而定。

至于公关战术目标也要根据不同企业面临的不同问题和不同的公关工作任务来确定。公共关系的功能之一是监察环境，企业公关部门要经常开展调查研究，了解环境的变动和企业形象的变化，从中发现问题，并根据存在问题确定公关工作目标。一般来说，在企业初创时期或某产品刚投放市场，公众对企业或产品还不了解，公关工作应以传播信息为主，其目标为扩大企业或产品的知名度，扩大公众对它们的知晓度；当公众对企业怀有疑虑、戒备甚至敌意时，公关工作应以促使双方相互沟通、联络感情、消除误解为主,其目标为转变公众态度;当公众对企业比较了解,并抱有一定信任感时,公关工作应以推进公众对企业的协调、配合和支持为主,其目标是引起公众对企业有利的行为。但不管什么情况下,公关工作的战术目标都是为实现企业的公关战略目标——塑造良好形象、优化企业环境服务的。

四、企业公关目标的实现过程

企业公关目标是通过公关活动来实现的,因此,公关活动的过程就是公关目标逐步实现的过程。

公共关系活动一般包括四个阶段:前期调查分析,制订计划方案,实施传播活动,评价工作效果。

前期调查分析是公关活动的起始阶段,其目的是了解那些受到企业行为和政策影响的公众的观点、态度、要求和反应,掌握各种信息,找到企业面临的问题。公关调查要掌握的信息资料主要有:1.内部信息资料。包括:①职工的意见;②企业及各部门运行情况;③企业财政及经营状况;④股东信息。2.外部信息资料。包括:①消费者信息(消费者需求状况、消费心理、消费模式及对本企业的信任度等);②新闻媒介信息(通过媒介报导了解公众对本企业的态度);③市场信息(本企业产品的市场占有率,潜在顾客的规模及其分布情况);④产品信息(本企业产品的质量及社会对本企业产品的要求);⑤企业形象地位信息(社会对本企业的知晓度、信任度、对本企业的评价和要求)。此外,公关部门还应了解企业前阶段公关工作取得的效果和存在的问题,以便下阶段公关工作更有针对性。通过前期调查,找出企业目前面临的主要问题,公关部门便可以根据问题的大小来确定所涉及到的公众的规模,有的放矢地开展公关活动。

制订计划方案是谋划解决问题、塑造组织形象的对策。其首要内容就是确定公关目标。公关目标是公关活动的具体工作目的和要求,它根据各项公关活动的不同内容来确定,同时又是检验和评价该项公关活动效果的唯一尺度。公关目标包括传播信息、联络感情、改变态度、引起行为等四个方面的内容,作为某项具体公关活动的目标可以侧重其中某一方面,但作为整个阶段的公关工作,则以引起公众作出有利于企业的行为做为公共关系的最高目标。除了确定目标和确定公众以外,公关计划方案中还包括选择传播渠道(如大众传播渠道、群体传播渠道、人际传播渠道)、费用预算、活动时间安排等。

实施传播活动是按照计划方案的要求开展信息传播活动。在传播中必须做到信息内容要确凿,信息宗旨要明确,信息编排要新颖;传播方式要多样,这样才能取得良好的传播效果,达到预期的公关目标。

评价工作效果是公关活动过程的最后阶段。它是整个公关过程的总结。公关工作有否成效,预期目标是否达到,不凭主观臆测,要靠事实说明。因此该阶段工作就是调查研究,反馈信息。通过调查了解公众接受了多少信息,是否转变了态度,对本企业的信任度有否提高等等。对反馈回来的信息进行分析研究不仅可以检测前阶段公关工作的效果,还可发现存在的不足之处,以便在下阶段有针对性地作第二次信息传播。所以,前一个公关项目的"评价工作效果",也就是后一个公关项目的"前期调查分析"。企业公关目标也在连续不断的公关活动中得到实现。

第四节 公关战略中的公众关系策略

企业在运行中会面临各种公众,其中一部分是本组织的成员,称内部公众,如企业的职工、股东;另一部分是非组织成员,称外部公众,如消费者、新闻媒介、各级政府、社区、同行业竞争对手等等。由于不同的公众有不同的特点,因此必须根据这些对象的具体情况实施不同的公关策略。

一、员工公关策略

员工关系(即职工关系)包括了组织内部的上下左右的人事关系,它是企业最重要的内部公众关系,是企业公关工作的起点。首先,员工是企业面对的最直接、最现实的公众,企业的目标、计划以及各项具体工作都需要员工的支持和身体力行地去实现,一个企业没有团结一致、士气高昂的员工队伍是很难维持企业生存的。其次，员工是企业的成员，他们既是公共关系的对象，又是公共关系的主体，他们的一言一行都体现着企业的形象，具有良好素质的员工队伍能向社会展示企业良好的气质，树立企业良好的形象。

员工公共关系的基本目标有三个：一是培养员工对本企业的认同感、归属感（或称向心力、凝聚力）；二是创造和谐融洽的人事环境；三是培养员工的公关意识，达到"全员 PR"。为实现上述目标，企业应做好以下工作：

1. 了解员工的思想和要求，尊重员工的个人价值。

搞好员工关系首先必须了解员工。企业及其公关部门要了解掌握员工以下情况：一是员工本人及家庭情况，包括该人的经历、专业和特长、工作能力、性格、爱好及家庭成员、经济状况等。这些情况可从人事档案、日常观察、间接询问和同本人直接谈话中获得。二是员工对企业及所处工作环境的态度情况，包括员工对企业政策方针、目前处境的了解关心程度和所持态度，对其所在工作部门的人事环境、设施条件是否满意等等。三是员工对企业有什么希望、要求和建议。后两方面的情况可以通过个别谈心、讨论和设计问卷搞"民意调查"来获取。

了解员工上述情况后，企业公关部门就能针对具体情况开展工作。公关部门在处理员工关系时必须尊重员工的个人价值，即承认员工个人对企业的贡献，肯定他们一定的业务能力，即使他们对企业的政策方针持反对意见，只要在行动上没有违背企业政策方针的行为，也应允许他们保留自己的看法。这样才能使员工感到领导对自己是尊重的，在这样的组织里工作心情是舒畅的，从而产生一种向心力和凝聚力。

2. 在组织领导层与基层员工间建立各种沟通渠道。

沟通是企业领导同员工间的信息交流活动，其方式可以是领导同员工直接"对话"，也可以通过公关部门"上情下达，下情上达"。具体做法包括定期召开"对话"会，及时听取和鼓励员工的合理化建议，发挥各类自控传播媒介（如本企业内部报刊、广播、闭路电视、黑板报、布告栏等）的信息传播作用，定期进行专题性的民意测验等等。

沟通的重要内容之一是传递企业对员工的正确评价。这是培育员工成就感和归属感的重要手段。

所谓成就感是人们在工作中,在某些大家普遍重视的方面超过别人时的一种满足感。公关部门应承认每一位员工的工作效果,善于发现每个人的特长,并及时向决策者和人事部门提出意向性意见,对他们的成绩予以表彰、奖励、提职、提薪,根据各人的专长安排合适的工作,使员工感到自己的成就和能力得到了企业的承认。

所谓归属感是指一种希望自己被其他人(或一个组织)承认和接纳的需要。公关部门要使职工感到企业是自己的企业,作为企业的一员是光荣的、自豪的,努力为企业多作贡献是自己应尽的职责。这样就会极大地增强企业的凝聚力。

埃斯特·布朗小姐是英国"马科思——斯潘塞"公司最早一家简易商店的销售助理,后成为该公司一家商店的女经理。离开公司后整整50年,布朗小姐没有再与公司发生联系。然而,她晚年孤寂无依,贫病交加,躺倒在一所医院里。护士从她昏迷中的呓语里辨清了"马科思——斯潘塞"公司及其总经理先生的名字,就与公司进行了联系。公司得知后派人查核了布朗小姐的身份,肯定了她当年在公司工作的成绩,于是为她购置了一套小型住宅并提供了一笔养老金。公司这笔钱花得并不冤枉,它在员工中引起了极大反响:一个离开了50年的职工,公司尚不忘她当年的成绩,我们有什么理由不为公司好好工作呢?员工的向心力和凝聚力往往就是这样产生的。

沟通的另一个重要内容就是及时听取员工的意见、建议,而直接"对话"往往是最有效的。

美国有家维克多公司实行友谊午餐制度,每周在布告栏里贴出一张签名单,只要签满9个青年职工姓名,这些人就可以和正副总裁们一起就餐。公司领导可以通过交谈了解公司各部门情况以及职工的建议和要求,而职工也能从与总裁共进午餐中感到自己受到领导重视,因此提高工作积极性。在双方亲切的交谈中,横亘在领导与群众间的鸿沟也随之消失了。

3．为员工排忧解难，经常开展各种联谊活动。

沟通的目的在于相互了解、相互支持。企业领导和有关部门应在可能的条件下积极设法为员工的工作和生活排忧解难，如改善工作条件和居住条件，包括增添工作设备、建造职工住宅、托儿所、子弟学校等等，以减轻其家庭负担，使其工作专心致志，无后顾之忧。同时经常举行文艺演出、体育比赛、舞会、参观、旅游等，以联络感情、调节精神。

4．对员工进行多种能力培训，开发潜力资源，并努力培养员工的公关意识，达到"全员 PR"。

对员工的培训应以业务培训为主，内容视需要而定，但也要兼顾非业务性的内容，因培养的目的在于提高员工各方面的素质，使其更好地发挥作用。培训可采取内部与外部、长期与短期、脱产与不脱产等多种形式。

"PR"是公共关系英文名称的缩写。全员 PR 就是指企业或组织的全体人员都具有公共关系意识，都进行公关活动。全体人员都参与公共关系有着两方面的意义：一是有利于顺利地协调好各方面的关系。因为企业面临的公众是多类型、多层次的，广大员工同社会各类公众都有广泛的接触，公关部门通过员工可以更好地了解各种公众，员工也能为组织传递大量的信息，而这一切都必须建立在培养员工具有良好公关意识的基础上。第二是有利于塑造组织的整体形象。企业的公关工作是渗透在企业每一项活动中的，企业的形象是靠企业内所有成员的集体表现来体现的，如果企业中某一分子不注意自己的形象，也不注意保护企业的形象，就会损害整个企业的声誉。相反，如果每一个人在同公众接触中，都注意同公众的沟通，都在增加公众对企业的好感，那么他们就能为企业塑造良好的整体形象。

二、股东公关策略

现代企业制度的主要形式是公司制，包括有限责任公司、股份有限公司和控股公司等，这就出现了企业与股东的关系，即企业与投资者的关系。随着我国经济体制改革的不断深化，股东关系也日益受到有关方面的重视。

公司制企业在产权制度上实行出资人所有权和企业法人财产权的分离，股东作为出资者对企业财产拥有所有权，并按各人投资的多寡享有资本收益。股东作为个人不能直接干预企业的经营活动，但作为一个整体可以通过股东大会决定公司的大计方针。因此，股东关系的公关目标就是要使企业得到股东的支持，包括财力、物力、经营方针政策和舆论等各方面的支持，要稳定现有的投资者，吸引更多潜在的投资者。据此，股东公关策略的要点在于：

1. 尊重股东出资人的地位和主人翁的意识，保障股东应有的经济权益。

股东作为整体对企业重大政策方针有决策权，企业应服从和执行股东大会及其选出的董事会的决议，不能阳奉阴违，要及时、真实、准确地发放股息红利，不得损害股东的经济权益。股东既然投资于企业，就意味着其利益与企业休戚相关，他们萌发主人翁意识，想多方了解企业经营情况是正常的。企业在股金运用、生产发展、财务状况等问题上，应让股东们享有知晓权，因为股东即使作为个体他也是企业的一分子。应经常同股东们沟通，传递信息，以获得股东们的信任和支持，要知道股东作为整体对企业的支持，是建立在每个个体对企业的信任和支持的基础之上的。

2. 吸引和鼓励股东积极参与企业的经营活动。

由于股东与企业有着共同的利益，企业有可能使股东成为企业经营活动的积极参与者。企业要鼓励股东成为企业产品忠实的消费者、积极的宣传者和推销者，要鼓励股东为企业的发展献计献策，提合理化建议，对有贡献者给予表彰和奖励，使股东与企业拧成一股绳。

3. 实行"全员 PR"，必须发挥股东的作用。

股东对于企业来说，处于一种特殊的地位，作为出资人，他们是企业资产的所有者，是企业整体的一部分；但作为股东个人，他们又是游离于企业生产经营活动之外的一个普通社会成员。如果股东作为"局外人"能与社会各类公众积极沟通，主动宣传和塑造企业的形象，比之企业的自我宣传来效果无疑会好得多。因此良好的股东关系能使企业得到股东的信赖、支持，能使股东感到自己不仅是企业的出资者，还应是企业的宣传者，从而调动股东的积极性，为企业的发展开拓广阔的前景。

三、消费者公关策略

消费者关系即指企业与本企业产品或服务的购买者、使用者的关系，也称顾客关系。消费者公众是最大的社会群体，几乎囊括了每一个社会成员。他们是与企业具有直接利害关系的外部公众，也是公关人员必须争取的最重要的公众之一。在激烈的市场竞争中，谁争取到更多的顾客，取得他们的信赖、好感、理解和支持，谁就能在竞争中取胜。协调消费者关系的目的，是促使消费者形成对企业及其产品的良好印象和评价，提高企业及其产品的知名度和美誉度，为企业争取更多的顾客，稳定和开拓市场，不断扩大本企业产品的市场占有率。

消费者公关策略包括以下方面：

1. 以优质的产品、完美的服务去吸引顾客。

消费者关系是由于消费者对产品的购买欲望和购买行为产生的。没有适合消费者的优质产品，就不可能有稳固、良好的消费者关系。德国戴拉姆——奔驰汽车公司之所以敢于声称："如果有人发现奔驰牌汽车发生故障，被修理车拖走，我们赠送您一万美金。"就是因为奔驰汽车有超一流的质量，能在顾客心目中占有牢固的地位，使人们以拥有一辆奔驰车而自豪。所谓优质，不仅包括产品内在的良好质地、性能，还包括外在的款色新颖和品种齐全。企业只有做到"人无我有，人有我新，人新我齐"，才能使自己植根于顾客的心中。

优质的产品还必须配之以完美的服务，无论是售前、售中服务或是售后服务都应以方便顾客，满足顾客，为顾客解除后顾之忧为原则。美国凯特皮公司的广告称："凡是购买了我公司产品的用户，不论在世界什么地方，只要是需要更换零配件，我公司都将保证在48小时内送达。如果送不到，那么我公司的产品就白送给你们。"他们以自己的行动,实现了向用户的承诺。往往为了往边远地区送数十美元的零件,公司不惜花费数千美元的运费,有时因故无法在规定时间内把零件送达,而兑现诺言,公司把产品免费赠送。真诚的服务,为公司赢得了卓著的声誉,使它的业务经久不衰。

2. 加强同顾客沟通,当好顾客消费的向导。

企业要得到消费者的理解、信任、支持,首先要让消费者了解自己,同时自己也要了解消费者,把握消费者的脉搏,使企业的行为适合消费者的需要,这就必须加强同消费者的沟通。企业不仅要传播有关产品本身的知识,更应扩大到传播整个公司的行动,让消费者尽量了解本企业多方面的情况,如企业的价值观念、政策方针、雇佣情况、盈利能力、发展规划、科研开发、财务状况、竞争地位等,目的在于从培养公众对企业的亲切感中赢得信任和支持。

企业要开展顾客调查,有计划地了解和掌握顾客的消费需求、消费心理与消费习惯,要收集顾客对本企业及其产品、服务的看法和意见,了解企业及产品影响面的大小和产生的社会效果。一旦建立起企业与顾客间"常相知"的双向信息交流渠道,就能大大密切双方间的关系,减少或消除相互间在认知上的"误区",取得相互间的理解、支持和合作。这方面常用的做法是:利用新闻媒介及各类宣传品进行传播沟通;寄发信息反馈表作"民意调查";走访中间商和顾客进行买卖心理沟通;组织顾客俱乐部、顾客与企业联谊会进行感情交流。

随着市场经济的发展,竞争日趋激烈,企业要立于不败之地,除加强自身的建设外,就是要加强同顾客的联系,设法吸引更多的顾客,培育更多的本企业产品的受用者。为此,必须进行消费教育与引导。

消费教育是为了尊重和满足消费者对产品的知晓权、选择权,其目的是引导消费者接受新的消费意识,形成科学的消费行为。坚持消费教育和消费引导能形成消费者的系列化,即在公众中培养起本企业产品和服务的喜爱者、崇拜者,形成企业对消费者的凝聚力。日本实现消费者系列化较成功的有经营化妆品的资生堂，60年代初，它的消费者俱乐部有500多万会员，将大批顾客引导到稳定的消费序列中来，做长期买卖，从而形成了一个稳固的市场。消费者教育与引导的具体方法有：为消费者编印指导性的手册和刊物；举办销售、服务和维修培训班；举行操作表演会，新产品展销会，帮助顾客熟悉产品的性能、技术；开设陈列室、咨询台，回答公众的问题；向报纸、电视台等新闻媒介提供有关新产品的介绍资料等等。

3. 以顾客需求为导向，以顾客满意为目标。

在市场经济条件下，企业的生产经营活动都是以市场需求为导向的。市场需求也就是消费者的需求。企业要不断开展市场调查，聆听消费者的意见，其目的就是要观察市场的消费动向，了解公众的消费心理，掌握顾客对产品、服务的喜好、需求，以此为消费者生产提供他们满意的产品和服务。具有日本企业界"经营之神"之称的企业家松下幸之助坚定地认为，强烈的顾客导向是企业成功的关键，他说："我们每天都要测量顾客的体温"。松下公司热心组织顾客俱乐部"生活之泉会"，随时了解消费者的需要和改进意见，公司遍布各地的数万家松下电器受列销售店，象数万支探针，使公司时刻把握着顾客的脉搏和动向，从而使该公司的电器产品始终具有很高的市场占有率。几年前，日本三菱电机公司正为开发新产品而绞尽脑汁，一位职员在连日下雨后听到太太抱怨："天天下雨棉被别想晒了"。他听了很有感触，联想到消费者可能会遇到同样的问题。便向公司建议开发"棉被烘干机"，结果受到了顾客的欢迎。

"利润第一"还是"顾客第一"这是历来存在的两种对立的经营观念。追求利润无疑是市场经济条件下企业发展的基本动因，但深入分析，企业要实现自己的利润目标，首先要得到顾客的信任和支持，要向他们提供优质的产品和服务，使顾客满意，只有顾客满意了，企业才能获利，才能"满意"。必须强调，企业应树立"顾客就是皇帝"的思想，其政策行为的基本导向，应把顾客放在第一位，想顾客所想，急顾客所急，为顾客尽心尽力。要把顾客的询问看作对企业的信任而仔细解说,把顾客的投诉看作对企业的爱护而及时答复,认真处理。美国企业公关专家加瑞特曾说:"无论大小企业都必须永远按照下述信念来计划自己的方向,这个信念就是:企业要为消费者所有,为消费者所活,为消费者所享"。这句话应成为每个企业的座右铭。

4. 树名企业、创名品牌,发挥无形资产的作用。

当今,市场经营、市场竞争正日趋国际化、全球化。树名牌企业、创名牌产品对企业的发展将起着不可估量的作用。名牌之所以有"名",是因为企业知名度之高、信誉之佳,产品及服务之优已经过了无数实践的证明,而正是因为它被实践所证实,所以名牌对公众具有强烈的吸引力,使人们对之喜爱、信赖、赞美以至崇拜。所谓名牌效应常常由此而来。企业要求得长期发展,必须树名牌企业、创名牌产品。要创名牌,企业必须作大量的投入,不仅包括资金、技术、设备的投入和员工业务能力的提高以保证产品、服务的优质,还包括从产品命名、市场分析、营销策划到形象设计等大量的公共关系方面的投入。

四、媒介公关策略

新闻媒介公众是企业公关工作对象中最重要、最敏感的一部分。因为一方面新闻媒介作为外部公众之一,是企业公共关系的对象,另一方面新闻媒介是专门从事向社会传播信息的,它又是企业与公众实现广泛、有效沟通的主要工具和必经渠道。新闻媒介的这一特殊性决定了企业搞好媒介关系的目的,就是要争取新闻界对本企业的了解、理解和支持,以形成对本企业有利的舆论气氛,通过新闻界实现与广大公众的沟通,密切企业与社会各类公众的联系。处理媒介关系在策略上必须注意以下方面:

1. 了解新闻界的特点,同新闻界人士交朋友。

公关人员要对新闻界的组织机构、工作程序、不同报刊的特点和要求都有足够的认识,甚至对分管本企业所在行业的主要编辑、记者的个性和选稿偏爱都要有相当了解。公关人员要同编辑、记者交朋友,要有一份各新闻媒介的编辑、记者名录,并不断充实、更新。要积极提供采访合作,协助他们工作,每隔一段时间组织一些联谊活动以联络感情、增进友谊。

2. 加强企业与媒介日常性沟通,发挥公关人员同新闻界人士互为中介人的作用。

企业平时要经常与记者保持联系,相互沟通,不要有事有人,无事无人,对记者采取纯粹的实用主义态度。公关人员同新闻界人士总是互为中介的。一方面,公关人员需要通过记者、编辑将企业的信息传递给大众,因此,记者和编辑成为企业与大众沟通的中介;另一方面,新闻界人士需要通过公关人员了解企业的信息,这样,公关人员也成了新闻界与企业之间的中介人。公关人员要妥善运用好这一中介关系。

3. 对各种媒介一视同仁,全面协调。

企业及其公关人员对各种新闻媒介要一视同仁。不能对层次高、影响大的新闻媒介热情、偏爱,对其他的则冷淡、疏远。也不能为了照顾某记者或某报社发表独家新闻,而向其他记者和报社保密。有些新闻媒介虽然相对层次低,影响小,但它毕竟仍拥有一定的读者和观众,同这些媒介相处不好,不仅会影响他们对企业的支持和合作,也会失去一部分公众。企业只有全面协调与各种新闻媒介的关系,才能在与公众信息沟通中得心应手。

4. 尊重新闻自由,不任意向媒介提出要求,对媒介的批评报导要正确对待。

新闻媒介是社会信息流通过程中的"把关人",他们有权对各种信息进行筛选,决定传播与否。因此,企业不能要求记者按自己的意愿发稿,不能埋怨编辑对自己提供的稿件作修改,不能要求编辑扣发不利于自己或有利于竞争对手的报导。对媒介发表不利于本企业的批评报导,首先应视这种批评是善意的,持感激态度,表示接受和改正,望继续竭诚合作。如报导严重失实,企业应先接受这一现实,然后迅速作出反应,提供真实情况(材料和数据),请求澄清,但切勿抱怨,更不得作人身攻击和报复。

对于如何处理新闻媒介关系,美国著名企业家亚科卡有几点经验之谈:①善于与新闻界接近,无论是在顺境中还是在窘境中;②坚持每季度召开记者招待会公布生产经营结果,无论是好的结果还是坏的结果；③讲真话，坦率诚实地对待新闻界人士；④对于有意刁难的记者不必恼怒和驳斥，故意不理睬他就够了；⑤当记者陷入困境需要帮助时，给他提供真心实意的帮助。由于亚科卡善于处理媒介关系，他总能赢得新闻界 80% 的好评。

良好的媒介关系等于良好的舆论关系。这一点必须切记。

五、社区公关策略

人们共同活动的一定区域构成社区。社区关系就是企业同其所在地区的地方政府、社会团体和其他各类组织，以及当地居民等等的关系，也可以说是一种邻里关系。中国俗话说："远亲不如近邻"。公共关系中也有一句名言："公关始于门前。"良好的邻里关系是企业做好各项工作的基础。搞好社区关系的目的是为了企业同周围左邻右舍相互帮助。和睦相处，使企业有一个良好的生存和发展的自然根基和社会根基，坚实地站稳脚根，更好地实现企业腾飞的理想。社区公关策略在于：

1. 当好社区合格的公民。

企业作为法人也是社区公民中的一员，因此必须严格遵守地方法令、法规和其他规章制度，不能有特殊化。企业必须服从地方政府及各级管理部门的领导与管理，这样才能争取地方政府和有关部门的支持与配合，才能顺利开展自己的生产经营活动。

2. 尽力避免企业自身活动对社区其他公众正常活动的干扰。

企业应做好"三废"（废水、废气、废渣）的控制与治理，消除噪音，不在公共场地任意堆放物品，为优化、美化社区尽自己应尽之责。

3. 关心并尽可能支持社区建设。

企业往往是社区中最具有人力、物力、财力的成员，应努力为社区建设尽自己一份力量，如资助社区的环境改善，修建文化教育和公共设施等。这既是企业实力的显示，又是获取公众美誉的重要途径。

4. 扩大企业对社区的"开放"，增强同社区公众的沟通了解。

企业应向社区公众宣传本企业的观念、宗旨、整体实力及产品、服务等,让公众了解自己。如定期或不定期地寄送出版物和宣传资料,举办企业开放日活动和各种展览会,接待参观者等。通过参与社区内的公共事务和公益活动来增强同社区公众的沟通,如维护社区治安,为社区提供义务性的专业服务等。

六、政府公关策略

政府关系就是企业与各级政府及其职能机构、政府官员之间的沟通关系。政府是国家权力的执行机关,它通过政策法令来管理社会。任何社会组织都不能超越政府的管理,也都不可能回避同政府的关系。与政府机构及其工作人员建立良好关系,基本目的是争取政府对企业的了解、认可、信任和支持,对企业来说,这是最具权威性和影响力的认可和支持。协调企业与政府间的关系必须做到:

1. 严格遵守政府制定的各项法律、法令。注意政策法规的变化及时调整企业行为。

企业与政府建立良好关系的前提是企业必须遵纪守法,如按政府规定范围从事生产经营活动,按章纳税等。任何违反政策和法令的行为既有害于社会,也有害于企业本身。企业的一切行为要认真接受政府工作人员的监督管理,当双方出现矛盾时,企业应掌握淡化矛盾的艺术方法,注意培养协调意识。企业必须经常收集各种信息。研究政府的政策方针,随时注意政策法令的变动,及时调整企业的决策方向和实施计划。

2. 积极响应政府号召,主动配合政府部门工作。

企业要响应政府号召,热情支持社会公益事业,如赈灾、捐助希望工程、发起和组织各种有益于社会的活动等。要积极配合政府部门有关计划的具体实施和工作的开展,争取赢得政府公众的信赖和支持。

3. 主动向政府部门提供信息。

一方面应及时准确地掌握政府的政策、法规及其变动情况,调整企业行为,另一方面可把企业收集到的国内外技术发展的信息、市场发展的动向等传递给政府,使之了解真实情况,掌握第一手资料,从而制定出有利于企业发展的政策规定。此外,企业主动及时地向政府提供本企业经济活动进展情况及面临的困难等,还能得到政府的理解和帮助。

企业协调政府关系,除平时加强联络外,还应把握时机,利用新房落成、开业或各种周年庆典、成果展览、新产品剪彩仪式、节日联欢等机会,邀请政府有关人士参加,既可扩大企业影响,又能增进企业与政府之间的相互了解。

七、国际公关策略

国际公众关系是企业在其经济活动中与非本国公众发生的各种交往关系。随着国际分工的发展,国与国之间在经济、技术领域的交往越来越密切、频繁,使生产和消费日益国际化、全球化。当今,每一个商品生产者要获得发展,已不能把目光仅仅停留在地区和国内市场,而必须指向世界市场,使自己的产品满足国际公众的需要。

国际公关仍然是运用传播沟通手段协调与国际公关的关系。其目的是为了使本企业与国际公众之间建立和保持良好关系,树立、维持和扩大企业形象,以利于推销企业的商品和服务,吸引外商对企业的投资等。

我国的改革开放发展了我国同世界各国的经济关系,国外的资金、技术和商品大量进入我国,有利于促进我国经济的发展、市场的繁荣,同时,也使我国不少企业开始跨出国门,跻身世界市场。从长远的观点看,企业要更好地生存、开拓、发展,必须迈出这决定性的一步。

第五节 危机公关策略

危机公共关系是事务性、传播性和智能性综合的公共关系。危机公共关系并不是常规的公关工作,它只在危机事件发生时存在,因此常常不足以引起人们的注意及作好充分应变准备,从而导致企业遭受损害。企业公关部门应重视危机公关,了解企业可能发生的危机、弄清危机的类型及特征,全面把握危机的潜在因素,将其消弭于萌芽状态,同时做到有准备,即使危机一旦发生也能及时妥善处理，将其化解。

一、危机的类型

所谓危机，是指突然发生的，对组织形象和经济利益有重大损害的，甚至危及组织生存和发展的严重事件。危机从不同的角度可以划分为不同的类型：

1. 从危机产生的原因来看可以区分为：

(1) 由组织内部原因引发的危机。其中包括：A. 组织内部个别成员有意或无意所造成的危机；B. 组织在决策或管理方面的责任所引起的危机。

(2) 由组织外部成员有意或无意造成的危机。如：A. 不法分子蓄意破坏、恶毒诽谤、假冒陷害等造成的危机；B. 社会部分公众对组织产生误解而给组织造成形象上的伤害。

(3) 由不可抗拒的外部力量意外造成的危机。如：A. 自然灾害（水灾、地震、火山爆发等）；B. 难以预料的突发变故（飞机失事、火车脱轨、轮船遇难以及全国或世界性经济萧条、社会政局大变动、战乱等）。

2. 按危机的性质和对组织造成的损害程度可分为：

(1) 重大危机（恶性危机）。重大恶性危机是指不仅造成组织巨大的经济损害，而且将使组织多年营造的形象和声誉毁于一旦，从而危及组织生存的危机。

(2) 一般危机（公关危机）。一般危机是一种信誉危机，即产生不利的舆论，使组织逐步失去公众的信任，形象受损，声誉下降。它一般不会死伤人，不会使组织目前受到较大有形损失，但任其发展会给组织造成难以弥补的无形损失。

二、危机的特征

危机主要有以下特征：

1. 突发性。危机通常皆突然发生，使人们无法意料。

2. 危害性。危机一旦发生，轻者影响组织声誉，重者使组织生命财产受重创，甚至危及组织之生存。

3. 迅猛性。危机到来往往速度迅疾，威势猛烈，具有极强的冲击力，它能迅速造成影响，使组织猝不及防。

4.敏感性。危机事件发生最容易引起新闻媒介和社会公众的关注,成为热点,并形成舆论。这种敏感性和不利舆论使事态难以控制,给组织解决问题增加了难度。

危机的上述特征往往会给那些麻木不仁、反应迟钝和处理措施不当或不力的组织带来巨大损失。因此,企业必须把握危机可能发生的各种因素,预防危机、消除危机。

三、危机的预防策略

危机公关最大的优势,就是早在危机发生以前公关人员便以怀疑和警惕的目光去搜寻可能导致危机的因素,以期在各种危机要素尚未组合为一体时,将其发现并分而制之,各个击破来消弭危机。危机公关的实质,就是要有计划有准备地去与无法预见的各种问题打交道。

第一,关于危机的预见。

人们无法预见危机在何时何地发生,但作为企业的公关部门却应预见其迟早可能发生。使用机器应想到它会发生故障,搞营销应想到产品会卖不出去,有了名牌应想到可能会被人假冒。预见危机的作用在于,它为预防危机、化解危机提供了必要的准备。可以说,没有预见,就无法预防。预防危机的主要办法有:

1.经验研究。研究本企业和本行业的历史,重点放在寻找和分析本企业和本行业历史上发生过的各类危机案例,研究这些危机的成因、发生的时机、问题的关键、造成的后果以及在危机处理中成功的经验和失败的教训。推而广之,还可以通过书报、杂志等了解本行业以外的各类社会组织在预防和处理各种危机中的经验和教训。将上述资料收集研究后整理归类。

2.内部征询。公关部门可向企业各部门征询,了解和找出各部门所担心并希望解决的各类问题,加以排队、分析,找出可能导致危机的潜在因素。

3.逆向思维。公关人员应对企业运行中发生的每件事情作反方向思考,寻找有无导致危机的因素。如好事中是否会有潜伏的危害,顺境中是否会隐藏着不利等等。

4.整理编排。公关人员应将搜集的各种资料整理归类,编制成排列有序的危机项目手册,并根据自己的研究和别人的经验,注上危机处理时必须注意的事项。

第二,危机的预防。

预见危机的直接目的就是要预防危机,将危机消灭于发生之前。良好的危机预防策略有:

1. 设立危机公关机构。可以公关部门为主并吸收人事、生产、供销、安全、技术、质量监督等部门的有关人员组成危机公关小组(或办公室),设专人负责危机公关事务,平时成员间经常沟通,随时应付可能出现的危机。

2. 评估研究各类危机事项。危机公关机构成员定期集会,对可能发生的危机按轻重缓急排队,以便集中对付需优先预防的危机。

3. 制订危机预防计划和危机反应计划。预防计划应揭示潜在危机的理由、后果、消弥它的基本对策。反应性计划须列出一旦发生危机如何立刻作出应急反应。

4. 寻找危机问题突破口,设法避开危机。发挥公共关系的环境监测功能,及时掌握信息,对潜在危机分析研究,在危机尚未发生时避开和化解它。

四、重大危机处理策略

当重大危机降临时,企业及其公关部门需要冷静沉着,迅速采取一系列措施,将危机带来的损失减少到最低限度。危机事件的有效处理,除要求及时和高效外,还要有正确的工作程序或处理步骤。

1. 危机处理程序

(1) 成立危机处理的领导机构。危机一旦发生,在危机预防过程中设立的危机公关小组已不再适应突变时期的工作需要,应立即组织人员成立专门处理事故的最高领导机构,其中包括企业主要领导成员、公关人员和有关职能部门的负责人,该机构成员应即赴现场工作。

(2) 危机的技术处理。

① 保护现场,寻求援助。事故处理人到达现场后,应尽一切

办法保护现场，以便迅速、准确查清事故原因。同时要及时同公安、消防、医院、驻军部队等有关部门联系，请求援助，并采取紧急措施，抢救人、物资，使损失减少到最低程度。

②报告主管领导或上级管理部门。企业应尽快向上级部门汇报情况，并视情况请有关领导亲临现场指挥抢救。

③妥善安排好受伤者，做好死伤者家属的工作。对事故中受伤者应及时送医院治疗，有关领导应到医院作探望。及时通知死伤者家属，做好家属的接待、慰问工作，争取家属的同情、谅解和支持，防止因处置不当而触发新的危机。

(3) 危机的公关处理

危机的公关处理和危机的技术处理应是同时进行的。

①全面调查，掌握危机事件全貌。危机处理人员应了解和掌握以下情况：A.迅速与目击者或当事者取得联系，了解事故发生的时间、地点、原因。B.危机造成的损失程度及其对企业的不利影响。C.危机造成影响的范围，涉及的公众有哪些，它们的构成和大小，危机影响在社会上扩散的速度和程度。

②迅速制订处理方案。危机公关方案是企业处理危机工作的行动指南，它通常包括以下内容：

A.危机分析。对危机的背景、根源、发展趋向作深入分析，说明其灾难性后果及对公众可能造成的舆论趋势。分析解决危机的契机和关键在哪里。

B.确定公关目标。

C.确定危机传播原则、信息范围等。其中包括是否需要成立新闻发布机构，对所发布新闻的审查，对记者采访（或摄影）范围是否有必要的限制等。

D.进行公众分析，作目标公众定位，制定沟通策略。

E.危机处理机构人员分工、制定工作程序表及大致的时间安排。

③聘请危机公关专家组成智囊团。若危机情况十分严重，企业又无处理这类事情的经验，可聘请危机公关专家配合、指导工作，制定有效策略，控制事态发展。

④监控舆论。公关部门应掌握各种信息,把握舆论动向,有效地阻止各种错误信息或谣言的流传。

2. 危机处理中对各类公众的对策

危机发生时,应对各类不同公众确定相应的各种对策。

(1) 内部公众对策。①将危机情况通报全体员工,要求大家同心协力,共度难关。②制定处理事故的基本方针、对策,将总体方案通告全体人员,以统一口径,协同行动,并向外界公布事实真相。③做好善后工作,对员工伤亡现象除通知家属外,要提供一切条件为之安抚。④若事故由本企业产品质量等问题引起,应立即收回不合格产品,或立即组织检修队伍,并查清原因,重新改进。

(2) 对被害者对策。①了解情况、承担责任,向受害者表达歉意。②倾听被害者意见,了解或确认赔偿损失的要求,对被害家属过分要求要宽宏、忍让,切勿在事故现场与之争执,可另行单独与之讲理,拒绝时要注意方式。③尽快实现物质赔偿。④为稳定工作,不轻易更换处理问题的工作人员。

(3) 对新闻媒介对策。①统一宣传口径,不前后矛盾。②组织的主要领导人担任新闻发言人。③与新闻界合作,向他们提供真实、准确的消息,对确有不便发表的消息,不要简单地"无可奉告",应说明理由,求得记者的谅解。④在事实未完全明了之前,不作推测性报导,不轻易表态。⑤当新闻媒介发表了不符合事实真相的报导时,可尽快向其提出更正要求,并提供全部与事实有关的资料,但注意不要产生敌意。

(4) 对上级主管部门对策。①及时和实事求是地汇报危机真相。②在危机处理过程中定期向上级主管报告事态进展,以求得指导和支持。③危机处理后向领导提供报告,包括处理经过、方法、公众反应及今后预防措施等。

(5) 对社区居民对策。①若企业危机给当地居民造成损失,应以组织形式出面向他们登门道歉,或派有关人员去每个家庭分别道歉。②视造成影响大小在全国性报纸或地方性报纸刊登谢罪广告。③根据情况赔偿经济损失。

（6）对业务往来单位对策。①尽快如实地传递危机发生的信息。②以书面形式通报正在采取的措施，必要时还可派人直接与他们沟通。③在事故处理中定期向他们传递处理经过情况的信息。④事故处理后用书面形式表示影响业务的歉意。

（7）消费者对策。①通过零售店等渠道向消费者公布说明事故梗概的书面材料。②通过新闻媒介介绍危机真相、处理经过及今后预防措施。

（8）消费者团体对策。①热情接待并会见消费者团体代表的来访。②不隐瞒危机真相。③慎重对待消费者团体代表，争取他们支持以影响舆论。

3. 危机传播

危机发生后，准确、及时、恰当地进行信息传播是危机处理的一个重要方面。危机传播必须注意：

（1）危机一旦发生，企业公关部门或专司信息传播的部门应迅速掌握有关信息（如问题发生的时间、地点、原因，有无伤亡，周围地区人群是否安全，是否通知受伤或死亡者家属，有关方面对此事的考虑等），并向企业决策层反映。

（2）为统一信息发布的口径，可设立联合信息传播部门，确立中心发言人（企业主要领导人担任）。任何有关信息都需集中到联合信息传播部门，由中心发言人对外发布，其他任何人非经明确允许不得为企业代言。

（3）企业的信息传播人员（或公关人员）及现场危机处理人员应商讨和确定已知因素，准备一个简短声明，而后通知新闻媒介。

（4）可设立一个新闻站，凡来事故现场的记者应安排去新闻站了解情况。向记者提供电话、打字机等各种方便。

（5）保障信息畅通，做好信息发布记录。

（6）有些事情在一般情况下不予发布。如不发布对事故的推测；不解释传递信息延误的原因；除大概的损失数目和项目外，不发布具体的统计数。

（7）注意摄影师的活动，防止影像报道失实。

(8) 了解来访记者的姓名、电话及其所代表的新闻单位名称，以便及时联系。

五、公关危机及处理策略

1. 公关危机的特点、类型和形成原因

(1) 公关危机的特点。公关危机主要是组织与公众之间在关系协调过程中出现困境，导致不利舆论的产生，使组织失去公众的信任。它属于一般危机，其特点为：①公关危机大多数情况下不呈现突发的恶性事件，通常缓慢形成。②公关危机是一种关系的危机，因此具有可控性，即企业作为关系的主体可在一定的规律和原则指导下控制其爆发。③公关危机的影响较特殊，它给企业造成的直接影响是信誉上、形象上的无形损失，但发展下去也会导致经济上的重大损失。

(2) 公关危机的类型。包括：①内部公关危机。即发生在企业内部，而不影响外部公众的危机。如企业领导层同员工关系不和睦，又未及时沟通而造成员工对企业不信任，行动上不合作。②外部公关危机。指发生在组织外部，由外部公众引发的危机。通常表现为不利的舆论，企业形象削弱、信誉丧失。

(3) 公关危机的形成原因：①企业对公关没有引起足够重视，甚至轻视公关。②企业的不良传播引起不良的反应。如沟通不力或沟通渠道不畅通，信息传播失误等造成失信于公众或引起公众的误解。③少数人有意挑动或无意引起。

2. 公关危机的处理策略

企业公关部门的重要职责之一就是当组织形象受损，企业与公众关系遭破坏时，如何进行弥补工作。为此，当公关危机发生时企业及其公关部门必须做到：

(1) 虚心听取公众的意见，自动承担责任。在事情未调查清楚前，首先假定公众总是对的，而不先追究责任在谁，这样可争取主动，也容易同公众搞好关系，使紧张的气氛得以缓和。

(2) 立即组织人员，查明事实真相。

(3) 当公关危机产生的原因在企业自身时，企业应果敢地承认错误，并采取有效措施修正错误。一般做法是：①认真听取公众的批评，体现出诚意；②开展自我批评，必要时可在新闻媒介刊登致歉广告；③主动与当事人沟通，求得谅解，或通过媒介向公众作出合理的解释，讲清事情的原因，组织的过错和责任；④采取有力措施纠正错误，并把这些措施告诉公众。

（4）当造成公关危机的责任在企业外部时，企业应做好以下工作：①及时公布事件真相，揭露其秘密，让公众对企业产生信任感；②若是少数人存心破坏，恶意中伤或假冒本企业商品等，造成企业信誉受创伤，则除了发表声明并对其揭露外，还应诉诸法律；③对公众中以讹传讹现象，只需澄清事实即可，注意不要指责广大公众。

（5）要积极防御，因势利导。企业要利用与公众原有的（或目前尚存的）良好信誉基础，积极宣传企业形象中好的、值得信任的方面，以此分散、淡化公众对企业不良方面的注意力。这样一方面可以维持那些至今仍然信任本企业的公众，另一方面又可降低不良印象在逆意公众中的影响程度。此外，危机虽然本身是坏事，但它又是最佳的公关契机，因为危机使企业成了社会瞩目的焦点，公众等着你表态。所以，企业必须抓住这一难得的机会，将公众舆论成功地引导过来，化不利为有利。当然这里必须在技巧运用上恰到好处，虽然会有一定风险，但却是形象危机处理的关键。

（6）在特殊情况下，可采取主动出击的强硬行动。所谓特殊情况，是指危机将使企业信誉扫地，经济严重受损，甚至威胁到企业的生存，它已发展成重大危机。采取主动出击有一个前提，即企业仍被误解、被冤枉，掌握着有力的证据或有充分的理由。

1992年的国际消费者权益日，在中央电视台对全国八家化妆品生产厂的曝光中，上海霞飞日用化工厂的三种产品因外包装不符合卫生部的标准而被判为"不合格产品"。接着，全国各地客商纷纷来电要求退货，各销售店营业额直线下降。霞飞厂面临着生死存亡的关头。其实真正的原因不在霞飞厂，而是卫生部和轻工业部两家"婆婆"各有一套相互打架的"部颁标准"所致。为此，霞飞厂采取了主动出击的办法，派公关部经理为代表赴京,通过行业协会向中央有关部门反映事实真相,防止事态扩大,又通过中国工业经济协会在内参上反映了企业的生产损失情况。朱镕基副总理看了内参后亲笔作了批示:化妆品曝光要兼听两部(轻工业部和卫生部)意见,不可过分。质量曝光事先要同行业管理部门商量,务求准确,实事求是。此后,中国公关协会主持的中华国产精品推展会以整版篇幅在《经济日报》登启事,声明霞飞化妆品符合轻工部部颁标准,不是伪劣产品,京沪其他报纸也刊登了整版启事。霞飞厂代表还在北京先后三次召开记者招待会,向众多记者陈述实情。通过一系列的努力,霞飞厂终于摆脱这一严重危机的阴影,重新塑造了良好的企业形象。

第六节 从战略高度进行公关策划

一、公关策划的涵义和原则

"策划"含构思、谋划、计谋、筹划、谋略等意。公关策划是公关人员通过全面研究公众关系状态,利用已掌握的知识和手段,为公关活动的有效进行而展开的战略和策略构思,它是提出最佳行动计划的科学研究活动。它由五个要素组成,即策划者(公关人员)、策划依据(信息和知识)、策划方法(手段)、策划对象(公众)、策划效果测定和评估。

公关策划一般有两种:一种是单独性的,即为了一个或几个单一性的公关活动进行策划;另一种是系统性的,即是规模较大的、一连串的、为同一目标所进行的公关活动的组合而进行的策划。

公关策划技法千姿百态、千变万化、因人而异、因时而变,很难找到可共同参照的模式。但是有些基本的、共同的法则是可以遵循,这就是公关策划的原则。公关策划应遵循的原则有:

(1)客观求实原则。实事求是,是公关策划的最基本原则。首先,它要求公关策划必须以客观事实为依据,在真实把握事实、尊重客观规律的基础上进行。也就是说,公关策划的依据是可靠的,它向公众传播的信息是可信的。其次它要求公关人员在收集和整理信息时要做到真实、客观和全面。任何一种为公关策划人员提供虚假和不实情况的行为都是严重的失职，它将导致公关策划失败，企业形象受损。

（2）公众利益优先原则。在公关策划中，要推出一个有效的公共关系方案，必须将公众利益放在优先地位，只有坚持公众利益优先，才能引起公众的好感，才会与企业的行动产生共鸣，才能使企业最终获得自身利益的满足。

（3）系统性原则。公关策划相对于企业的整体活动，相对于企业整个公共关系工作，它只是一个庞大系统工程中的一个子系统。公关策划应从企业整体利益出发，同企业总目标相一致，否则就失去了策划的价值。

（4）创新性原则。谋划公关策略时机、活动形式和内容时，应刻意求新，打破传统思维的束缚，别出心裁，使公关活动获得出人意料的效果，给公众留下深刻、难忘的美好印象。

（5）灵活性原则。又称弹性原则。进行公关谋划，必须保持充分的弹性，以便能及时地、灵活地适应企业外部环境和内部条件可能发生的各种变化，有效地实现动态策划。如在其制订的方案中留有充分的回旋余地，留有可供调节的机动性等。

（6）伦理道德原则。讲求伦理道德是世界各国公共关系活动的共同要求，国际公共关系协会（IPRA）的行为准则还对公关人员提出了职业道德要求。这一原则强调在公关策划中必须贯彻为公众利益负责、为社会负责的思想。特别是我国公关策划人员，更应遵守社会主义道德规范，公关工作要有利于社会主义精神文明建设。

7．效益原则。公关策划应力求以较少的费用投入，取得最佳的公关效果。对企业公关来说，它最终要体现在企业经济效益的提高上，同时也要求它能产生良好的社会效果。

二、公关策划的程序和方法

1．公关策划的基本程序

公关策划程序由图 11-3 中几个步骤构成，它反映了策划的规律性。

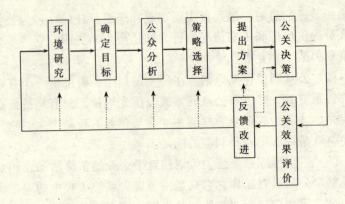

图 11-3　公关策划程序图

(1) 环境研究。它包括搜集信息和综合分析问题背景,用以明确企业面临的状况,并对形势作出判断。它是公关策划的起点和基础。

(2) 确定目标。确定目标要根据环境研究的结果,考虑企业整体计划目标,公关工作总目标和企业的实力基础。衡量目标的价值要看它对于解决问题是否有效,对企业是否有利,是否切实可行。

(3) 公众分析。目标所针对的对象是公众,但不是所有的公众,而是与欲解决问题有关的特定公众。这就需要界定目标公众,并将目标公众分类,进而采取不同的公关策略。

(4) 策略选择。公关策略是策划者在公关活动中为实现公关目标所采取的对策和运用的特殊手段。公关运用的方法手段多种多样,如广告宣传、制造新闻、社会赞助、体育公关、交际活动、形象设计等等。策略选择的目的在于找出一种最好的方法,使企业传播的信息为公众所注目、赏识、接受,并引发公众有利于企业的行为。为此,一方面要求公关策划者能娴熟运用各种公关手段,更重要的是要求其富于创意,策略运用别出心裁、新颖独特。

(5) 提出方案。公关计划方案包括:①计划的原因或目的;②计划的目标任务;③目标公众;④媒介的选择;⑤实施活动项目及方法;⑥费用预算;⑦时间安排。公关计划方案应见诸书面形式。

(6) 公关决策。公关决策是对公关计划方案进行优化、论证与决断。公关策划者作出各种公关活动设计,但这些方案未必尽善尽美,必须进行优化、论证、决策。优化就是提高方案合理值的过程,它是为了增强方案的目的性、可行性,降低耗费。论证是方案订好后所进行的可行性论证,集中论证公关目标是否明确,方案实现的可能程度如何,在实施中会受到哪些条件的限制,可能发生哪些潜在问题和障碍,如何防止和补救。最后,在决策中通过比较分析,选择一个最佳公关方案。

(7) 公关效果评价。它是在公关计划方案实施过程中,用目标标准对一定时间内所取得的活动成效进行衡量对比。公关效果评价不仅有助于总结经验,还可以发现问题,以利于纠正偏向,修正方案。

2. 公关策划的方法

公关策划是一种高层次的谋划活动,又是一种创意性的构思活动。常用的公关策划方法有:

问题管理法。竭力寻找和发现各种有可能影响企业的问题,在对企业面临的各种问题进行归类、筛选、分析的基础上提出解决各种问题的对策和策略。

目标管理法。在确定公关总目标后,通过研究分析,将其层层分解下去,形成各分目标,各具体行动目标,直到与可操作的行动接轨。它能使计划在严密控制下实施。

头脑风暴法。它是一种创造技法,类同会商思考法,其核心是高度自由的联想。通常做法是召集一些专家、学者、创意人员、公关人员举行小型会议,让与会者毫无顾忌地提出各种想法。会议禁止批评,提倡自由畅想、构想多多益善。通过相互激励、诱发联想、集思广益,导致连锁反应,产生众多创造性构想。

三、从战略高度进行公关策划

公关策划应从战略高度进行,它必须有利于企业战略目标和公共关系总目标的实现。

一个企业的整个活动是一个庞大的系统，企业公共关系活动同其他生产、营销、财务等活动一样是其中的一个子系统，而公关策划又是企业公关工作中的一个子系统。公关策划活动与企业总体活动及企业公关工作的关系是局部与整体、部分与全局的关系。

公关策划要服从企业总体的需要，服从企业整个公关工作的需要。具体表现在公关的目标策划不能局限于一时一事某个具体目标的实现，更要考虑有利于企业总目标和公关总目标的实现；公关策略选择要遵守实事求是原则和伦理道德原则，不能损害企业形象；公关效果评价不能仅仅着眼于对某一公关项目的效果，还要看它对整个企业是否产生效果，是否带来效益。在公关营销策划中，既要有利于产品促销，又不能为追求一时的销售额，采用不正当的手法，影响企业信誉，损害企业形象；在公关谈判策划中，既要考虑企业自身利益，也要考虑对方利益，不能利用对方一时困境，无限追逼，虽使自己一时获益，却断送了今后与对方的长期交往。凡此种种，在公关策划中都应注意。

公关策划是企业总体活动策划的重要组成部分，也是公关工作的重要内容。企业应充分重视并利用这一手段，来实现自己的战略目标。

第十二章 企业文化战略

第一节 企业文化与企业文化战略

一、企业文化

任何一个企业,都存在着与这个企业相适应的企业文化。凡一流企业,必然有其卓越的企业文化,而一般企业也会有别具特色的企业文化。企业在确立总体经营战略以后,即应对企业文化作全面的、长期的谋划,制订相应的企业文化发展战略。这对于全面实现企业的战略目标,切实地提高企业素质是不可或缺的一项重大举措。为了更好地理解企业文化战略的形成、特点及其实施原则,我们应首先对企业文化有基本的了解。

企业文化,或称公司文化、组织文化。人们对它有各种表述。威廉·大内认为:"传统的气氛构成了一个公司的文化。同时,文化意味着一个公司的价值观,诸如进取、守势或是灵活——这些价值观构成公司职工的活力、意见和行为的规范。管理人员身体力行,把这些规范灌输给职工并代代相传。"另一些人认为:"企业文化系指企业组织的基本信念、基本价值观和对企业内外部环境的基本看法。是由组织的全体成员共同遵守和信仰的行为规范、价值体系,是指导人们从事工作的哲学观念。"

这两个定义,代表了对企业文化两种不同的理解。前一个定义包含着员工行为方式等非理性因素。后一个定义则与此有较大差异,即企业文化是以纯理性形式为主的,没有提及企业内部的风俗、习惯、企业情感、共同心理等问题。

对企业文化的理解,应从对文化的深刻理解演绎而来。荷兰著名文化学家皮尔森在《文化战略》一书中指出:"文化是按照一定意图对自然或自然物进行转化的人类全部活动的总和。"这里强调的文化不仅是一种静态的成果或实体,而是一个动态的过程,这是十分精辟的。他继而说:"文化是人的活动,它从不停止在历史和自然过程所给定的东西上,而是坚持增进、变化和改革。""文化不是名词,而是动词……我们在考察文化时,不是把它作为一个已完成的事态,一个现状,而是把它作为现代文化构成一个阶段的历史过程。"

这段文字对理解企业文化应有所启迪。作为文化一个分支的企业文化,应具有文化的根本属性。我们不应只是从静态的角度去理解企业文化,同样应把企业文化理解成为现实的某种状态和已经取得的成果,还应从动态的角度把企业文化理解为一个组织在"坚持寻求增进、变化和改革"中的行动过程。所以,企业文化应该是:企业全体人员在经营活动的全部创造性活动过程中创造的具有本企业特色的物质与精神成果的总和以及与其相应的经营活动方式的统一。是静态成果与动态活动的统一。作为静态方面包括企业的文化观念、价值观念、企业精神、职业道德规范、行为准则、历史传统、企业制度、文化环境、企业产品等。其中价值观体系是企业文化的核心。作为动态方面的表现为企业战略决策行为、经营运作方式、公共关系运营、员工各种文化娱乐活动。这种静态与动态的统一在具体问题上的表现则是:若就文化来说是企业员工的知识修养与人们对待知识的态度的统一;若就企业盈利来说,是对利润的追求与对利润的心理的统一;若就人际关系来说,是人际关系状态与处理人际关系的哲学的统一;若就管理来说,是管理思想与受其支配的管理活动的统一,如此等等。一个具有优秀企业文化的企业,在这些方面不仅能协调、统一,而且具有较高的水准。若相反,则其统一性与协调性均处下游。

企业活动的内容和方式可以分为若干层次,企业文化也相应地分为若干层次。著名学者于光远先生在1989年便系统地提出"企业文化五层次说"。他把西方管理专家提出的企业总体文化作为第一个层次,即最高层次。第二层次是指企业家的经营文化和管理文化。第三个层次是指在提高企业员工文化水平、文化素质,满足员工文化生活、文化休息的文化。第四个层次是关心社会文化事业发展的文化。第五个层次是企业家文化,如企业家对宏观问题的把握,提高自己经营决策水平等方面。

除了"五层次说"以外,关于企业文化的构成,还可以作由表及里的分析,将它分为表层、浅层、中层和深层四个层次。其结构如图12-1所示。

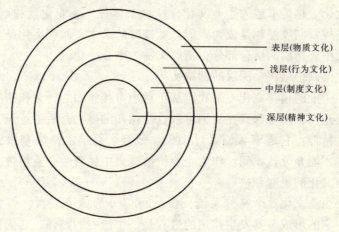

图12-1 企业文化结构

这四个层次构成了企业文化的完整体系,每一层次便是一个子系统。下边分别加以说明。

作为表层的物质文化是企业文化的最外层。其直接显现是企业全体员工共同奋斗创造的产品和各种物资、机器、设备、工具等,故称为器物文化。表层物质文化虽然是形形色色的物质存在,但都是员工价值观体系的直接具体的反映。

第二个层次:浅层的行为文化。

人们常说的"经营活动"指明了企业中全体人员在不断进行着不同方式、不同内容、范围大小亦不同的活动。这些由统一的企业理念指导的为实现企业总目标的行为活动从行为系统结构来说可分为企业整体行为、企业内部各个组织机构行为以及员工的个体行为。这些行为的目的性、协调性、统一性以及行为效率因企业而异，是企业文化中易于被觉察的浅层文化。

第三个层次：中层的制度文化。

为了维持企业经营活动的正常开展，把一个群体的行动统一起来，企业除了要有确定的经营机制以外，还得有一系列制度、规范、条例、守则、对每个人进行约束，使之趋于规范，使每个人的行为成为适合企业经营要求的行为。这可以说是个体行为的企业化。越是卓越的企业文化，这种个体行为企业化就越明显，各类规章制度便越是成为人们自觉遵守的条文。制度文化是企业文化中人与物的结合部分，所以又称为中介文化。

第四个层次：深层的精神文化。

企业的精神文化不是我们从企业中直接感知的行为和物质形态的东西，而是深藏在我们可以直接感知的事物背后的意识、观念、精神。它需要人们通过抽象、概括、总结、提炼等思维活动，才能充分认识到。作为企业价值观集中体现的企业精神，是企业文化的灵魂和核心。

企业文化这个完整系统，虽然可以分为四个层次，但实际上，它的形成及其发生作用的过程是一个统一的整体。它们相互依存，相辅相成，其中应特别注意的是精神文化，它对其他层次具有导向和决定作用。

二、企业文化战略

1. 作为一种竞争力的企业文化

企业界不少人士认为，当今企业竞争中，商品力、销售力和文化力将决定企业竞争的成败。这里的"文化力"，便是指企业文化以及竞争中所使用的文化手段。充分说明了企业文化对于当今企业生存、发展具有重要意义。迪尔和肯尼迪两位学者在《企业文化——现代企业的精神支柱》一书中提出：每个企业都有一种文化。区别只是在于有些企业的文化支离破碎，派系繁多，内耗频起，散漫而无斗志，这是一种弱文化。而有些企业其内部员工都明确企业目标,并愿意以自己的实际行动去努力实现这一目标,企业内部精神振奋,有一种很强的凝聚力。这种企业文化被称为强文化。无论哪一种文化都会对企业的各项工作产生影响和作用。如影响到企业方针政策的制订、企业决策以至影响上级对某一职工的褒贬和职务的升迁。

作为企业经营不可忽视的力量之一,企业文化对实现企业目标具有巨大的不可替代的作用。迪尔和肯尼迪认为:一种企业强文化乃是企业的取胜之道。并例举日本人的成功的主要原因就是由于他们有一种持久的,可以在全国范围内维护的一个非常强大而有凝聚力的文化。"一个强大的文化几乎一直是美国一些著名企业持续成功的幕后驱动力"。

德国西门子公司建立至今已经150周年,这在世界上并不多见。维持该公司如此悠久的企业史并步步走向成功,不能简单地从该公司管理人才辈出、经营实力雄厚等某些侧面去寻找原因。该公司总裁早已从悠久的文化渊源深刻地指出了公司成功的真谛。在公司实行管理现代化的今天,特别重视把"西门子大家庭"这一概念渗透在企业精神之中。公司无论在商务发展和财务方面的任何重大战略决策都坚持服从这一原则。公司推崇的基于传统的标准和价值观又同现代灵活开放的观念相结合,形成了公司的强文化。作为西门子公司大家庭的"家长",始终以这种标准和价值观去影响整个企业的文化,融入到公司的现代管理精神之中。这种强文化被称为是"特殊的财富、力量的源泉,是企业经营灵活性、稳定性和可靠性的万本之源"。

企业文化作为一种现代管理理论,尤其是作为推动企业赢得竞争的一种驱动力,正被越来越多的企业家所领悟,一场建设卓越企业文化的热潮正在我国企业界方兴未艾。

2. 企业文化的战略意义

企业文化的长期性、全局性意义,表现于它的一般功能和特殊功能两个方面。就企业文化的一般功能来说有:

(1) 诱导

文化总是赋予人们一定的价值判断与价值取向的标准。所以一个企业一旦形成自己的富有特色的企业文化，也就宣告它建立起了某种系统的价值和规范标准。如果群体成员的价值判断与价值取向与企业文化体系不相吻合甚至相悖时，这时企业文化就如一位潜在的导师，指引它回到企业文化设定的方向上来，发挥诱导作用。研究表明，企业中的每一个成员都格外关心并倾向公司价值体系特别强调的事情。

企业文化的诱导或导向作用作用于企业的各个层次。亦即它不仅对每一个个体成员，同时对企业内部各个组织机构以及企业整体发生导向作用，以一种无形的力量，使它们遵循企业文化体系中明确的价值判断、价值取向和行为规范行事。

作为企业文化的一种功能，诱导是一个潜移默化的渐进的过程。它既是一种微妙的心理影响，又是一种强有力的杠杆。

(2) 凝聚

企业文化的凝聚功能是指它对全体成员形成的向心力和凝聚力，犹如一种强力的粘合剂，把一个个各自独立的个体连结成整齐有序的统一的整体。企业文化的凝聚功能的基础在于全体成员对企业文化所确立的价值观体系的认同。企业文化绝不是企业中个别成员的创造物，它是全体成员在长期共同努力过程中，经过无数次沟通、交流，无数次修正、扬弃，逐步形成的群体意识。所以它所包含的价值观、企业精神、道德规范、行为准则，寄托企业成员的理想、情操和希望，每个人都把它和自己的前途、命运、欢乐紧紧融合在一起，从内心深处感受到"这是企业的，也是自己的"。因而如同一面旗帜一样，听从它，遵循它，这就是所谓的认同感。认同感越强，驱使人们越是愿意为它发挥自己的聪明才智、奉献自己的全部力量，把企业当作个人最好的归宿。

(3) 激励

越是积极、优秀的企业文化，越是具有激励性。企业文化激励功能的发挥在其前提、方法、过程等方面都与企业中使用的其他激励手段有所不同。因为一种优质企业文化，其核心价值观也愈益明确而集中，且倍受重视。无凝，企业将把对人的尊重作为中心内容，在经营管理中将坚持以人为本的思想，这是企业文化激励功能的前提。企业文化不是满足某一些员工的某一种具体特殊的需要，或部分低层次需要，它能使全体员工全面、长远地得到发展，获得成功，最终将能满足他们一般物质利益不可比拟的需要，它在激励手段上体现了激励的全面性、根本性、高层次性。随着优质企业文化的建设与强化，对员工的激励也不断地提升并赋予新的内容，它在激励过程上具有持续性、渐进性。

倡导企业文化的过程，也就是帮助员工明确工作意义、确立行为的社会动机的过程，同时实现对员工的激励。

(4) 制约

企业文化的制约功能，亦即约束功能。制约是相对激励而言的。对一种行为方式的激励，也就是对另一种行为方式的约束、限制。

企业文化同时具有兼容性和排斥性，但它兼容和排斥的具体内容却不相同。一般来说，对与企业文化具有同质性的内容实施兼容吸纳，而对异质性内容将会抵制排斥。例如在一个工作节奏快速、效率极高的公司中，那些懈怠涣散者必然自惭形秽以至排斥在公司的大门之外。然而他们却可以在一些作风稀拉、要求不严的企业中获容膝之安。企业文化对同质性文化兼容吸纳，将使自己强化、丰富，对异质文化的排斥，可保持其纯净性，并富有特色。

一种优秀的企业文化，正是通过其约束机制，推动文化发展和企业进步。激励性强的企业文化，其制约性也强。企业文化的制约功能有软、硬两条途径。硬约束是指企业为维持生产经营运转并取得高效率所制订的一系列的规章制度，它具有刚性特征，要求人人严格遵守。这种约束是企业所必须的，但具有"一刀切"的意味，不能顾及每个人具体条件的多样复杂性。软约束则是指由企业文化薰陶，在企业员工中所确立起来的企业信念、群体意识、积极进取精神，员工中的社会舆论，以及他们所崇尚的风情习俗。它是每个员工身旁的形影不离的潜在督导者、教育者。这类约束具有柔性特征。因为它通过文化氛围造成的群体压力和内心自省，使员工行为通过自我控制而趋于规范。又随每个人的心理个性特征和具体环境而呈现不同的约束力。

(5) 传播

企业文化不仅是一种竞争力,也是一种有效的传播力。前面四种功能主要是对内而言的,而传播功能虽然也有对内发挥传播沟通的作用,但更重要的是它的对外传播作用。

先就对内传播来说。良好的企业氛围离不开频繁、及时的人际交往与信息交流。企业内部正是通过多形式、多渠道的交流、沟通,才相互增进了解,融洽感情,改善态度以至实现行动统一,形成内部良好的公共关系状态。这种非常融洽、活跃的内部人际环境,便是所谓的组织氛围、气候。企业文化建设过程中,形形色色的内部职工活动便是这种传播形式的具体表现。

企业文化经常担负着对外传播企业良好形象的功能。企业形象的树立与传播是一个统一的整体。重树立而不重传播,企业形象实际上是树不起来的。重视企业同外部环境的沟通,把企业一切优秀的精神的和物质的成果向外传播,形成广阔而有力的辐射,在广大公众心目中形成良好的总体印象、评价或感受,这是一切优秀企业文化的特质之一。一些著名的企业,它们给予社会的不仅是优秀的产品或服务,还给社会带来更丰富、蕴含更为浑厚的财富,这就是企业文化。我们可以从中感受到这些企业获得成功的种种奥秘和强劲的文化辐射力度。企业文化的优质性同它的传播辐射力度是并行不悖的。

企业文化的传播功能可以超越行业、地区甚至国界的限制。越是具有鲜明企业特色、并受公众欢迎的企业文化越是能广泛、持久地传播。

关于企业文化的特殊功能是指企业文化对于企业经营战略的形成与管理所发挥的作用以及在企业战略协调中的作用。

(1) 战略管理中企业文化的作用

企业文化并非直接的企业战略的制订、实施、修改、改革等具体工作,但它对此却有着巨大影响。优秀的企业文化是制订并实施企业经营战略的动力、基础和保证。首先,企业文化提供精神动力。制订什么样的经营战略,又如何贯彻战略方针,去实现战略目标,都需要全体员工以相应的精神状态去实现。无论是在大好形势下实施进攻战略,还是在形势严峻时实施的防御战略、退却战略,企业精神不能退,都应是积极进取的。只有积极进取的企业精神状态,团结一心,奋勇拼搏,才能守得住,实现由防御转入进攻的战略转换,才能人心不散,保证企业的有形资产和无形资产。而企业文化建设的核心便是树立企业精神,这是制订战略实施战略管理过程中不可须臾或缺的。良好的精神状态能够将企业战略资源充分地优化组合,发挥其固有的作用。只有依托良好的企业文化,才能充分地进行所谓战略运筹。

第二,优秀的企业文化能促进企业全体人员的认同。企业是严密的组织,它有各项规章制度保证每个员工按确定的方向开展工作。但这是远远不够的。企业效率的真正来源在于全体员工从内心对企业的认同,在于把企业的方针目标和各种活动同自己的利益结合起来。并看到只有实现这种结合,才有自己真正的利益。有了认同感,企业的步调才能协调统一,由认同感产生凝聚力。增强员工对企业决策的认同感是每个企业追求的目标之一。然而,员工对企业各项重大决策的认同感、归属感,不是靠一两次会议和号召所能达成的,它是企业作为一个整体,长期对员工进行企业文化薰陶的结果。

企业战略只有建立在员工充分认同的基础上才能制订得更合理。同样,在战略实施过程中,战略的各项目标任务需要进行仔细的分解,成为每个人可以具体执行的岗位工作。强烈的认同感使员工充分重视自己工作的意义,并力求为保证企业战略目标的实现而尽力做好自己的本职工作。

员工的认同感可以鼓励人们的斗志,在组织约束的环境中依然感到轻松自如,有利于发挥其的自觉性和积极性。

第三,优秀的企业文化可以帮助克服战略危机,克服实现战略目标的种种障碍。实施企业经营战略,要不断地克服种种障碍,既有物质方面原因带来的障碍,也有精神原因带来的障碍。我们往往会有这样的错觉,似乎在企业文化优秀的、成功的、顺利发展的企业中很少有什么经营障碍,内耗也不多。其实任何企业都会遇到类似的困难和障碍。在那些问题突出的企业中所发生的问题，在这些企业中也都会发生。只是在一种良好的组织氛围中，这些问题被消融了，其消极影响被缩小到了最低限度。人们以正确的价值观体系评价所发生的事情，趋使个体和组织行为迅速向正确方面转化。同时唤起积极的力量，及早对可能的危机做好各项防范工作，使损失减低到最小限度。于是从外表来看，越是具有优秀文化的企业，越是幸运。其实这就是企业文化的力量。

(2) 战略协调中企业文化的作用

企业为了生存发展，增强竞争实力，常常要采取协作战略，同其他企业结成联盟，联手行动。这种协作固然需要在行动方针、路线上作总体谋划，使之相互有利，互相利用对方的资源等。同时还需要在企业文化方面的协调。如果在文化水准方面差异太大，这种战略协作的效果必然会大大受影响，甚至无法进行战略联盟。文化配合的主要内容是指：合作伙伴应有相近的文化追求、文化上的敏感性、灵活性；企业基本价值观念应有某种共同性；合作双方在一起工作时相互尊重，在双方的文化差异中有扬长避短的兼容性和工作作风；当企业规模优势和追求目标相近时，容易产生平衡协调的合作关系，而不是谋求侵占对方的利益甚至控制对方；合作伙伴在对待经营机遇、环境威胁的态度和道德观念上应相互适应；管理风格上的类同性、互补性。

企业文化在战略协调中的作用如图12-2所示。

图 12-2　企业文化在战略协作中的作用

Ⅰ——战略上高协调，文化上高协调，这是协作战略中最理想的情况。如果外部环境没有太大的变化,有希望获得最终成功。即使遇到某些意想不到的情况,需要进行战略修订时,由于文化上的协调性强,双方容易根据共同利益进行新的谋划,也能适应新的环境。由于这两个协调性,大大增强了联盟整体的战略适应能力。

Ⅱ——文化上的高协调,战略上的低协调。应该说这两个企业之间存在良好的战略协作前景,需要在战略协作中寻找新的协作要素,重新谋划。战略协调性差有多种原因,有的是经营者战略谋划的欠缺,但也可能因为企业不是同行,缺乏互补性。如缺乏可供对方利用的战略资源。但良好的企业文化方面的协调性有助于他们寻找到新的协作契机,实现某些方面的联合。

Ⅲ——这是最不理想的情况,双低。这样的企业如果要想实施战略协作,恐怕首先要从企业文化建设上多下功夫。统一内部价值观体系,增强凝聚力,确立企业积极进取的精神,对企业间的文化差异不是一概地排斥,而是客观地采取学习交流、扬长避短的态度。要有接纳新的文化要素的意识。而后才是寻求伙伴之间的战略共同点,共同采取战略协调行动。这种情况,要求双方都要付出更多的努力。

Ⅳ——战略协调性强而文化协调性差。作为协作伙伴本来存在着不少战略共同点,有较大的互补性,但因文化上的差异,不能使这种通过战略协作可能获得的优势充分地发挥出来。或则由于合作伙伴中的某一方不能充分认真地实施战略协调行动,或则由于过多地考虑己方的利益使对方利益受亏,使协作不断地出现裂缝。这样的协作只能是短期的,协作无持续发展的可能性。

由以上分析可以看出,企业文化状态如何,是企业协作战略的真正基础。企业文化建设在本企业战略管理或企业间的战略联盟中,都有不可忽视的特殊意义。

第二节 企业文化战略的内容

企业文化是现代企业管理理论的新阶段。它既是企业树立良好企业形象的可靠保证,又是企业发展巨大的动力源泉。当人们正满怀豪情面向21世纪,迎接新世纪的挑战时,企业领导者更应重视企业文化建设,以高瞻远瞩的目光制订企业文化战略,促进企业经营的全面持续的发展。

我国目前不仅有许多大的企业在这方面取得了令人瞩目的成就,一些中小企业也精心制订了企业文化发展战略,令人刮目相看。南京红宝丽化学股份有限公司是专门生产电冰箱夹层隔热填料的中型企业,成功的企业文化战略对该企业的迅速崛起和良好企业形象的树立具有特殊的意义。把企业文化建设与全面导入CIS相结合,公司在国内知名度、美誉度迅速地提高。红宝丽的企业文化战略的要点:企业理念是"让绿色与你同行,把世界变得更美。"以"振兴民族工业,创造一流产品,赶超世界先进水平"作为企业使命。由于企业理念和使命以社会利益为基点,具有崇高性、公益性,故使公司的名字犹如红宝石那般美丽、晶莹,形成吸引用户的巨大魅力。他们争创"一流"的具体含义是指公司目标所要达到的"树一流人品,出一流产品,创一流效益,建一流企业"。有一流人品,才有一流产品;有一流产品推向市场,才有一流效益;一流的效益为企业的全面建设与发展打下了坚固的经济基础。

红宝丽的企业精神命名为红宝丽精神,这就是"爱企业、爱产品、爱自己",以"三爱"保证"四个一流"。

企业作风是企业精神的外化,红宝丽作风是"树信心、下决心、持恒心"。树信心是在竞争中取胜的前提;在错综复杂的竞争中,有了决心才能果断地作出决策,不下决心,一切打算都会落空。下了决心,实施各项战略决策,还持以恒心,在长期的竞争中成就事业。红宝丽人用以激励自己的口号是"环境、生态、绿色"、"真诚到永远,满意在客户"、"我们的目标是实现百分之百的优质。"

红宝丽公司的企业文化战略的形成包含了企业文化战略的五个基本要素,这就是特雷斯.E.迪尔、阿伦.A.肯尼迪合著的《企业文化——现代企业的精神支柱》中提出的企业文化的五个方面。已被人们广泛接受的这五个方面（即五大要素）作用不相同，却是相互密切联系的。五个方面是指：

一、环境

环境是影响企业文化建设极为重要的因素。人们对环境的认识有一个逐步加深的发展过程。早先，一些研究者所说的企业环境是指"企业经营所处的极为广阔的社会环境和业务环境"，包括市场、顾客、竞争者、政府、技术等情况，认定"企业环境是形成企业文化唯一的而且又是最大的影响因素"，企业文化则是企业在这种环境中培育形成和发展起来的。后来，人们对企业环境的理解更深刻了。不仅包括外部环境，还包括"企业内部条件"或直接称为"内部环境"，如企业的性质，经营方向、经销方式等。内部环境包括软硬两个方面。内部硬环境是企业拥有的物质资料的多少，如机器、设备、厂房、厂容厂貌、机构设置等。软环境则是企业内部人与人之间的关系，员工的精神状态。例如，有的企业建设富有家庭氛围的舒适愉快的车间，色彩美丽，光照明亮，让人精神振奋，心情愉快。还有的企业俱乐部活动十分活跃，全体员工都会唱企业歌曲，每逢集会一曲企业歌唱得人人心中欢欣鼓舞，感受企业温馨宜人，这种软环境便是孕育先进文化的重要条件。

企业总是根据内外部环境采取相应的企业行为，可以说，环境决定着企业做什么，怎么做，以及要达到什么目标。由此便形成了不同的企业行为文化以及其他形态的文化。

对企业环境的理解实质上影响到人们是否把环境作为企业文化的要素之一这个重要问题。当初由于人们把企业环境仅限于外部环境，因此实际上不能真正把它作为企业文化的组成要素来看待，只是当成影响企业文化的要素而已。直到人们把内部环境（包括软、硬两个方面）列入企业环境之中，企业环境才真正成为企业文化的五大要素之一。

二、价值观

企业价值观是企业文化的核心。它是"对象对于主体来说是否有价值"的看法（参见罗长海《企业文化学》第 269 页）这里的"主体"不是指个别员工的看法,而是企业全体人员取得一致的关于对象对于企业来说是否具有价值以及价值大小的看法。个别或少数员工对于某些对象是否对于企业有价值及其价值的大小的看法往往会同企业整体不一致,企业就会利用组织的感召力量,群体的影响力使个别或少数人的看法同企业趋于一致,形成统一的价值观,这个逐步诱导的过程便是认同。因此企业价值观又称为"共有价值观"。企业文化建设的过程正是引导企业全体人员的价值观在更加先进的水准上达到统一的过程。

例如企业A认为全力做好销售后的技术指导、维修服务会影响企业效益,对企业没有价值,这就是他们的"服务价值观"。于是口头上也跟着喊一些为用户服务的响亮口号,而实际操作上便不去努力。即使做了一些销后服务也有很大保留。企业B认为做好销后服务是企业应该承担的职责,虽然耗费了一些人力和财力,但对于搞好用户关系,对企业长远的发展是值得的。他们这种"服务价值观"就会促使他们的销售后服务做得认真、扎实,一丝不苟。

把企业价值观作为企业文化建设的一个重要方面,在具体操作中,要注意"走出抽象"。不要停留在价值体系抽象的表述上,应结合企业特点,把"共有价值观"提炼概括成简洁明白的语言,使之成为"一个组织基本的概念或信仰"和组织内部通行的准则。这种提炼概括,已不是企业价值观体系的全部,但却是其中最具有特色的基本部分,是整个体系的代表。它既是企业特有的精神财富,又是显示企业区别于其他企业的标志之一。如通用电气公司把企业价值观概括为"进步乃是我们最重要的产品"、青岛海尔电冰箱股份公司提出的"用户永远是对的。"

这种概括一要鲜明,强烈显示企业信念。唯其如此,方可紧紧抓住人们的注意力,成为公众关注的热点,造成广泛的影响;二要能够表达出企业的基本特征,形成特色。人们一听便知道是这个企业而不是那个企业的价值观。

对企业价值观的提炼、表述,也不应对简洁明白绝对化,一些复杂的企业价值观有时需要使用较多语言才能予以充分的表示,所以应酌情考虑。有人认为"文化越强,价值观体系就丰富、越复杂。这些价值观真正产生的效用也越多、越显著。"

企业文化建设中还应特别注意到:企业价值观并非在任何情况下都起积极、进步的导向作用、激励作用。有些共有价值观会对企业起消极、阻碍作用。例如有些群体中会使人趋于墨守成规、行为守旧,对改革缺乏热情。这样的企业文化不能适应竞争需要,企业的经营思想,战略方针将远远落后于形势。注意到企业价值观上存在的问题,则必须从价值观上改变过来,这正是企业文化建设的首要任务。

三、英雄

企业文化建设的一项重要任务就是塑造企业英雄,正如人们常说的榜样的力量是无穷的。企业英雄是指企业中那些成为大家表率的英雄、模范、标兵、能手、精英、楷模、积极分子、先进工作者等等荣誉称号的获得者。企业不仅出产品,同时造就人,出人才。越是优秀的企业文化,造就的人才越多,企业英雄犹如群星闪烁,竞相争辉。

受到员工普遍仰慕的企业英雄是体现企业先进价值观的代表,是企业价值观的人格化身。作为企业英雄具有三个突出之处:

(1) 有不可动摇的个性和优良作风。英雄所做的事情是人们想做而做不到或不愿做的,因而是每个遇到困难的人都想依靠的对象。

(2) 英雄的行为虽然高于常人,但与常人并不遥远,且来自于平常人。英雄成功的业绩并非常人可望而不可及的海市蜃楼。因此,英雄的存在使人们看到在个人追求与企业目标之间找到一种现实的联系。

(3) 英雄人物始终不断地在企业内部各组织间传播责任感和使命感,给员工以精神鼓励。这种鼓励作用是持久的。不因英雄人物的离去而消失。他给予人们的精神力量能代代相传,并发扬光大。

不同类型的企业,因文化的差异,将会形成不同特点的企业英雄。如在电气公司，人们理想中的企业英雄总是首推那些不断开发出新产品来的高级技术人才中的佼佼者。而在从事产品销售的公司里，英雄的桂冠往往会加在那些扭转销售形势的推销功臣的头上。

四、习俗仪式

习俗是已被企业员工认同且已融入行为模式中的习惯与风俗。仪式是企业日常活动中经常反复出现，人人知晓的活动方式与程序。作为企业文化因素之一，它的特点是有形与程式化。例如有的企业每天上班后，各班组人员集合，由班组长布置任务。下班时，全班集中，由班长讲评，褒奖工作出色者，指出存在问题，检查工具装备和环境卫生。有的公司甚至全体集合，唱企业歌，升象征公司兴旺发达的旗帜。

习俗与仪式的维持通常在比较随和的气氛中进行。也有些习俗和仪式又带有一定的严肃性。就其本质来说，具有由群体意识的约束所形成的庄重性、统一性。越是趋于成熟的习俗与仪式，越是烙有企业个性特点。例如，发生产品质量事故后，企业在处理过程中除了执行企业规定的有关制度以外，表现的习俗和仪式也各各不一。有的可能在质量竞赛一览表中为质量事故个人或小组插上一面小白旗，有的可能以"质量事故必须警钟长鸣"的印刷资料传递整个企业。如有一个钢绳厂，一个进厂刚一年的员工，为虚报产量，将短头盘钢绳作为满盘上交。产品在出厂时被查出，作为一次质量事故处理。除了令该部门停产整顿外，还由分厂厂长带领全体员工来到厂旗和质量旗前，由事故当事者在众目睽睽之下将质量旗降半。

习俗和仪式是在多次重复性活动中形成和发展的。但是，要使习俗、仪式成为积极的文化要素形成与发展起来，离不开企业主要领导人的大力倡导与坚持，离不开全体员工的响应与重视。要特别注意习俗、礼仪作为一种文化素养的形成。正如人们确信的，"在强文化的公司中，没有什么事是不重要的"。

五、文化网络

文化网络是指企业内部非正常信息沟通渠道存在的状况及其

沟通作用的发挥。企业正式组织的建立，形成了企业对内对外正式的沟通渠道。它以文件、通知、会议、报告、正式谈话和组织活动等形式传递信息，是企业信息沟通的主渠道。在企业中几乎形成同样的模式，沟通情况大同小异，不能反映文化网络的特点。非正式信息渠道作为正式渠道的补充，它是依赖人与人之间的关系、个人的兴趣爱好，对新闻热点问题的关心为动力进行沟通的。每个人都有权参与传播沟通，不分身份高低，又很少受时空约束，所以这种沟通真实而迅速。例如某个管理人员因工作不负责任而被解职，正式组织渠道可能说是由于本人想调换工作岗位，但非式渠道却可淋漓尽致地说出他上班如何不好好工作之类的实情。

各个企业中文化网络的构建和发挥的作用大相径庭，它们对企业的影响也参差不齐。构建成功一种积极活跃的企业文化网络，将能极大地推动良好和谐的群体氛围的形成，增强企业凝聚力。因为人人有话可以对人说，能得到别人的理解，在经常的沟通中感情将日益亲近，心理距离缩短，能发挥日常正式渠道的沟通网络无法替代的作用。积极活跃的文化网络可在无形中把那些很少参与沟通的员工吸纳进来。由于特殊的人际关系，可对他们不符合企业目标的言行进行让人乐于接受的劝服。

而在弱文化的企业中，文化网络既不健全，又不能发挥积极作用。相互信息闭塞，人际缺乏交流和感情沟通。人们虽然经常在一起工作，却隔阂严重，相互猜忌。一些小道消息秘密传递，相互攻击，搞得人心涣散。

对此，企业不应忽视文化网络的存在和作用，而应该积极引导文化网络发挥促进作用，协调好正式网络与非正式网络的关系，使之产生互补作用。

第三节　企业文化战略的五个阶段

企业文化建设不同于在空旷的平地上建造大厦，从无到有地耸立起一座雄伟的建筑。每一个企业都有自己的企业文化，不是卓越优质的企业文化，便是平庸落后的企业文化。一个企业既然不存在有与没有企业文化的问题，只是企业文化优与劣的问题，那么，企业文化建设实际就是一个质的替换过程。这在许多企业家思想上是非常明确的。有一个考察组到上海某纺织机械公司参观，无不赞叹该公司企业文化建设的丰硕成果。公司经理坦言："我们公司企业文化搞到今天这个地步，有个逐步发展的过程。河水不是一天变清的！"这平淡如水的话语，包含着发人深省的道理。

企业文化建设作为一个质的替换过程，包含三个意思：其一，不断以优质替代劣质，以卓越替代平庸的过程。上述那家纺织机械公司也曾陷入令人长夜难眠的困境，人心思散。但公司领导班子紧紧抓住凝聚人心，领导带头倡导艰苦奋斗、顽强拼搏的企业精神，感染了大多数员工，形势有了改观。时间一长，犹如一条大河那样，那些混水日益被清水所替代，河水方能清如许。

其二，企业文化建设应注意积累。既然优质的企业文化无法一蹴而就，需要长时间养成，那就应该人人从一点一滴做起，勿以善小而不为。

其三，要谨防逆向替换。替换有两个方向：既有优质文化替代劣质文化的可能，也有以劣质文化替代优质文化的可能。因此，任何企业都必须不断强化正向替代，同时密切注意防止逆向替代。这样才能使得企业文化建设成为一个稳妥的质的递进过程。

那么，这一过程应分为哪几个阶段呢？

一、显化——对企业文化现状的再认识

对企业文化现状的再认识是十分必要的。因为身处某个企业的员工，对身边的具体事物可以说得头头是道，却可能对具有一定抽象性的企业文化说不清楚、明白。真好象走进一片春天的竹林，面对"万千竿竹浓荫密"，有的青翠欲滴，有的绿里透黄；有的参天入云，有的方破土而出；有的竖挺，有的脆嫩……对这一片竹林的评价就不能光看一枝一叶去作判断。由于构成企业文化的各种因素、各个层面发展不平衡，而对此需要费一番调查研究和抽象概括的思考，才能把企业文化的现状及其本质特征揭示出来，准确地表示出来。

显化阶段要解决的问题是弄清：企业文化现状的水准究竟如何？其卓越优质之处在哪里？存在哪些欠缺或与企业文化主流相悖的成份？显化并不容易。因为企业文化并不是指企业中那些具体的各种物质的东西，而是隐藏在那些具体形态后面的抽象物；更由于这种再认识并不是指个别企业领导人的认识或反思，而是全体人员的共同认识和反思。需要全体人员都认识企业文化的现状及其特色。

显化可以由若干企业领导者通过讨论研究，抽象概括，使自己对企业文化现状由模糊转入清晰，也可通过综合调查问卷对员工进行普遍调查获得结果。综合调查表所列问题如下：

1. 是否不明确企业使命？
2. 是否认为为企业多干得不偿失，无啥必要？
3. 是否认为只干自己的活就够了，不必协助他人？
4. 近些年来，生产经营是否没有什么开拓创新？
5. 做出一点成绩，是否自我感觉良好？
6. 员工是否想离开企业，缺乏同企业长期共同前进的信念？
7. 本企业在同行业竞争中是否成功很少或很少获得荣誉称号？
8. 当某一员工违反制度后，是否有人指出，教育或以规章制度进行相应处罚？
9. 员工是否在企业外面说本企业坏话？
10. 当市场机遇来临时，是否多次失之交臂？
11. 企业内部信息渠道是否经常阻塞，以致信息失灵？
12. 企业管理的各类整改措施、号召是否想闹一阵子就失去了作用？
13. 是否把厂容和生产环境的整洁看成是无足轻重的小事？
14. 是否维持原来的产品结构，数年没有调整？
15. 是否对用户的意见重视不够？
16. 对用户是否言而无信？

17. 广告宣传是否存在虚假？

18. 是否不惜牺牲用户利益，把本企业利益放在第一位？

对以上18题回答"是"与"否"，分别得1分和0分。这些问题概括了企业文化的主要方面。检视的是企业的奉献精神、协作精神、开拓精神、进取精神、凝聚力、荣誉感、制度文化、审美文化以及经营观念等方面。得分在0~2分，文化现状堪称优异卓越；3~5分，属于良好；6~9分，企业文化现状仅是中等水平；10分以上则企业文化处于落后状态，企业文化建设基础甚差，应急起直追。通过综合调查，不仅给企业文化定了位，对目前存在的各类问题也心中有数了。

二、内化——共同价值观的确立

这是企业文化建设的实际启动阶段。一种先进的群体价值观体系，一开始总是在少数人中确立起来。价值观体系需要通过传播，才能使由一部分人确立的正确观念成为全体人员共同的价值观体系。按照文化人类学家的见解，这是一个内化过程。即先由个别员工不断接受企业的价值观和行为模式，并把这些当成自己行为准则的过程。在内化过程中，个人不断地进行着文化学习和文化适应，他们逐渐由浅入深、由局部到全面、由朦胧到清晰地接受了群体价值观体系，形成了具有特色的企业文化。从企业角度来说，则是企业文化逐步向员工传播、渗透的内化过程。

实现内化的根本途径依赖及时有效的传播沟通。这里的传播，不是狭义的，而是广义的。各种宣传、广播、会议、动员、报告、说服、文字图片的展览，这些固然是传播，而热烈的握手，亲切地交谈，一种善意的表示，一句普通的问候，一个眼神，一个姿势，一种语调，也都是各具含义的传播。传播学者的研究表明：传播沟通对于共同意识的建立，社会价值观体系的传递、群体文化的形成和改变等具有重要作用。它是社会关系的内聚力。它能达成企业与个人之间感情上的沟通，价值观的统一，进而在态度上趋于一致，行动上配合协调。所以，共同价值观的内化是在传播过程中实现的。

企业内部的传播有人际传播、个人内向传播和组织传播等三种形式，一个企业越是能积极开展频繁有效的传播沟通，那么内化过程——即人的企业化过程——就越迅速，越彻底。所以，许多企业经常不断地组织丰富多彩的企业文化活动，既活跃了组织氛围，又尽可能多地提供了传播途径和沟通方式。

内化过程，不仅需要开拓多种传播途径，还要看到这是一个持续过程。虽然我们把这个过程作为企业文化建设的一个重要阶段，但并不意味着可以毕其功于一役。因为每个人内化的程度和进度参差不齐，又时时会出现新的内化过程。

三、外化——制度确立与行为渗透

前面已经根据文化学学者皮尔森的看法，把文化看成是按一定意图对自然或自然物进行转化的人类全部活动的总和。由此推衍可知，企业文化应是企业群体各种活动的总和。企业文化建设的任何成果都必然要从企业活动水准的提高上显示出来。为了保证每个员工都按更高水准的行为模式从事经营活动和各项生产任务，则必须制订各项制度和规范，予以约束。这样，一种新的共同价值观就随着制度的确立和行为渗透不断外化。换言之，外化，即把企业群体价值体系按照所订的制度和规则等充分贯彻到生产经营的主体活动中去，贯彻到每个人的职业活动中去，营造起与企业文化要求相适应的氛围。

内化与外化是一脉相承的。因为科学的价值体系是高效的企业行为的内在根据；而它又必须在高效的企业行为中体现出来，从创造的效益中体现出来，由此表明这一价值观体系的水准高低。为了保证企业行为始终按照已经确立的共同价值观运行，就必须确立行为规范，建立各种制度。制度是企业文化中人与物的结合部分。由于它具有规范性、强制性、严肃性，从而为企业文化建设的健康发展提供了保证。

四、习俗化——自觉性、普遍性、习惯性

企业文化建设不能停留于短期的表面的轰轰烈烈，应该牢记"习、俗、化"三个字。习俗化程度是衡量企业文化建设成熟度的一把标尺。优秀的企业文化，企业员工习俗化程度总是与众不同的。沪上有一家名闻遐迩的机械厂企业文化在习俗化上可谓领

先一步。该厂餐厅每个圆桌上放着三个广口瓶，分别放着味精、鲜辣粉和精盐。多年来，五百多人就餐，大家取用从不把调味品撒洒在桌面上，用多少取多少。说明该厂全体员工把就餐规则不仅记在了心中，而且已真正成了他们的习惯和修养。习俗化是指企业员工言行已按企业文化的要求，成为自己的习惯，成为企业日常通行的风俗。

优秀的企业文化是否达到了习俗化有三个标志，即：自觉性。人人自觉遵守各项规章制度，自觉遵循企业共认的行为方式。普遍性。企业倡导的行为成为绝大多数人的习惯行为。习惯性。习惯是一种心理定势和比较稳定的行为方式。由于人们总是受原有习惯和思维定势的影响，所以新习惯的养成相当困难。良好的企业文化的习俗化必然表现于它所倡导的行为已成为人们的心理和行为的定式。

习俗化是企业文化建设关键性阶段。仅仅明确了习俗化的标志是不够的，还应当去实现和坚持不懈地贯彻执行。如同路标只能告诉你目的地在哪里，而走向目的地还得靠双腿。提高习俗化程度应从三个方面努力：

第一，在坚持中发展，在发展中坚持。企业文化建设的每一点进步都要依靠不断的坚持引导。况且，在总的进展过程中，局部的后退、回潮经常会出现。外部大环境千变万化，市场竞争又新招迭出，干扰企业文化建设的因素频频出现。对此，企业要有坚持中发展的心理准备。精神支柱不倒，追求卓越的信念不变。这样，原先的成果才能积累起来，成为企业的习俗，成为企业群体不可缺少的东西。

坚持并不是僵化凝固的，可以也应该通过不同形式加以变化发展。每一新的时期，都为企业文化注入新的内容。犹如山坡上一片嫩绿的茶林，每时每刻都有无数新枝嫩叶产生。

第二，造成环境效应。让环境成为教育人的导师。心理学表明：人们的习俗是受刺激——反应规律影响的。长期在一定环境中生活，就会因环境的刺激诱导，逐渐形成一种心理定势和习惯行为。企业文化建设的具体活动，应有一定声势，造成环境效应,以环境教育人、督促人、启发人。某染料厂过去总有些操作工穿着沾满染料的鞋靴进食堂,有人还以此为荣,一步一个脚印,久而久之,食堂地坪上沉积着厚厚的染料油垢。食堂翻造后搞餐厅化,开始也有人陋习不改,餐厅门口只好派人督促、劝阻。几个月后,大家看到整洁明亮的餐厅,地坪光洁如洗,都自觉换了干净鞋进餐,一种新的餐厅文化就这样形成了。

五、社会化——为社会大文化增光添彩

一种优秀的企业文化,不仅仅属于企业,应该属于社会,应该成为社会文化的一个组成部分。这样便没有行业地区之分了。它如同其他优秀文化总是要通过各种途径广泛传播一样,有一种"春色满园关不住,一枝红杏出墙来"的势头,这便是企业文化社会化的写照。企业家应把企业文化社会化作为企业文化建设的重要阶段之一,对此予以关注并付出努力。

优秀企业文化不应让它自然地流传,应提高文化传播意识,通过各种载体、媒介物,用引人注目的形式强化辐射力度,使之更快地成为社会文化宝库中的艳葩。文化辐射的途径、时机是随时随处可寻的,关键是要有这个意识,这个敏感性。

企业文化建设的五个阶段告诉我们:在企业文化建设之初,要深刻审视自己的文化基础,不要盲目从事,不要脱离实际。越是踩着现实的土壤,越能产生腾飞的反弹力。内化、外化和习俗化这三个阶段是连续的、一环扣一环的递进过程,是企业文化建设的重点和难点所在。而企业文化社会化为我们提出了一种高的境界,引导我们从社会文化进步的高度去审视企业文化建设的深远意义。

第十三章 经营战略管理

从企业管理型态的发展过程来说,以经营战略为中心的管理是企业管理发展的最新阶段。这句话包含了两个意思:一是对经营战略应进行有效的管理,二是要以经营战略的管理为中心带动企业各方面管理登上新的台阶,以适应市场需要,提高企业生存发展能力。

第一节 经营战略管理概述

一、经营战略管理的含义及其特征

什么是企业经营战略管理?有两种理解,一种是从广义来说,即依据战略指导思想和战略目标对企业的各个方面进行管理。另一种理解是从狭义来说的,是指对企业经营战略的制定、实施和控制进行的管理。我们这里所说的经营战略管理是狭义的,其定义是:企业战略管理是包括战略制订、战略实施、战略控制、战略修订在内的不断循环递进的动态过程,四个环节紧密联系、相互作用。其中战略制订和实施是两个基本环节,战略控制与修订渗透其中。

经营战略管理与一般的企业管理不同,它是企业最高层次的管理。因为企业战略本身是涉及企业总体发展和未来方向的谋划、运筹的方案,它具有如下几个主要特征:

首先,是高层次性。战略管理是一个从战略制订到战略实施的长期连续进行的工作,各级管理人员都应承担相应的职能和任务。但是就总的方面来说,首当其冲的是企业的最高领导层负有最主要的责任,他们需要直接对企业经营战略的各个方面、各个环节进行管理。其余各层次的管理人员要按照他们所处的层次和工作的性质,分别担负不同的职责,以有效的操作性管理和具体业务和职能活动的管理保证经营战略目标的实现。如果高层次的战略管理失误,那么其余各个层次的所谓战略管理势必失去基本方向。

第二,是对信息的广泛需求。一般管理工作都要依赖大量、准确可靠的信息,而战略管理在这方面既相同,又不相同。不相同之处在于它所要求的信息沟通范围更广泛,需求量更大。不仅要了解本行业、本企业的有关信息,还要掌握宏观环境包括政治、经济、文化、技术等有关方面的信息,没有大量信息做基础,根本谈不上战略的制订和管理。

第三,战略管理需要有战略性思维。企业经营战略的管理者,即高层决策人员要具有与企业战略需要相适应的思维方式和心理空间。心理空间是思维活动所涉及的领域和范围。在时间的延续和空间的伸展两个方面,都要尽可能地克服局限性,充分地拓展自己,保证思维在纵横两方面都具有对现实的超越,以敏锐的洞察力、果断的决策力和超凡的付诸实施的能力管理好企业的经营战略。

二、战略管理层次及其职责

根据经营战略的四个层次,把相应的管理人员及其管理职责见表13-1。

经营战略层次及其职能 表13-1

战略层次	战略管理职责	责任人
总体经营战略	制订并实施公司总体战略,保证实现各期战略目标	企业最高领导层或最高领导者负责
事业部战略(业务战略)	负责事业部战略的制订、实施、控制与修订,保证实现本事业部的战略目标	由各战略事业部经理任主要负责人,主要战略事业部战略亦可由公司总经理直接管理
职能战略	本部门职能战略的全面管理,实现职能战略目标	战略事业单位(即事业部)一些职能部门负责人是这一层次战略的主要管理者
操作战略	为上述各层次战略的管理制定相应的具体可行的战术措施	由各职能部门的工作人员按岗位要求制定

具体说明如下：

1. 总体经营战略

在对经营环境分析的基础上，合理安排企业内部各种业务之间的关系，实现各层次的战略目标，保证企业根本利益的实现。

首先决定企业业务组合和重点发展的业务。同时要考虑是否需要进入新的业务领域？如果要进的话，采取何种进入方式？是否需要退出某个目前正在经营的业务活动？选择何种时机和方式退出？在现有业务中，有哪些需要支持和加强，有哪些需要作适当调整？

资源分配。企业的经营资源一般来说都是有限的，要获得新的更多的资源总是存在诸多困难。企业为了实现总体战略目标的要求，应对企业中各项业务所需的技术设备等资源，按其对企业贡献的大小，重新确定分配比例及分配程序。例如对顾客进行分类，为满足他们的需要，各需要哪些资源？应采用哪些技术装备？企业应首先满足哪些顾客的需要？向他们提供何种产品？其能力如何？通过合理安排资源，最大限度地捕捉经营机会，获得快速发展。

2. 业务战略

业务战略从属于公司经营战略。为了实现公司目标，该事业部需要作出哪些贡献？对其当前及相当较长久的一段时间如何发展、运作？为了在目标市场上获得成功，该事业部应开展哪些职能活动？

与企业总体战略相似，事业部战略也面临着内外部资源分配问题。就外部来说，应根据顾客的类型、特点，按重点与非重点、紧急与非紧急的情况对各类经营资源进行科学运筹，尽量满足各类顾客的需求；如何与竞争对手的产品有所不同并拉开差距？如何进行市场定位等。事业部战略要解决的内部问题是：如何组合内部各项职能活动，如组合好生产制造、市场营销、财务活动、研究开发活动等，保持各职能单位之间的协调发展。

事业部战略的复杂程度同公司规模有关。大型跨国公司中有些事业部的业务战略有时会比一些中小型企业的总体经营战略还要复杂。

3. 职能战略

又称职能支持战略,是对各事业部的主要业务活动进行全面运筹的计划方案。职能战略为业务战略服务,内容上也更详细、具体,更具可操作性。通常一个制造企业的职能战略包括生产制造战略、营销战略、财务战略、人才战略、科技发展战略等。它由各事业部下属的各职能部门主管负责制订并付诸实施。

4. 操作战略

严格说,操作战略只是完成上述三个层次战略的战术或具体措施。它是业务单位中各部门以及各岗位管理人员的工作计划,是实现职能战略的坚实基础。

第二节 战略制订

经营战略的制订过程可表示为:

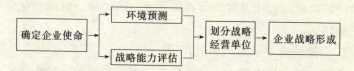

一、确定企业使命

1. 企业使命

企业的创办,其实质乃是一种实现社会某种目的、满足社会某种需要的手段。因此,每个企业从它开始建立时,社会就赋予了它应承担的责任,它就要开始履行社会要求它的相应使命。企业越是能自觉认真地履行自己的使命,便越是能充分体现企业存在的价值,便越是具有强大的生命力。

企业使命,又称为"企业事业使命"、"企业经营使命"。它的定义可以概括为企业在社会进步和经济发展中所应担当的基本责任。通常分两个方面来理解:一是以企业对社会需要、经济发展、对管理的本质等问题的认识为基础所集中提炼而成的经营哲学;二是由经营哲学为指导思想所确立的企业始终不渝坚持遵循的企业宗旨（目的、意图）。著名企业管理学家彼得·杜拉克在谈到企业使命时说："这是企业应该搜寻根本问题的时刻了。"并通俗地表达为："我们是什么样的事业？谁是我们的顾客？我们能对顾客提供什么样的价值？我们的事业将何去何从？我们的事业将来应变成怎样？"

我们认为：概括地说，企业使命就是回答以下三个问题：

(1) 我们的企业究竟是干什么的？

(2) 我们应该干什么？

(3) 我们将来应该干什么？

一个企业能够勇敢地确立自己的崇高使命，正可表明企业并非把自己的命运单方面的交付给环境，任凭环境主宰；表明企业是一个能动的有机组织，有着自己的主观意志，有着自己的发展轨迹，或者说有自己的使命。

社会是发展的，社会进步和经济发展的要求也是变化的，因此，企业相应的责任、使命也不是一成不变的。企业应在社会进步和经济发展过程中及时调整并推进自己的使命，继续强化自己的使命感。

2. 企业使命对经营战略的作用

在制订经营战略之前，之所以要明确企业使命，是因为它对企业战略具有重大作用：

(1) 企业使命决定企业方向。一旦企业使命变了，企业经营方向、发展道路便不得不跟着变化。从而企业战略也随之改变。可见，企业使命是确定企业经营战略的大前提，并由此确定明确的战略目标。

(2) 制定战略，要确定企业经营的基本方针，要对事业领域和重大经营活动进行统筹安排，要从众多可行的战略方案中进行选择，这一切都是由明确的企业使命演绎而成的。

(3) 企业使命是对企业资源进行分配的依据。企业决策人员要想正确合理地把有限资源合理分配给各项经营事业中去，一刻也离不了企业使命

(4) 企业使命还是设计企业组织结构和管理网络的基础。

3. 明确企业使命是艰巨细致的工作

"明确企业的事业使命是战略管理的起点，"其重要性不言自喻。一些著名企业确定企业使命的过程和方式也可作为我们的借鉴。如松下电器公司在经营实践中确立的企业使命是：为消费者提供质高价廉的产品，使消费者高兴满足；同批发商、零售商共存共荣；在生产高效率的基础上，使职工得到高工资、高福利；在增加利润的前提下，使股东获得优厚的股息。这一使命可表示如图13-1：

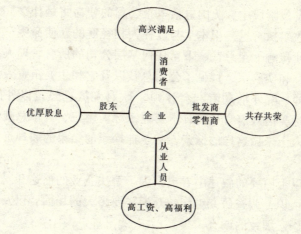

图13-1　松下电器公司企业使命

日立公司的企业使命是：向消费者提供无故障、长期使用而性能不会降低的高可靠性产品。

由以上二例可以看出企业使命反映了企业立足于社会的"天职"，具体表现在三个方面：企业形成和存在的基本目的；企业生存和发展的基本任务；企业实现目的、完成任务的基本规范。

确定企业使命，看似简单，实际上要付出艰辛的努力。尤其是当一个企业按着固有的习惯运营时，要它重新认识自己的使命，撰写出企业使命报告书并非易事。有些企业要花上一、二年时间、甚至更长。我们试以美国电话电报公司重新确立企业使命的过程为例，说明其难点所在。

(1) 时间长、工作量大

阿尔温·托夫勒从 1968 年开始接受了一个任务,为美国电话电报公司(即 AT&T)重新审察自身的前途和使命。从那以后,他就对通讯的未来、技术变革的作用、对贝尔系统的内部工作、对影响该公司的社会政治环境变化进行了四年断断续续的研究,直至 1972 年才把关于公司发展前途的推论和建议整理就绪。他接受任务时,取得了以下有利条件:第一,有明确的企业使命调查的任务。副总裁沃尔特·斯特拉利指出:"……贝尔系统在即将到来的发展阶段中,美国电话电报公司的使命将是什么?它将怎样进行改组执行这一根本上与以往大相径庭的新使命呢?"第二,可以随便接触上至总裁、下至任何基层公司的所有管理人员,访问了工厂和实验室,拜见了公司总裁以及它和主要负责人,会见了工程师、院外活动者、会计师、计划人员、公司以外的许多人,包括美国政府官员和日本实业家等。第三,贝尔总裁信任一个局外人士来做这样的探索,甚至连探索的结果的表现形式也由他定。

从以上简要的叙述中看出,为了解决企业的前途和对企业使命重新认识,调查研究工作的开展需要多大的场面,以及要进行多少次深入细致的调查。

(2) 受到旧习惯的顽抗

摆在阿尔温面前的是一家由传统习惯包裹着的庞大公司。1968 年,阿尔温·托夫勒接到公司副总裁沃尔特·斯特拉利的一个电话,邀请他研究公司的使命。斯特拉利说,半个多世纪以来,贝尔系统具有自己明确的使命,它的目标就是把标准的黑色电话机装入每个美国家庭。除此之外,它还要为美国提供各种各样的通讯服务。这一使命概括为一句话就是"全面的服务"。斯特拉利说:现在从引人注目的前景看来,贝尔系统将进入一个全新的发展阶段。在这一即将到来的发展阶段中,美国电话电报公司的使命将是什么?又如何去执行新的使命呢?

托夫勒认为,这家庞大的公司愿意着眼于长远问题,愿意向最基本的观念挑战,这种挑战对托夫勒具有不可抗拒的诱惑力。

托夫勒经过几年的调查研究,将局内外人士最出色的观点与他当时对贝尔系统的看法融为一体,提出新的使命与战略计划。其要点是:

①公司重新考虑自己与附属公司的关系;

②在一定程度上向公众开放所有权,减少对子公司的控制;

③卖掉西方电气公司的常规制造业务,仅仅保留高技术部分,并且与贝尔实验室合并。

报告直接把矛头指向该公司的传统使命:美国电话电报公司应该缩小规模,而不是力图为每个人提供所有的通讯服务。它只应该提供这样一些产品和服务——"这些产品和服务是其他公司在同等成本、同等质量和同等的社会关心等条件下所不能提供的。"这是一个使公司在较大范围内取得引人注目的综合性扩展的清醒规划。

可喜的是这份报告得到了当时公司总裁的首肯:"……它有深刻的内容。""报告里包含着解决面临的问题行之有效的方法。"公司领导层认为:问题不是同意不同意这份报告,重要的是变化迫使你认识到按照计划的方向采取积极行动的必要性。

如果说美国电话电报公司及其子公司能在近年来所发生的这场巨大变革中幸存下来,正是因为他们认识到重新估价企业基本使命和重建序曲的价值。他们不再坚持公司应该满足国家对通讯的全部需求,即使贝尔也不例外。

(3) 认同难

①当提出全新的企业使命时,公司是"同意还是不同意"还是一个未知数。在审阅托夫勒关于企业全新使命的报告时,很可能由于辨别不清,弄不好把"婴儿和洗澡水一起倒掉",得不到认同。

②贝尔有人甚至提出:"旧的使命,即全面的服务是否仍然适用?"这部分人的怀疑情绪甚至影响到企业领导层,在领导层内也存在不同的派别。那些不主张对企业使命作出变革的人经常追问别人:能否毫无变革即可安然渡过难关?他们把这种抵制变革的想法称为"贝尔保垒"政策。从中可见认同难之一斑。

二、确定战略事业单位

有了明确的企业使命,继而便应该确定战略事业单位。大多数企业都有若干个事业部,通常一个事业部便是一个战略事业单位。但一个事业部可以经营一种或几种事业。换言之,一家企业经营 12 个事业部,并不意味着它只经营 12 种事业。这个事业部可以生产许多不同的产品,提供给不同的目标市场。

事业部与事业数目的关系也有相反的情况。例如企业的 2 个事业部可能由于彼此关联性很大,造成这两个事业部事实上只从事同样的事业。

1. 战略事业单位定义

战略事业单位又被称为战略经营单位、战略业务单位,常用 SBU 表示(Strategic Business Unit),它是指能够向特定的消费者群体提供某种或某类产品或服务,具有独立的技术、生产和销售功能,能够面对消费者和竞争对手的变化及时作出有效反应的组织结构。

战略经营单位与战略经营领域是不同的概念,后者是指战略经营单位所服务的领域。在这一领域中,有着特定的消费者群体,特定的发展趋势、机会和风险。再以从属关系来看,也显然不同。战略经营单位从属于企业组织,是企业的一个有活力的组成部分;而战略经营领域从属于战略环境,是环境分析的基本单位之一。也可以说,每个战略经营领域是企业所处环境的一个有特色的部分,是企业在其中从事(或准备从事)有特色经营活动的一个区划。

为了使战略事业单位划分得科学、合理,应注意遵循以下几项原则:

(1) 经营自由度。战略经营单位对所从事的一项或多项业务应有充分的经营自由度,能自由制订经营战略并顺利地贯彻实施。

(2) 功能配套。为了面对市场变化,战略经营单位应有完整的功能齐全的组织机构,应当具备采购、设计、工艺、制造、销售、资源分配等功能(某些资源可与其他战略事业单位共享),并有专门的经理负责。

(3) 协同效益。是否要将几个战略生产单位合并为一个战略经营单位,这取决于这种合并能否获得期望的协同效益(诸如采购资源协同、生产技术协同、销售网络协同等)。

(4) 管理能力。在将若干个战略生产单位合并为战略经营单位时,要考虑到管理者的经验和能力。要保证这种合并不会因管理上的复杂化而在效率上被实行专业化生产的竞争对手击败。

(5) 有利于竞争。划分战略事业单位,应使其成员更好地致力于占领主要的、关键的细分市场;发挥其全部功能,树立良好的企业形象、更具有竞争力。

2. 事业定义

对自己所从事的事业下明晰、准确的定义,这既是确定企业使命的关键、又是划分战略事业单位的关键。对事业的界定科学、合理不仅有助于目前经营的开展,还有利于企业未来的战略转换。

对事业的定义不应根据企业或事业部生产什么产品定义为从事什么事业,如生产皮鞋的便说"我们是从事皮鞋制造的!",生产燃气热水器的便说"我们的事业是生产燃气热水器"。这种以生产的产品为根据的对现实的描述只是眼前的事业,不能包含企业发展后未来所从事的事业,因而具有局限性。

正确地对事业下定义应以企业为市场所服务的领域为依据,即说明"我们是提供××服务的。"着眼于顾客的满意程度,而非产品制造程序。如果寻找到一个确切的为顾客提供服务的领域,便为事业寻找到了一个永恒的基点。因为顾客需求是永恒的。美国史伦·伯格石油钻探公司无疑对自己所从事的是"收集岩芯资料"十分清楚,但是他们并不把自己的事业定义为"岩芯资料收集与储存"。他们看到该行业行将衰落,为保证公司实现向新的事业顺利过渡,巧妙地把公司的事业定义为"资料收集与信息服务公司"。结果他们以过去的盈利,购买了一家电脑公司,顺利地进入为客户提供信息服务的领域。

对事业的定义除了要克服行销近视病,着眼于未来之外,还要掌握好分寸:不能把事业的面定得太宽以至根本办不到,又不能作茧自缚。比方说计算尺制造公司把事业定义为"提供各类测量工具"未免定义得太宽,而说成是"提供计算工具的制造企业"就较为妥贴。

战略事业单位的划分与企业使命有密切关系。实现企业使命要靠各个战略事业单位来完成。如果战略事业单位划分不妥,不能完成其战略目标,那么企业使命也便成了一句空话。而明确的企业使命可以使人们有效地划分战略事业单位并勇敢地开拓新的战略业务领域。前面说到的美国电话电报公司,原有的"全面服务"的企业使命(即"我们的兴趣在于提供任何人所要求的任何通讯需求")对贝尔决策者不再有任何激励意义,直至后来提出新的企业使命,把一个备受约束,规章森严的公司转变为大大摆脱清规戒律的公司,才为公司发展展现出许多新机会。几乎一夜之间,它的经理们从"选择不足跃入选择过剩",即在他们面前出现了许多可供选择的战略业务领域和经营机遇。

三、经营主线

在经营战略的制订以及尔后的战略管理过程中,战略管理者应对自己的经营主线心中有数,要缜密处理好多样化发展战略与经营主线不变之间的辩证关系,不要因假象迷惑而失之偏颇。经营主线是企业经营涉及的基本领域或者称为核心业务。一个企业在经营的某一特定阶段对自己的核心业务究竟是什么、哪些领域是自己的基本领域应该十分清楚。更为重要的是随着时间的推移,企业经营的发展,这些核心业务或基本经营领域应作如何变化?如何在变化中保持相对稳定性,体现出一个经营主线来?一些著名企业在这方面积累的经验很值得借鉴:他们之中既有因经营主线过于保守,不敢跨步迈入新领域而导致企业失去勃勃生机的守旧者,也有因盲目冒进,完全丢弃了自己原来熟悉的经营领域,去到一片新的绿洲辛勤开垦的冒险者。结果告诉我们,处理这个问题,既不能驻足不前,因循守旧,也不能盲目冒进随心所欲。应该谨慎小心,逐步推进。要保持目前的产品与市场的组合同未来的产品与市场的组合之间关联,从产品特性、产品技术和需要的类同性等方面为自己确定一个基本经营主线,保持经营主线在随着客观环境变化中的连续性。例如，世界著名的路易威登（轩尼诗）公司近年来，在许多同行公司受到经济低迷影响时却保持良好的经营业绩，1996年被评为法国盈利最大的企业之一，其保持稳步发展的主要诀窍可归之于紧紧盯住核心业务。该公司总裁说："我们一直坚持进行同样的业务。开发新产品固然相当重要，但我们更注重改造现有生产线，提高现有产品的质量，使公司的核心产品在国际市场上始终保持竞争优势。我们从未因其他令人眼花缭乱的豪华商品走俏市场就盲目追随，因为这样做只会使我们失去自己的特色。"

另一个典型的例子是美国菲利公司，为了维持企业的经营主线，他们毅然从非相关多样化经营中退出，转变为相关多样化。1973年1月，普思任菲利公司董事长时，他很快将公司的生产范围缩减到公司最熟悉的生产领域，出售了增长率低和周期性强的家禽业务、房地产业务、杂志出版社、计算机服务业务、酒店服务业务等。普思称："我们只对三种业务感兴趣，我们只考虑日用食品、旅游食品和快餐食品的消费者，为他们服务。"在普思的努力下，菲利公司的兼并方向更集中，形成了成为国际性食品公司的战略构想，公司参与三个领域的业务：农业食品深加工、家庭食品生产业务和快餐业务。维持了经营主线的鲜明性和连续性。

相反，在条件不成熟时，介入新经营领域，有可能招致失败。我国西南某地有一家大冰箱厂，80年代初从意大利引进电冰箱生产技术，产品质量、销售业绩和利润都是最好的。1985年，该厂电冰箱销售额达到了三亿多元，销售量接近20万台，并逐年积累了大量资金。几年之后，在企业集团化潮流中，开始向多样化经营方向发展，组建了集团公司。经营业务很快涉及自行车行业、电视机行业、房地产行业和娱乐服务业、运输服务行业等众多领域。公司在这些领域的投资资金主要来源于冰箱销售利润的积累。但在1990年以后，公司利润开始大幅度下滑。1995年，公司电冰箱年销售量只有6万台左右，公司由市利税大户落到了亏损境地。这家公司的失败主要原因在于经营战略的失误。追求短期利益,盲目扩大到了自己并不善于经营的新领域,忽视了企业长远发展战略,经营主线模糊。公司的优秀人才和资金也投向了非冰箱领域,使得公司失去了在冰箱领域中通过技术开发,推出更新产品而保持稳定发展的机遇。

环境越是多变,企业明确自己的经营主线就显得愈加重要,并且也愈困难。

四、战略制订方式

制订战略,其直接表现是形成战略计划任务书。这是战略制订人员通过对多种战略方案的反复酝酿、思考,最终作出选择的过程。由于制订战略参与人员的不同,对各种方案评价、筛选方式及由谁作出决策在每个企业都不相同,这便形成了制订经营战略的不同模式。这种模式可分为三类:

第一类:自上而下,逐级制订。

这是最常用的一种制订战略的模式。顾名思义,它是由企业最高领导者参与,召集有关高层管理人员讨论。授意一名副职或经理助理,将讨论意见整理汇总,形成战略计划文案,这便是企业的总体经营战略。以这一计划为依据,各事业部(即各战略业务单位)分别采用类似方法与程序,制订事业部战略。企业各职能部门以及事业部各业务部门同样制订出各职能战略。

这一模式要求企业领导对战略制订投入较多精力,给予更大关注。可以保证所制订的战略充分从企业整体考虑问题。一当总体战略计划完成,可以直接对事业部战略和各职能战略予以指导。值得注意的是在对下级进行指导时,要让下级对涉及战略的各方面充分地思考,对其战略制订不要起约束作用。

第二类:由下而上,概括提高。

这一模式与上述情况相反,先由各事业部独立自主地制订各自的战略计划,然后交由公司总部汇总、审查,对各事业部战略计划中所定的战略目标、战略阶段、所需的战略资源以及相应的策略系统加以调整、平衡。在此基础上,公司总部根据企业面临的主要机会和威胁,确定企业总的战略方向、战略目标、战略实施步骤、对战略资源的分配方案以及获得新的战略资源的途径。

由各事业部独立地制定自己的战略计划，虽然是一种压力，但可以督促他们多从战略上去思考，也没有受到公司战略的约束，这无疑是提供了一次学习的机会。但是这种由下而上的制订战略计划书，要防止无限制地下放。如果仅由事业部一个普通工作人员去制订所谓的战略计划是不宜的。事业部主要领导者的参与和指导是不可忽视的。

　　第三种模式称之为上下结合的制订战略模式。

　　由企业最高领导层和下属的事业部领导人员共同参与战略制订，共同参与讨论。这样，当公司对战略目标要及时进行调整时，共同制订战略的人员能很快获得信息并作调整，而最高层领导者也更容易从各个事业部获得多方面信息，下属的合理化建议也能及时地反映到总部。这种上下结合的制订战略模式还有利于上下沟通，对制订战略过程都比较熟悉，有利于克服尔后执行战略的障碍。

　　各国的国情不同，反映在企业制订战略的方式上也有各自的选择。70年代以前，日本众多企业多采用先由下级机构提出战略计划的建议，然后交给公司总部研究裁决。这种方式对当时促进企业内部合作曾是有利的。但后来，随着生产规模扩大，市场竞争加剧，自下而上制订经营战略方式化时间较长，也容易暴露企业秘密。于是不少企业改用由最高经营层直接制订经营战略，而由下级贯彻执行。70年代以后，经营战略决策已成为公司经营者的固有任务。

　　再说，企业经营战略也是在发展中的。70年代以前，不少企业的所谓经营战略实质上是事业部或部门性战略，如市场销售战略、成本领先战略等。70年代以后，由于环境变化，这种战略已不再适用于整个企业，这就迫使企业必须重新探索企业生存发展的总体战略。

　　可见，企业制订战略的方式需与企业战略管理发展的一定阶段相对应。

五、战略方案形成过程及其内容

　　战略方案的形成过程可用表13-2简要表示如下：

战略方案形成过程　　　　　　　　　　　表 13-2

战略调查→	战略分析→	战略判断→	战略决策
为正确制订经营战略而广泛搜集内外部有关情报资料	根据全部情报资料以及企业经营的经验,对企业环境及战略能力作客观分析	从复杂的内外部环境分析中,权衡利弊得失,作出企业经营基本走势的判断	在深思熟虑的思辨中,确立最终的战略方案,形成完整的战略思想

其中,战略分析可分为四个步骤,现列于表 13-3。

战 略 分 析 步 骤　　　　　　　　　　表 13-3

第一步	第二步	第三步	第四步
内部环境	直接环境	间接环境	预测未来环境
对企业一般竞争能力和产品竞争能力进行分析,判断企业优势和劣势	1.市场分析、行业分析 2.企业在行业和市场中的优势和劣势 3 根据市场和行业现状,判明企业面临的机会和威胁	1.宏观分析 2.关键性影响力量 3.判明这些影响力量对企业的影响 4.企业面临的相关机会和威胁	1.外部环境中主要影响力量的发展趋势 2.判明最可能影响企业的关键力量 3.预测企业将要面临的机会和威胁

根据战略形成过程,制订的战略方案,其内容包括:

1. 企业的经营范围和战略经营领域——以什么技术满足目标市场何种需要?
2. 战略态势——发展、稳定、退缩?
3. 战略方针、政策——处理各种战略关系时,应该遵循的若干原则;
4. 战略优势的发挥和建立;
5. 如何谋取资源、分配资源;
6. 实行该战略在组织上应采取的措施。

第三节 战略实施

战略计划和战略实施是"箭"和"射"的关系。战略的可操作性、实践性都要通过战略实施来检验。只有通过认真地、严格地、机动灵活地实施战略,才能充分体现战略对企业经营的真正价值。

一、战略实施应具备的条件

有人问,制订战略与实施战略哪个难?这个问题说明战略实施并非轻而易举,并非简单地按照计划办事而已。人们精心制订了经营战略之后,在实施过程中会遇到许多困难,有时甚至觉得内外交困,这是由于在战略实施过程中,需要以下三方面基本条件做支撑:

第一,是企业经营机制。

企业战略实施要求企业具有全方位独立自主的经营活力,应有广阔的战略自由度。可见,实施战略的理想的经营机制应是建立现代企业制度。只有建立现代企业制度方能克服企业的短期行为,才能充分发挥企业的经营决策、运筹能力,确立长远的目标并为之付出最大努力。只有按现代企业制度运行的大、中、小企业,才能把战略实施过程看作是寻求机会,回避威胁的必要途径。

第二,企业管理层的战略意识。

企业管理层(不仅是主要领导者,还包括一般管理人员)的战略意识和战略观念如何对于战略实施过程具有重大影响。企业管理层的战略意识是指创新意识、开拓意识、风险意识、超前意识等。战略观念是指市场竞争观念、效益观念、科技发展观念、人才观念、信誉观念等。这种战略意识和战略观念决定着一个企业能否坚定地贯彻执行计划方案,决定着企业能否及时发现贯彻战略方案中出现的阻力和其他方面的信息,决定着企业内部能否为实施战略而形成一个完善的策略体系,决定着企业能否在需要作出新的战略转移时果断地采取重大决策。

第三,积极进取的企业强文化。

战略的实施同企业文化特点有密切的关系。因为实施战略的过程要涉及企业从上至下各方面，各个环节，要全体员工积极认同，共同托起企业的重任。要统一价值观，创造性地完成自己的职责。有时为了全局的利益，甚至还需要牺牲自己的一部分局部利益，暂时的利益，没有强有力的企业文化作支撑是办不到的。企业文化在战略管理的全过程都有重要作用，而它在战略实施阶段尤为重要。

二、战略实施模型

企业在实施既定战略方针时，要进行一系列紧密相关而又独立的活动。在进行这些活动时，作为企业的最高领导者最关心、最重视的是什么问题？他以什么为楔入点或"抓手"？他自己在这些活动中充当了什么样的角色？各个企业有不同的表现和思路，这便构成了企业战略实施的模型。根据学者们的汇总，企业战略的实施模型可分为指令型、转化型、合作型、文化型、增长型等五类，其特点列于表13-4。

战略实施模型表　　　　　　　　　　表13-4

实施模型	领导角色	抓手	特点
指令型	理性行为者	如何制订最佳战略	战略实施过程中，始终坚持以权威对各级进行指导，具有正规的集中式理性指导
转化型	设计者	运用激励手段、发挥组织结构的活力，控制组织系统有效地运作，促进战略实施	总经理对管理系统重新设计，以使之适应战略实施
合作型	协调者	促使高层管理人员从一开始就对战略承担起自己的责任	把参与决策的范围扩大到企业高层管理集体之中，调动高层管理人员实施战略的责任心、积极性
文化型	指导者	以促进整个企业都保证实施战略为关注焦点	总经理通过企业文化手段，以企业使命的灌输与沟通为基础，全面保证战略实施
增长型	评判者	运用各种激励手段，以增强企业实施战略所必备的能力为核心，抓好战略实施工作	充分发挥企业内部积极进取的锐气，使企业能量得以充分发挥，要善于评定哪些激励手段、哪些方案不适当

实施战略的五种模式是理论上的划分。作为一个企业在战略实施阶段很难绝对地把自己划入哪一种类型。因为一个企业在战略实施过程中很可能在这方面是合作型,而在另一些方面却又显现出文化型的特征。有的可能明显地属于某种类型,而有的企业却是几种模式的综合型。还有,这五种模式中的任何一种都不可能适用于所有的企业。

三、战略方案分解

仗要一个一个地打,饭要一口一口地吃,宏伟的战略方案的实现要靠一项一项工作去完成。企业哪么多人,那么多部门,如何完成统一的战略规划呢?实施企业经营战略中,一项必不可少的工作便是对战方案中各阶段的任务加以分解。把战略目标任务分解为每个部门、直至每个人都能非常明晰的可以具体操作的任务,规定每个人的职责,每个人都明确自己在战略实施中的作用、地位。

战略目标任务的分解与管理,通常称为目标管理。是一项十分重要、细致而复杂的工作。应由企业高层管理部门根据经营战略从时间与空间两个方面进行分解或细分。这种分解既是对战略目标任务细化、完善化的过程,也是各个层次各个部分进一步学习研究、领会企业战略的过程。

战略目标任务的时间分解。按战略阶段的划分,进一步把各战略阶段的任务分解为年度目标,而后再制订出每个季度直至每个月份要达到的目标值。

战略目标任务的空间分解。通常所说的"横向到边、纵向到底"便是空间分解的要领。"横向到边"是企业所属各个部门都有自己的目标任务和考核办法,做到同心协力地实施战略规划,不留空缺。"纵向到底"是企业从公司最高领导者到每个员工都在战略实施中拥有自己明确的岗位责职和考核方法,从上到下每个人都为战略目标的实现而尽职、尽心、尽力。

战略目标任务只有经过纵横两个方向的条分缕析后,才能纳入目标管理的轨道。除了要注意分解的可操作性、可实现性外,还要注意:

1.目标值要力求数量化。目标值数量化不仅有利于执行,也有利于考核检查,能够督促各级人员一丝不苟地完成岗位职责,防止执行过程中可能出现的扯皮、推诿责任的情况发生。对于某些确实无法用数量表示的指标,也要表述明确、概念清楚、职责分明。对需要共同完成的任务,要规定主要负责者、协作者。

2.目标值的协调与平衡

要根据战略目标任务的协调与平衡,科学地确定各个部门、各个战略时期的目标值。要求在时间进度上协调,不要前紧后松或前松后紧;分配任务协调平衡,不要苦乐不均;任务宽严协调平衡,要通过努力能够完成。另外,目标值的协调平衡还要考虑到可能的修改与调整,体现各层次完成目标任务的突击能力、机动能力。

3.检查、考核、督促

目标任务的分解应与执行过程中经常性检查、督促、考核紧密结合。应按照目标任务分解表中规定的检查考核方法严格认真检查,及时反馈信息。只有这样,才能把纸面规定的目标值变成活生生的实现战略目标任务的行动。

企业战略目标任务分解方法见表13-5。

战略目标任务系统分解表 表13-5

序号	战略任务 任务分解	目标值	实施进度 (用文字表述战略任务)				责任部门(人)		考核者
			一季度	二季度	三季度	四季度	主办	协办	
1									
2									
3									
4									
5									
6									
⋮									
备注									

四、战略组织结构的适应性问题

战略实施外受制于环境,内受制于组织。一个企业内部的组织特性对于战略实施影响重大。随着人们对社会组织认识的深化,把社会组织分为两类:一类是以盈利为目的的社会组织,通过商品营销获取利润,另一类是非盈利性的事业组织,他们通过各种形式的服务承担起社会责任。社会发展使这两类社会组织都呈现一种向对方渗透的趋势,即趋向于形成一种把盈利性与承担社会责任融为一体的社会组织。于是在观念与行为上的交汇形成了新的组织———一种与环境相适应的组织。在战略实施阶段,我们要求企业组织的正是要成为这种适应性组织。这种由经营资源、内部管理、组织结构、企业文化和组织目标等方面构成的相互作用的动态结构对实施战略管理具有极大的适应性。战略管理人员应十分重视这种与战略实施相适应的组织结构的建立与完善,把它作为一项重大的举措而认真对待。

对适应性组织的要求,或者说它的作用有:

1. 组织的开放性

指企业组织与环境之间相互作用的程度与频率。这是显示企业适应环境变化的重要属性。组织开放性决定于企业信息视野与活动视野两个方面,前者决定了企业对未来审察的广度,后者则决定企业的活动方案如何设计及设计方案的广度。

在经营战略的实施阶段,由于组织的开放性,它可以在战略公开这一问题上做得比那些缺乏开放性的组织更为出色,它能更快更好地让企业内部每个人都清楚地了解企业战略。这样,战略所指示的基本方向,就很容易转化为内部各部门的共同"方针",各种业务关系也能迅速地协调;可以根据战略目标,自觉积极地开展各项业务活动;明确的企业经营方针和企业战略提示的美好前景,将对全体员工是一种巨大的激励,是凝聚整个企业的核心;战略的公开也是企业领导层宏图大志、奋斗决心的尽情显露,可以抗御来自企业上下和内外部的动摇力量,保持企业的稳定发展。

2. 有利于战略渗透

适应性组织在战略渗透中能发挥有效作用。

许多企业经营战略最终失败了,原因不在于战略本身,而在于战略在执行、实施过程中的失误。某些企业组织不能把战略计划让全体人员充分地理解和确信这是本企业正确的战略,没有能把领导层制订的纸面上的战略方针向全体人员进行有效的渗透,于是出现了制订战略时是认真的、缜密的,而实施战略、执行战略时却是不认真的、松散的。当他们醒悟到"全体成员认真彻底地执行一个合适的战略要比草率地执行一个出色的战略效果更好"时为时已晚。

做好战略渗透,这是战略实施阶段管理的重要内容。渗透的手段是用最具感染力的却又明白无误的语言充分表达企业执行战略的不屈不挠的精神,并以领导者坚毅的行动体现这种精神,让这种精神人格化。在这一过程中确立领导者的权威,并辅之以一系列奖惩、教育等管理措施。适应性组织在这一方面的作用显然比一般组织更强。

下面介绍两种适应战略管理的组织:

第一种:综合职能小组

综合职能小组是针对过去的组织在职能分工中存在的缺陷提出来的:如果单纯根据职能进行分工,虽然可以带来专业技能上的优势,但却不能适应顾客、市场和产品开发的综合需要;如果根据产品、市场进行分工,那么在每个组织中各类专业化技能各嫌不足。综合职能小组可以克服职能组织结构的某些缺点。

为了充分发挥综合职能小组的作用,在管理上要充分注意以下几点:

1. 要有明确、广泛、稳定的具有挑战性的目标或"使命";
2. 独立地开展工作;
3. 有"具有影响力"的领导者;
4. 小组成员能够发挥他们担负的职能,他们有足够的实力做出履行职能的决策;
5. 小组的贡献必须得到职能部门领导的认可和奖励;
6. 小组工作需要得到协调;

7. 小组必须稳定，成员之间建立起良好的工作关系，并形成小组精神。

第二种：重组结构

企业经营的核心是许多相互联系的活动，而越来越多的活动是以项目的形式进行的。因此作为企业，尤其是各个战略经营单位应具备若干必要的能力，去完成各种形式的项目。因此，通过结构重组，形成一种适应完成战略业务的组织，可以达到这一目的，这种重组结构应有利于新产品引进，有利于实现最低的交货成本，有利于保证产品质量，以此维持公司的可持续发展优势。

为了具体说明重组结构，现以下述例子作为说明，公司为实现竞争优势，其重组结构如图13-2所示。

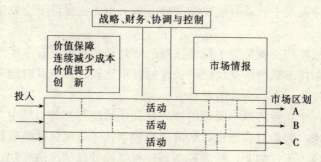

图13-2 重组结构图

该公司主要服务于三个市场区划，为满足每个市场区划的需要，公司需分别向 A、B、C 三个市场区划提供销售、采购、装配、分发货品和服务等不同的活动，并且对这些活动加以强有力的协调。组织中每个人赋予相应的职责。经理的职责是以最低的成本向顾客提供合理的价值。经理下边有一个负责降低成本的员工小组保证具体实现价值承诺。小组成员的具体任务是不断改善公司产品或服务的可觉察的使用价值；根据顾客需要和竞争定位变化的准确信息，协助指导开发新产品和服务。

作为组织的顶点要完成三项基本职能，即战略开发、公司财务管理、对所有业务实施战略控制和协调。公司没有"管理会计"、"人事"、"行政"或"公共关系"职能部门。毫无疑问，这些职能是必需的,但这些活动都由降低成本小组来完成,于是他们更加注重于小组的整体运作。

重组结构克服了原先职能机构中那种缺乏灵活性、缺乏生气的弱点,有利于形成竞争优势,故成为人们关注的适应性组织形式之一。

第四节 战略控制与修订

一、战略控制的含义及其必要性

战略控制是战略管理中一项重要的工作。无论如何完美的经营战略,在实施过程中总会发生种种偏差。即使执行战略的各层次管理人员十分认真地实施战略方案,也无法保证不会发生任何偏差。

战略控制就是为了保证按照战略计划的规定进行生产经营活动,采用不断的信息反馈、经常的评审比较、以及及时地采取修正措施等一系列活动的总和。

一个企业的战略管理的能力往往从战略控制的力度中充分体现出来。因为只有通过有效的战略控制,才能保证战略目标的完满实现。不仅如此,战略控制还能根据内外部情况的变化,对原定战略方案进行检验、修订、优化,对战略方案施加积极的影响作用。由于战略控制具有这种积极的作用,它便能把战略控制同战略修订连成一个整体。

战略控制之所以十分必要,是由于以下两方面原因:

第一,企业内部实施战略方案的各层次员工,其知识、经验参差不齐,他们对战略方案各有各的认识水平,其中有不少人的认识同实施战略方案的要求有较大差距。当人们按照自己的价值观所确定的方法执行战略时很难避免对战略目标的偏移。再说,企业战略的总目标往往会同个别部门和个别员工目标发生矛盾,这就可能导致他们在执行战略中的消极行为和违背战略目标的行为。

第二,执行战略计划是一个长过程,随着外部社会环境的变化,经常会出现与战略计划制订时预测的情况有较大不同的经营机会和威胁,把原先的战略方案变成过时的或局部的不合时宜,而力求卓越、追求完满的企业对战略中出现的任何问题都是不容忽视的。为此,对战略计划必须加以控制和调节,也有利于克服战略执行过程中面临的困难。

战略控制显然是以战略目标为中心展开的。其实质是将战略实施过程中所取得的成效与预定的战略目标进行比较,检测二者的偏离程度,然后采取有效措施加以修正,保证企业战略目标的实现。由此看来,战略控制离不开三个基本方面,这是构成战略控制的三要素:

1. 根据战略目标制订的评价标准。评价标准是对工作成果的规范,即各项工作应该达到什么程度,取得什么成果,它是对战略计划中一系列重大工作的关键点所确定的量值或界限。这些评价标准是一个由评价企业组织目标、各部门目标和个人目标实现情况的标准体系。尽管人们希望这些标准能够充分地量化,但许多情况下,不得不采用定性标准来进行检验。准确地概括并清晰地表述的定性标准作为评价标准也是相当有效的。

2. 战略实施取得的实际成效

实际成效是评价的客观对象,即战略控制的客体。战略控制人员将实际活动成效与评价标准相比较,找出其中的差距,分析产生这些差距的原因,判断这些差距对战略计划的进一步实施存在什么影响或危害。从中发现战略实施过程中是否存在问题以及存在什么样的问题。这对尔后选择正确的控制系统和控制方法具有重要意义。

3. 由比较——判断——反馈构成的控制行为

战略控制是一系列不同行为的组合。是由比较、判断、反馈等活动构成的实际运作。在通常情况下,它是根据发现的问题,以原来的战略目标为指针,采取纠正措施,使战略实施回到实现战略目标的正确行为轨道上来。在一些特别的情况下,因内外部条件变化,发现战略目标需要作局部调整,则应对战略实施活动作重大改变,这既是一种特殊的战略控制过程,也是属于战略修订的范围了。

三、战略控制过程

战略控制过程是对以下各个环节的连续运作：

1. 制订评价标准

这是对战略实施效果进行评价的指标体系。无论定性指标还是定量指标，都应注意科学、合理、齐全。当运用这些指标评价战略效果时，应能促进企业总体战略同分战略以及各职能战略之间的均衡性、协调性；应有利于职能战略同相关策略、措施之间的平衡协调。

作为定性标准的制订，可从以下方面入手：战略与环境的适应性；战略实施过程中的风险性、战略资源的配套性、充裕性、战略实施的时间性、战略计划的可行性等。

定量标准包括产品、财务、市场等三个方面。产品和生产方面的指标诸如：产品品种、结构、新产品开发的数量、产量、净增值、物资消耗、成本、劳动生产率高低等定量指标；财务指标有：毛利、纯利润、资产数、资金利税率、销售利税率、人均利税、负债比率、股东权益、每股平均收益等定量数据；市场方面的指标有：销售量、销售额、销售增长率、市场占有率、覆盖率等指标。

2. 评估实际成效

全面执行一项战略计划涉及许多方面，实际成效如何很难一目了然。为此，评估实际成效虽是一种总体概括性表述，却首先需要全面收集各方面信息资料，从中找出具有决定意义的数据，加以抽象概括，而后才能得知总的成效。因此这一步需要战略控制人员进行全局性抽象概括，加强对外部环境的监测、全面评审等三项工作。

加强外部环境监测之所以必要是因为实际成效的大小不能离开环境背景。在环境顺逆不同的情况下，即是取得同样的成绩，也应对战略实施作不同的评价。环境监测的另一意义在于根据外部关键因素的改变，直接考虑战略要不要修正的问题。

全面评审是衡量实际成效的主要工作。在一个战略阶段结束后或在需要对实际成效作全面衡量时,都应认真地客观地进行全面评审,如在重大投资开始前或突然发生重大变化以后,便应进行全面评审。全面评审包含两个意思:其一是对各项指标逐一评审,从各个侧面对实施成效加以评定,其二是得出总的评审结果。

3. 比较——判断——反馈

用实际成效与评价指标相对照。比较的结果无非是三种可能:一是实际成效超过预定标准,这是理想的情况。对此,可作出继续实施战略计划的决策;二是实际成效与预定标准相符,这种情况一般也不需要随意更改战略计划,要坚定实施战略计划的决心;三是实际成效赶不上评价标准,或则差距较大,或则更为严重的发生方向性偏离,这就需要冷静和清醒,查出关键因素何在？是实施不力,还是因环境变化遇到无法抗御的因素？如是前者,则应强化实施战略力度,按原订战略计划执行;如是后者,则应及时作出战略修订措施,拨正航向,继续前进。说到底,战略控制最关键的就是对这种情况进行监测并及时作出正确的补充决策。

整个战略控制过程模式如图 13-3 所示。

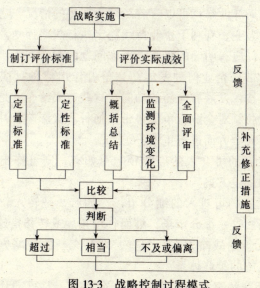

图 13-3　战略控制过程模式

四、战略修订

前面的叙述已经表明,战略修订可以看成是战略控制的特殊形式。由于种种原因,当战略实施已发生了明显的失误,或出现了与变化了的环境显著不适应的情况,导致战略实施的可靠程度日益下降时,对企业战略进行修订实属势所必然。

战略修订可分为三种类型:第一种是总体修订。即对企业经营战略总的战略目标,战略阶段及相关的策略体系等作较大的调整。总体修订虽然涉及的问题较多,面较广,也不等于全面推倒重来,它依然是原战略计划的部分内容作适当变更,保持基本方面不变。第二种是职能性修订。这种修订仅限于某一职能范围内进行,通过职能性修订,使该职能战略更加完善,保持它与总体战略的协调平衡。例如原先制订的人才战略,由于企业快速发展大量需要引进高级技术人才,通过企业内部培训、提升已显然不能适应了,这时对人才战略的修订便是战略修订的主要内容。其他方面不必作大的变动。第三种情况是局部修订。当企业战略总体上能适应环境变化,并未出现大的非预期变化时,只对战略目标的个别指标作较小的变动,或对某些策略作了些改变,这是局部性修订。局部性修订可以看着是较为理想的情况,它不会引起战略实施的大变,有利于企业持续稳定执行战略计划。

战略修订应有明确的思路。考虑问题的起点在于:企业实施战略的行动带来企业何种发展?竞争者作出何种反应?外部政治、经济、技术发展有何新的动向?这些方面给企业是否带来新的机会或威胁?对企业竞争优势带来何种积极影响或冲击?然后分别从以下几个方面进行审察:

1. 有无新的可介入的经营领域?如有,则可作出介入新的战略领域的修正方案。

2. 有无新的可进入的细分市场?如有,是转入新的细分市场,还是拓展这一细分市场?继而作出拓展或转移措施。

3. 有无新的战略方案?如有,则补充新的战略方案,丰富保证战略实施的策略体系?

4. 有无新的更有效的行动计划?如有,对行动计划加以修改或补充？

5. 有无新的更适合战略实施的组织形式？如有，则详细制订新的适应性组织的方案，对组织加以调整，以提高实施战略计划的力度。

这五个问题，由大到小，一环扣一环，有利于从不同层次上发现需要修订的种种战略措施。

后 记

本书由同济大学商学院吴平老师和上海南台投资开发公司董事长兼总经理陆雄共同拟订编书大纲，并对全书进行统稿。各章作者分别是：

第一章	绪论	吴　平
第二章	战略环境分析	吴　平
第三章	战略能力要素分析	吴　平
第四章	企业总体战略	吴　平
第五章	竞争战略	陆　雄
第六章	市场营销战略	黄大路
第七章	企业科技发展战略	林　风
第八章	质量战略	魏　东
第九章	品牌战略	林章豪
第十章	人力资源开发与管理战略	周荣滋
第十一章	企业公共关系战略	赵涌发
第十二章	企业文化战略	陆　雄
第十三章	经营战略管理	陆　雄